DER GUTE TIP

SDK

Die kleine Speisekammer

Die kleine Speisekammer

Lebensmittelkunde von A–Z

Aus dem Englischen übersetzt von
Annemarie Schuster

SDK Verlag · Stuttgart

Ein Dorling Kindersley Buch
Originaltitel: Pocket Encyclopedia of Cook's Ingredients

Redaktion: Susanne Härtel, München
Produktion: Tillmann Roeder, München
Satz: Fotosatz Uhl + Massopust, Aalen
Druck und Bindung: Egyetemi Nyomda, Budapest

ISBN 3-928044-04-4

Printed in Hungary

Inhalt

VORWORT

Wer heute einkaufen geht, sieht sich mit einer verwirrenden Vielzahl von Zutaten konfrontiert. Wissen Sie, was ein »Spaghettikürbis« ist? Haben Sie sich je gefragt, warum Hummer in heißem Wasser rot werden? Kennen Sie sich mit dem Herstellungsverfahren von Parmesankäse aus? Und können Sie wirklich alle Zwiebelarten auseinanderhalten? Natürlich gibt es zahllose Kochbücher – aber fast alle übersehen mit das Wichtigste: daß gute Küche entscheidend von der Kenntnis der Zutaten und ihrer optimalen Zubereitung abhängt.

In den letzten Jahren haben die Hausfrauen den Etiketten mehr Aufmerksamkeit gewidmet als früher, um zu erfahren, was sie ihrer Familie *wirklich* vorsetzen – gesunde Nahrung oder eine Mixtur aus Konservierungsstoffen. Die Verbraucher legen Wert auf natürliche und hochwertige Zutaten, und deshalb ist das Lebensmittelangebot größer geworden. Reis ist nicht mehr einfach Reis, sondern Basmati, Patna oder Naturreis. Dazu kommt eine wahre Flut anderer Getreideprodukte, etwa Polenta, Sojamehl oder Matzemehl. Wissen Sie, was das ist und wie man damit umgeht? Allzuoft tragen Rezepte dem großen Angebotsspektrum auf dem Lebensmittelmarkt nicht Rechnung. Dabei ist jedes

gute Feinkostgeschäft heute eine Augenweide. Es gibt Berge von Käse und Wurst und erheblich mehr Obst- und Salatarten als noch vor ein paar Jahren. Im Fischladen warten Gaumengenüsse aus den sieben Meeren auf Käufer.
Dieses Buch geleitet Sie sicher durch das Zutatenlabyrinth und hilft Ihnen, Ihr Repertoire an Ingredienzen zu erweitern, ganz gleich, ob Sie erst kochen lernen oder schon »Profi« sind. Sie erfahren, wo die Zutaten herkommen, wie sie hergestellt werden, welchen Nährwert sie haben und wie sie in verschiedenen Erdteilen zubereitet werden.
Zusammen mit ihrer »Verwandtschaft« bilden die Zutaten eine spektakuläre Galerie von Gemüsen und Hülsenfrüchten, Kräutern und Gewürzen, Früchten und Nüssen, Saucen und Getreideprodukten, Molkereierzeugnissen und Fleisch. Dazu finden sich Hunderte von Hinweisen: Sie erklären, ob eine Zutat am besten getrocknet, in Flocken, geschnitten oder geschält verwendet wird, ob sie gekocht oder roh serviert wird und mit welchen Lebensmitteln sie sich ideal ergänzt.
Das Buch bietet nicht nur appetitanregende Fotografien und Lesespaß – es ist ein unverzichtbares Nachschlagewerk, das Ihnen beim Einkaufen, Kochen und nicht zuletzt beim Essen selbst ganz neue Dimensionen erschließt.

Gemüse

Gemüse sind wie Früchte eßbare Pflanzenteile. Aber während Früchte meist süß sind, sind Gemüse eher pikant. Sie kommen gesalzen auf den Tisch, zusammen mit Geflügel, Fleisch oder Fisch. Es gibt Gemüse, die botanisch eigentlich Früchte sind: Tomaten sind Beeren, Avocados Steinfrüchte. Aber beide werden wie Gemüse verwendet, weil sie nicht süß schmekken. Ein weiterer Unterschied zwischen Früchten und Gemüsen bietet sich an: daß nämlich erstere roh gegessen, letztere gewöhnlich gekocht verzehrt werden. Aber beim näheren Hinsehen entdeckt man, daß dieser angebliche Unterschied gar keiner ist, denn wir tischen häufig Gemüse als Rohkostsalate auf, und viele Rezepte sehen gekochte Früchte vor.

Die Geschichte des Gemüseanbaus

Alle Gemüsearten, die wir anbauen, stammen von primitiven Urformen ab, deren Herkunft vielfach unbekannt ist. Wir wissen aber, daß viele der heute beliebten Gemüse schon in grauer Vorzeit angebaut wurden. Beispielsweise wuchsen im Jahre 6500 vor Christi Geburt in der Türkei Erbsen. Flaschenkürbis, Limabohnen und vielleicht Mais reiften 5000 Jahre vor Christi Geburt in mexikanischen Gärten heran. Vielleicht wurden damals auch schon Kartoffeln und Tomaten geerntet.

Wahrscheinlich kamen primitive Formen des Gemüseanbaus spontan und etwa gleichzeitig in verschiedenen Teilen der Welt auf, so in China, dem Nahen Osten und Südamerika. Etwa 3000 Jahre vor der Zeitenwende kultivierten mesopotamische Bauern jedenfalls weiße Rüben, Zwiebeln, Dicke Bohnen, Erbsen und Linsen, Lauch, Knoblauch und Rettich.

Aus dieser westasiatischen Keimzelle des Gemüseanbaus gelangten verschiedene Sorten nach Europa. Die Griechen und Römer bauten reichlich Gemüse an, und wo einmal die Armeen des Römischen Reiches gelagert hatten, begannen alsbald einheimische Bauern Gemüsearten zu züchten, die die Römer mitgebracht hatten: Karotten, Lauch, Artischocken, Blumenkohl, Knoblauch, Zwiebeln und Salat. Die islamischen Eroberer, die auf dem Weg nach Norden durch die spanische Halbinsel zogen, bauten in Marschpausen Reis, Spinat, Auberginen, Karotten und Zitrusfrüchte an.

Im Mittelalter wurde überall in Europa Gemüse gezogen – vor allem im Gebiet der heutigen Niederlande, wo die Ernte so gut war, daß die Gärtner einen Teil exportieren konnten. Der spanische Südamerika-Feldzug Ende des 15. Jahrhunderts führte im 16. und 17. Jahrhundert zu einem allmählichen Austausch von Gemüsearten zwischen der Alten und der Neuen Welt. Aus Amerika kamen Zuckermais, Kartoffeln, Süßkartoffeln, Tomaten, Paprikaschoten, Kidneybohnen, Kürbis, Topinamburen und grüne Bohnen. Siedler aus Europa führten in Amerika Dicke Bohnen, Kichererbsen, Rettiche, Karotten und Kohl ein. Schwarzaugenbohnen, Okra und Yamwurzeln kamen mit den Sklavenschiffen aus Afrika.

Der Gemüsebau wurde vor allem in Frankreich ein wohletablierter Erwerbszweig, als der Chemiker Nicolas Appert Ende des 18. Jahrhunderts die ersten Lebensmittelkonserven entwikkelte. Das revolutionierte die Vermarktung von Gemüse. Noch bedeutsamer für Verbreitung und Lagerung war nur die Erfindung der Tiefkühltechnik durch den amerikanischen Physiker Clarence Birdseye im Jahre 1929.

Woraus besteht Gemüse?

Gemüse bestehen zu rund 80 Prozent aus Wasser. Die restlichen 20 Prozent machen Kohlehydrate, Eiweiß und Fett aus. Geschmacksstoffe spielen quantitativ kaum eine Rolle. Besonders Kürbisse enthalten viel Wasser, während Kartoffeln reich an Stärke sind, die der Pflanze als Nährstoffspeicher dient. Die gleiche Funktion haben Invertzucker und Saccharose, die unter anderem in Zuckermais, Karotten, Pastinaken und Zwiebeln zu finden sind. Altern Gemüse, erhöht sich ihr Gehalt an dem Holzbaustein Lignin – sie werden holziger. Außerdem verdunstet Wasser, wodurch der prozentuale Zukkergehalt steigt. Deshalb schmecken alte Karotten süßer als frisch geerntete.

Der Eiweißgehalt der Gemüse beträgt im Schnitt ein Prozent. Zuckermais enthält jedoch vier Prozent Protein, Leguminosen sogar acht. Gemüse sind eine gute Vitaminquelle. Ihr Gehalt ist jedoch von Tageszeit, Temperatur und Erntezeitpunkt abhängig. Sonnenlicht

erhöht den Vitamin-C-Gehalt von weißen Rüben, die besonders reich an Vitamin B sind, wenn sie morgens geerntet werden. Kohl speichert viele Vitamine der B-Gruppe, wenn er bei Temperaturen zwischen 10 und 15 Grad wächst. Frisch geerntet ist er besonders reich an Nährstoffen, die sich vor allem in den äußeren Blättern sammeln.
Die Zellwände von Gemüse bestehen aus Zellulose und Lignin, einem Zellbaustein, der dafür verantwortlich ist, daß Artischocken faserig und Karotten knackig sind (hier spielt auch der Wassergehalt eine wichtige Rolle) und daß Bleichsellerie zähe Fäden enthält. Die Zellen werden durch Pektin zusammengehalten, einem Kohlehydrat, das in der Küche auch als Geliermittel für Marmeladen dient. Neben Wasser, Stärke, Fett und Vitaminen enthält Gemüse organische Säuren und Pigmente wie das grüne Chlorophyll, gelbe und orangefarbene Carotinoide sowie violette und blaue Anthocyane. Einigen Gemüsesorten sind charakteristische Inhaltsstoffe zu eigen: Schwefel im Kohl, der den durchdringenden Geruch kochenden Kohls verursacht, und die tränentreibenden Aromastoffe der Zwiebel.

Die Zubereitung von Gemüsen
Beim Einkauf ist schlappe, welke, verfärbte oder beschädigte Ware zu meiden. Blattgemüse müssen sorgfältig gesäubert werden, weil sonst Ungeziefer auf dem Teller landen kann.
Gemüse sollte zum Kochen so einfach wie möglich vorbereitet werden. Läßt man es geschält und geschnitten herumliegen oder weicht man es in Wasser ein, verliert es Vitamine und Nährstoffe. Da die Vitamine dicht unter der Schale sitzen, sollte man Gemüse auch nur ganz dünn schälen.
Gemüse werden gekocht, weil Stärke und Zellulose durch die Hitze abgebaut und damit verdaulicher werden. Um Charakter, Geschmack und Frische zu bewahren, sollte Gemüse nur so kurz wie möglich gekocht werden. Es verliert beim Kochen einen Teil seiner Nährstoffe, und zwar ganz unabhängig von der verwendeten Wassermenge. So kommt es, daß das Kochwasser vielfach wertvolle Mineralstoffe und Vitamine enthält und sich gut als Suppengrundlage eignet. Wer auf einen hohen Nährstoffgehalt Wert legt, sollte sein Gemüse in Dampfkochtopf oder Mikrowellenherd zubereiten, statt es zu kochen oder kurz anzudünsten.
Manche Gemüse verfärben sich, roh oder gekocht, an der Luft. Daran sind oxidationsbegünstigende Enzyme schuld. Säure stoppt diesen Vorgang. Deshalb legen Köche Bleichsellerie und Äpfel nach dem Schälen in Wasser, das sie mit ein paar Spritzern Zitronensaft angesäuert haben. Auch durch Blanchieren kann man, besonders bei grünem Gemüse, Farbe erhalten. Beim Kochen gehen aber unweigerlich einige Pflanzenfarben verloren. Roter Brokkoli enthält sowohl grünes Chlorophyll als auch rotes Anthocyanin. Weil letzteres wasserlöslich ist und beim Kochen aus dem Gemüse verschwindet, sieht gekochter Brokkoli immer grün aus. Rotkraut reagiert wie Lackmuspapier, das der Chemiker zum Säuretest verwendet: Laugen färben es blau (kommt vom Kalk im Leitungswasser) und Säuren rot. Deshalb genügen einige Spritzer Essig, damit Rotkrautgemüse appetitlich rot aussieht.
Gemüse können nach ihrer botanischen Familie klassifiziert werden (Kohl etwa gehört zur Gattung Brassica) oder anhand des eßbaren Teils der Pflanze: Es gibt Wurzelgemüse, Blattgemüse, Sprossengemüse, Stengelgemüse und Knollengemüse.

Blattgemüse

Kopfsalat *(Lactuca sativa)*

Ursprünglich kommt er aus dem Mittelmeerraum, wird aber jetzt weltweit kultiviert. Es gibt drei Hauptsorten: Krachsalat, der einen dichten und festgeschlossenen Kopf hat (abgebildet ist die Varietät Eis- oder »Eisbergsalat«), römischer oder Romana-Salat mit länglichen, buckligen Blättern sowie zart- bis robustblättriger Kopfsalat. Obwohl diese Salatsorten gedünstet oder in Suppen verwendet werden können, ißt man sie meist als Rohkost. Salatherzen werden für das französische Gericht *Petits pois à la française* benötigt. In den letzten Jahren wurden neue, rötliche Sorten gezüchtet: Eichblattsalat, Lollo rosso, Burgunder und Batavia. Salate gibt es das ganze Jahr über; sie werden aber in heißen Ländern nicht im Hochsommer angebaut.

Brunnenkresse
(Nasturtium officinale)

Die Brunnenkresse ist sehr vitaminreich, schmeckt frisch und pfeffrig und empfiehlt sich daher besonders für Salate. Sie eignet sich auch als Garnierung für Suppen und chinesische Pfannengerichte. Ihre Heimat ist Europa, sie wird aber in der ganzen Welt kultiviert und ist ganzjährig erhältlich.

Spinat *(Spinacea oleracea)*

Vermutlich kommt der Spinat aus Persien. Durch die Oxalsäure schmeckt er angenehm säuerlich. Er ist einjährig, aber trotzdem das ganze Jahr erhältlich. Er ist roh in Salaten oder (in wenig Wasser) kurz gekocht besonders delikat. Steht auf der Speisekarte bei einem Gericht *Florentiner Art,* so heißt das, daß es mit Spinat serviert wird. Das Sommergemüse Neuseeländer Spinat *(Tetragonia expansa)* ist dem Spinat in Aussehen, Geschmack und Zubereitung ähnlich, nicht aber botanisch mit ihm verwandt.

Löwenzahn

Feldsalat

Weißer Senf und Kresse

Löwenzahn *(Taraxacum officinale)*

Löwenzahn ist eine wildwachsende Wiesenpflanze, die eine gelbe Blüte und eine lange Pfahlwurzel hat. Die jungen Blätter sollten vor der Blüte gegessen werden, da sie sonst zu bitter werden. Blanchiert werden sie vor allem in Frankreich und in Südamerika in Salaten verwendet. Die Wurzeln werden in Japan als Gemüse zubereitet.

Feldsalat *(Valerianella olitoria)*

Die Heimat des Feldsalats ist Europa. Er wird aber weltweit angebaut. In Frankreich heißt er *mâche*. Er ist delikat, leicht bitter im Geschmack und wird für Wintersalat verwendet.

Weißer Senf *(Sinapis alba)* und **Kresse** *(Lepidium sativum)*

Sie werden meist zusammen gezogen und als Keimlinge gegessen. Sie schmecken scharf und werden roh in Salaten und als Brotbelag verwendet. Sie sind das ganze Jahr erhältlich und leicht selbst zu ziehen.

Rauke *(Eruca sativa)*

Die im Mittelmeerraum beheimatete Rauke wird wegen ihrer pfeffrig schmeckenden Blätter kultiviert, die roh in Salaten verwendet oder wie Spinat gekocht werden.

Rauke

ANDERE BLATTGEMÜSE

Calalou *(Colocasia esculenta)*
Der westindische und kreolische Name für die Blätter der Taropflanze (auch karibischer Spinat genannt) ist »Calalou«. Verwendung der Blätter wie Kohl.

Frühlingsbarbenkraut
(Barbarea verna)
Das Frühlingsbarbenkraut ist in Europa und Amerika beheimatet. Das scharf schmeckende Kraut ist im Winter erhältlich. Es wird wie die ihm ähnliche Brunnenkresse verwendet.

Meerfenchel
(Crithmum maritimum)
Gemeiner Queller *(Salicornia europaea)*
Beide Pflanzen wachsen wild und sind in Europa heimisch. Der Gemeine Queller ist eine kleine Sukkulente, die in Sommersalate gegeben oder als Gemüse gekocht wird. Die fleischigen und aromatischen Blätter des Meerfenchels werden eingelegt oder gekocht als Gemüse gegessen.

Spargelsalat
(Lactuca sativa var. *angustana)*
Der ursprünglich aus China kommende Spargelsalat gleicht in Textur und Geschmack dem Bleichsellerie. Er wird roh in Salate gegeben oder gekocht. Erhältlich ist er im Frühjahr und Sommer.

Weinblätter *(Vitis vinifera)*

Der ursprünglich im Mittelmeergebiet beheimatete Wein ist jetzt in der ganzen Welt verbreitet. Er wird viel in der orientalischen Küche verwendet. Besonders bekannt sind die *Dolmades* (mit Reis und Hackfleisch gefüllte Weinblätter). Die Blätter gibt es frisch oder in Salzlake eingelegt. Sie dienen als Hülle für Wild und als Dekoration für Obstsalate.

Weinblatt

Sauerampfer

Sauerampfer *(Rumex acetosa)*

Die wichtigsten Sauerampfervarietäten sind der hier abgebildete Große Ampfer und der Schildampfer *(Rumex scutatus)*. Die ausdauernde Pflanze ist mit dem Rhabarber verwandt. Sie stammt ursprünglich aus Europa und Asien, ist jetzt auch in Amerika und Australien zu finden. Oxalsäure verleiht ihr einen erfrischend säuerlichen Geschmack. Der Sauerampfer wird als Gemüse roh in Salate gegeben oder wie Spinat zubereitet und püriert. Als Kraut würzt er Suppen und Saucen. Mit anderen Kräutern zusammen eignet er sich als Füllung für Fisch. Er ist den ganzen Sommer über erhältlich.

Radicchio

Endivie

Radicchio *(Cichorium endivia)*

Das rotblättrige Mitglied der Zichorienfamilie stammt aus der Gegend um Treviso in Norditalien. Die Blätter sind fest, knackig und schmecken leicht bitter. Aufgrund seiner Farbe macht er sich gut in gemischten Salaten und als Dekoration. Er ist ganzjährig erhältlich.

Endivie *(Cichorium endivia)*

Die Heimat dieser krausblättrigen und leicht bitter schmeckenden Pflanze ist Südasien und Nordchina. Zwei bekannte Varietäten sind der Frisée und der Eskariol. Sie werden hauptsächlich als Salat gegessen oder auch als Gemüse gedünstet. Sie sind sowohl im Winter als auch im Sommer erhältlich.

Mangold

Mangold *(Beta vulgaris,* var. *cicla)*

Mangold ist mit der Zuckerrübe verwandt. Seine Wurzel wird jedoch nicht mitverwendet. Es gibt mehrere Varietäten, von denen wir zwei vorstellen: roter Mangold mit rötlichen Stielen sowie Blattmangold, der im Aussehen und Geschmack dem Spinat gleicht. Die Mangoldstiele werden besonders geschätzt, obwohl auch die Blätter verwendet werden. Mangold gibt es vom Frühling bis in den Winter hinein.

Brennessel

Brennessel *(Urtica dioica)*

Die ausdauernde Pflanze ist weltweit erhältlich und wird wie Sauerampfer oder Spinat zubereitet. Die Brennhaare werden beim Kochen zerstört. Aus Brennesseln kann man Suppe, Tee und sogar Bier zubereiten.

Kohl

Junger Kohl
(Brassica oleracea, ssp.)

Die Heimat des Kohls ist Europa und Westasien. Junger Kohl, den es vor allem in England gibt, hat kein Herz und wird geerntet, wenn die jungen Kohlpflanzen ausgedünnt werden. Er wird im Frühjahr, wenn es noch keinen ausgewachsenen Kohl gibt, sehr geschätzt.

Junger Kohl

Blumenkohl
(Brassica oleracea, ssp.)

Der oft als Aristokrat der Kohlfamilie bezeichnete Blumenkohl wurde zuerst im Nahen Osten kultiviert und kam im 13. Jahrhundert nach Europa. Die Röschen werden roh, gekocht oder mit Béchamelsauce überbacken gegessen.

Blumenkohl

Hellgrüner Kohlrabi

Kohlrabi *(Brassica oleracea)*

Der Kohlrabi ist eine Varietät des Kohls. Die violette oder hellgrüne Stielknolle hat einen zarten Rübengeschmack und wird gekocht oder roh in Salaten gegessen. Die Blätter können gekocht mitverzehrt werden.

Violetter Kohlrabi

Brokkoli *(Brassica oleracea,* ssp.*)*

Von den mit dem Blumenkohl verwandten Brokkoli gibt es mehrere Varietäten: weiße, grüne, violette und eine mehrjährige. Brokkoli werden auch roh gegessen, schmecken am besten aber gedünstet mit etwas geschmolzener Butter, einer Sauce hollandaise oder Sauce béarnaise. Sie sind das ganze Jahr erhältlich und eignen sich als Vorspeise und für Suppen.

Grüner Brokkoli

Grünkohl *(Brassica oleracea,* ssp.*)*

Es gibt sowohl kraus- als auch glattblättrige Varietäten des Grünkohls. Der Ursprung dieser Kohlarten ist vermutlich der östliche Mittelmeerraum, wo sie seit 2000 Jahren kultiviert werden. Der grobe Grünkohl ist ein hervorragendes Wintergemüse. Er schmeckt am besten pochiert (kurz unter dem Siedepunkt gegart), dann abgetropft und mit Butter verfeinert.

Violetter Brokkoli

Grünkohl

Rosenkohl (oder Brüsseler Sprossen) *(Brassica oleracea,* ssp.*)*

Es wird angenommen, daß die Minikohlköpfe aus Belgien stammen. Sie wachsen an langen, holzigen Strünken und sollten als kleine Röschen geerntet und bißfest gekocht auf den Tisch kommen. Sie sind vom Spätsommer bis in den Frühling hinein im Handel. Rosenkohl kann mit Kastanien oder Walnüssen zusammen zubereitet werden. Er schmeckt nicht nur gekocht, sondern auch püriert, sautiert und in der Suppe. Die oben an der Pflanze wachsenden Blätter können ebenfalls als Gemüse gegessen werden.

Rosenkohl

Kohlgemüse

Kohl wird nach Jahreszeiten und Aussehen eingeteilt. Es gibt Frühjahrs-, Sommer-, Herbst- und Winterkohl; Kohl mit festen oder lockeren grünen, weißen und roten Köpfen. Frühlingskohl hat glatte, lose Blätter und einen kleinen Kopf. Die Köpfe der grünen Kohlarten sind rund oder spitz (z. B. Wirsing). Der Winterkohl hat einen festen weißen Kopf (Winterweißkohl). Chinakohl schmeckt subtiler als die anderen Kohlarten.

Wirsing

Wirsing *(Brassica oleracea,* ssp.*)*

Der grüne Wirsing (Savoyer oder Mailänder Kohl) ist wahrscheinlich italienischen Ursprungs. Roh und dünn geschnitten schmeckt er hervorragend in Salaten. Er wird auch gekocht gegessen. Seine runzligen Blätter, die gegenüber den glattblättrigen Kohlarten sehr dekorativ aussehen, werden für Kohlrouladen verwendet.

Weißkohl *(Brassica oleracea,* ssp.*)*

Weißkohl oder Weißkraut wird roh oder gekocht gegessen. Er ist wie der Spitzkohl im Sommer und Winter erhältlich.

Weißkohl

Pekingkohl *(Brassica pekinensis)*

Diese Varietät des Chinakohls (in Japan als *Hakusai* bekannt) gleicht wegen seiner länglichen Form dem römischen Salat. Er wird viel in chinesischen Pfannengerichten verwendet, kann aber auch roh gegessen werden und ist mit anderen Kohlarten austauschbar. Die dikken weißen Rippen der Außenblätter können wie Spargel zubereitet werden.

Paksoi *(Brassica chinensis)*

Paksoi bildet keinen Kopf. Seine Blätter erinnern an Spinat oder Mangold. Er wird roh in Salate gegeben oder kurz mit Reis gebraten und ist in der chinesischen Küche sehr beliebt.

Rotkohl *(Brassica oleracea,* ssp.*)*

Rotkohl wird oft zu Wild und Gänsebraten serviert, kann aber auch roh gegessen werden. In England wird er eingelegt, in anderen Ländern und bei uns wird er mit Äpfeln und Gewürzen geschmort. Etwas Essig erhält die rote Farbe.

Winterweißkohl *(Brassica oleracea,* ssp.*)*

Weißkohl hält sich gut und kann lange gelagert werden. Er ist fest und läßt sich deshalb gut für Kohlsalat raspeln. Aus Weißkohl wird Sauerkraut hergestellt.

Pekingkohl

Paksoi

Rotkohl (ganz)

Rotkohl (halbiert)

Winterweißkohl

Sprossengemüse

Artischocke *(Cynara scolymus)*

Die Artischocke ist der Blütenkopf einer mehrjährigen und in Nordafrika beheimateten Pflanze. Sie wird aber jetzt auch in Europa als Wintergemüse, in Nordamerika sogar das ganze Jahr über angebaut. Baby-Artischocken werden ganz eingelegt. Die Böden sind auch als Konserve und tiefgefroren erhältlich. Artischocken lassen sich backen, braten, kochen, füllen und werden mit verschiedenen Saucen und Dressings serviert (Vinaigrette, Mayonnaise, holländische Sauce). Der Stengel wird oft blanchiert in Suppen gegeben. Junge Artischocken können auch roh verzehrt werden.

Bambussprossen
(Bambusa vulgaris)

Die Bambussprossen sind konisch und werden in Asien frisch verkauft. Bei uns sind sie gekocht in Dosen erhältlich. Die knackigen und leicht säuerlichen Sprossen passen besonders gut zu Schweinefleisch.

Palmherzen (Familie: *Palmaceae)*

Palmherzen sind das Innere sprießender Blattstiele einiger Arten der Gemüsepalme und eine tropische Delikatesse. Sie können roh verzehrt werden und sind gekocht und als Konserve im Handel.

Spargel *(Asparagus officinalis)*

Spargel sind die jungen Stengelsprossen einer in Europa beheimateten Pflanze. Die bekanntesten der etwa 20 Varietäten sind der grüne und der weiße Spargel. Franzosen, Belgier, Italiener und Deutsche mögen vor allem den weißen Spargel. Er wird gekocht warm mit zerlassener Butter oder kalt mit Vinaigrette serviert. Spargel verwendet man auch in Suppen, Soufflés, Quiches und anderen Gerichten. Er ist im Frühjahr und Frühsommer erhältlich.

Artischocke

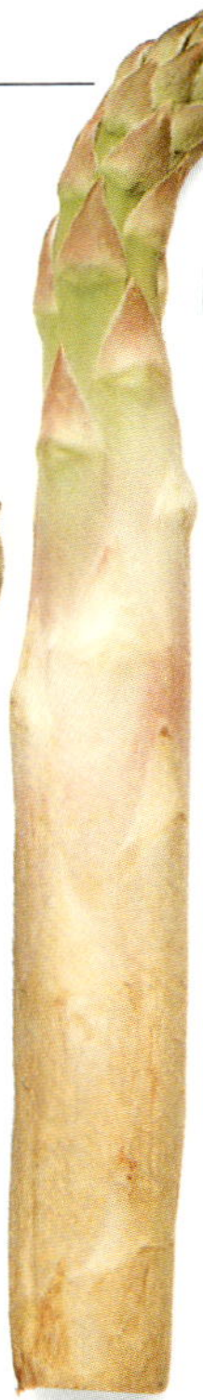

Weißer Spargel

Grüner Spargel

Bambus

Palmherzen

Fenchel *(Foeniculum vulgare)*

Fenchel ist der knollenförmige verdickte Stengel einer in Europa beheimateten Pflanze. Er schmeckt nach Anis, ist ganzjährig erhältlich und kann roh, gekocht, geschmort, gegrillt oder mit Käsesauce überbacken gegessen werden.

Chicorée

Bleichsellerie *(Apium graveolens)*

Bleichsellerie wurde von italienischen Gärtnern im 16. Jahrhundert gezüchtet. Es gibt mehrere Varietäten: Einige sind selbstbleichend, andere werden in Erde eingeschlagen, damit sie weiß bleiben. Es gibt ihn das ganze Jahr über frisch oder in Dosen. Man ißt ihn roh oder gekocht.

Bleichsellerie

Chicorée *(Cichorium intybus)*

Chicorée ist in Europa und Westasien beheimatet, wird aber auch in Amerika angebaut. Es gibt ihn vom Herbst bis zum Frühsommer. Er schmeckt leicht bitter und wird roh in Salaten, geschmort oder gebraten gegessen.

Adlerfarn

Adlerfarn *(Pteridium aquilinium)*

Viele Varietäten dieses Farns wachsen wild in Amerika und Europa. Die jungen Sprossen können roh in Salate gegeben oder gekocht wie Brokkoli mit holländischer Sauce serviert werden. Sie sind in Dosen oder im Frühjahr und Sommer frisch im Handel.

Fenchel

ANDERE SPROSSENGEMÜSE

Kardone
(Cynara cardunculus)
Die Kardone ist ein im Mittelmeerraum beheimatetes und mit der Artischocke verwandtes Distelgewächs. Die dickfleischigen Blattstiele sehen aus wie Bleichsellerie und werden roh oder geschmort gegessen.

Meerkohl (See- oder Strandkohl) *(Crambe maritima)*
Meerkohl ist ein an der Küste wildwachsendes, ursprünglich in Westeuropa beheimatetes Kraut, das sich auch kultivieren läßt. Seine weißen Schößlinge werden gedünstet und wie Spargel gegessen.

Fruchtgemüse

Aubergine *(Solanum melongena)*

Auberginen oder Eierfrüchte kommen vermutlich ursprünglich aus Indien. Sie sind in Farbe und Form unterschiedlich. Dunkelviolette Auberginen sind die häufigsten; es gibt aber auch weiße. Sie sind das ganze Jahr über erhältlich. Ihr mehliges, grünlichgelbes Fleisch wird nur gegart verzehrt. Dazu schneidet man sie in Scheiben oder höhlt sie aus und füllt sie. Typische Auberginengerichte sind *Ratatouille, Moussaka* und *Imam Bayildi*.

Tomate *(Lycopersicum esculentum)*

Der ursprünglich aus Südamerika stammende »Liebesapfel« ist eigentlich eine Beere und als Nachtschattengewächs mit der Kartoffel verwandt. Von der attraktiven Tomate gibt es viele Varietäten, Formen und Größen (grüne Tomaten, Eier- oder Flaschen-, Fleisch- und Kirschtomaten). Sie sind das ganze Jahr frisch oder in Dosen im Handel und werden roh oder gekocht verzehrt. Rote Tomaten verwendet man für Saft, Püree oder Ketchup, grüne Tomaten für Pickles und Chutneys.

Violette runde Aubergine

»Slim Jim«-Aubergine

Violette Neapel-Aubergine

Kirschtomate

Fleischtomate

Violette runde Aubergine

Paprikaschoten
(Capsicum annuum)

Die Heimat der Paprikaschoten sind das tropische Amerika und die Westindischen Inseln. Es gibt sie in vielen Farben und Formen, das ganze Jahr über frisch oder in Dosen und Gläsern im Handel. Gemüsepaprika ist mild im Geschmack und wird roh und gekocht gegessen. Die scharfen Pfefferschoten (Chillies) werden fast ausschließlich als Gewürz verwendet, besonders in indischen Curry- und südamerikanischen Gerichten.

Avocado *(Persea americana)*

Diese nahrhafte, auch unter dem Namen Alligatorbirne bekannte Frucht wird in vielen tropischen Ländern angebaut, kam aber ursprünglich aus Mittelamerika. Es gibt davon zwei Hauptarten: Die eine hat eine dunkelgrüne, die andere eine fast schwarze, narbige Schale. *Aguacate,* eine wildwachsende Varietät, findet man im amerikanischen Südwesten. Avocados gibt es das ganze Jahr. Man ißt sie im Salat, als Vorspeise oder in Saucen, Dips und Mousses.

Avocado

Gemüsepaprika

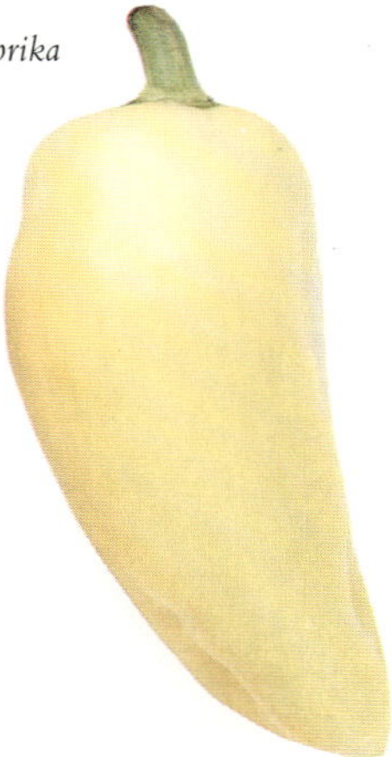

Salattomate

Pfefferschoten

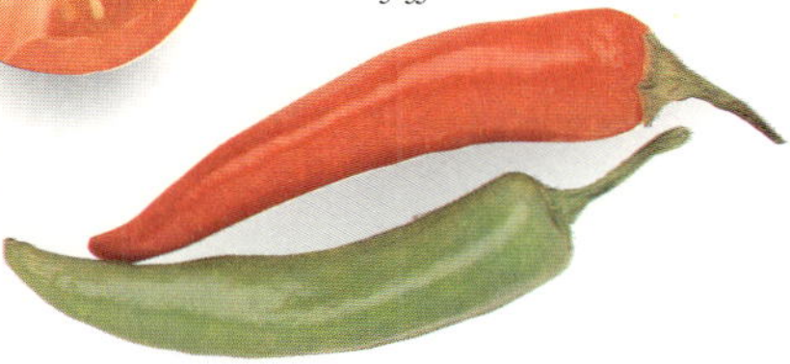

ANDERE FRUCHTGEMÜSE

Aki(pflaume)
(Blighia sapida)
Man sagt, daß die Aki von Kapitän Bligh von der *Bounty* auf die Westindischen Inseln gebracht wurde. Daher der botanische Name. Der rötliche äußere Teil der Frucht ist giftig. Genießbar ist nur ein kleiner Teil, der in Jamaika als Gemüse zu gesalzenem Kabeljau gegessen wird. Aki gibt es bei uns vorwiegend in Dosen.

Brotfrucht
(Artocarpus communis)
Die Brotfrucht soll, wie die Aki, ebenfalls von Kapitän Bligh auf die Westindischen Inseln gebracht worden sein. Das Fruchtfleisch der großen Früchte wird im allgemeinen gebraten als Gemüse gegessen.

Kürbisse

Kürbisgewächse sind sowohl in der Alten als auch in der Neuen Welt beheimatet. Sie sind Bestandteil der Küche Amerikas, der Karibik, Afrikas, des Nahen Ostens und des Orients. Es gibt zahlreiche Varietäten.

Spaghettikürbis *(Cucurbita pepo)*

Der melonenförmige Spaghettikürbis ist im Winter erhältlich. Er wird gewöhnlich in der Schale gekocht. Das weiße, spaghettiartige Fleisch wird dann herausgelöst, gewürzt und warm mit Butter, Tomatensauce oder anderen Würzsaucen gegessen. Er kann auch gekühlt zu Fleisch oder Salaten serviert oder im Teigmantel fritiert werden.

Acorn Squash

Spaghettikürbis

Acorn Squash *(Cucurbita pepo)*

Der im Herbst geerntete, dickschalige amerikanische Acorn Squash läßt sich vor seiner Verwendung mehrere Tage an einem kühlen, luftigen Platz lagern. Er wird frisch, in Dosen und tiefgefroren verkauft. Sein süßliches Fleisch ist gelblich. Wegen seiner harten Schale wird er meist im ganzen zubereitet, aber er kann auch geschält und zerkleinert gedünstet werden. Er ist ideal zum Füllen und zum Backen.

Pâtisson *(Cucurbita pepo)*

Die auch als Bischofsmützen oder Ufos bekannten Pâtissons sind ein wenig mehlige Sommerkürbisse. Sie schmecken ausgereift am besten. Schale und Kerne können mitverzehrt werden. Sie sind gedünstet, gekocht, gefüllt oder im Ofen gebacken delikat.

Golden Nugget *(Cucurbita pepo)*

Dieser orangeschalige Sommerkürbis stammt aus Amerika. Er hat grünliches Fleisch und wird meist unreif, wenn er noch ganz zart ist, gegessen. Man kann ihn dünsten, kochen oder wie den Markkürbis im Ofen backen. Läßt man ihn ausreifen, bekommt er eine dicke Schale, die vor dem Kochen entfernt werden muß, durch die er aber mehrere Tage lagerfähig ist. Reife Kürbisse können gekocht und püriert oder im Ofen gebacken werden.

Pâtisson

Golden Nugget

ANDERE KÜRBISSE

Chayote *(Sechium edule)*
Der Name dieses Kürbisses stammt aus dem Aztekischen *(chayotl)* und verrät, daß er in Zentralamerika beheimatet ist. Es gibt ihn in unterschiedlichen Größen, Formen, Farben und Konsistenzen. Er hat einen hohen Wassergehalt. Je größer er ist, desto fader ist er im Geschmack. Chayote wird wie kleinere Kürbisse zubereitet, im Ofen gebacken, gefüllt und für Chutneys verwendet.

Moschuskürbis
(Cucurbita moschata)
Der knallgelbe Kürbis hat einen gebogenen Hals. Er ist ein dünnschaliger Sommerkürbis. Die jüngeren Kürbisse werden im ganzen verzehrt.

Westindischer Kürbis
(Cucurbita pepo, ssp.)

Der Westindische Kürbis (auch Calabaza oder Winterkürbis) ist eng mit dem Gemeinen Gartenkürbis verwandt und gehört zu den Riesenkürbissen. Er hat nicht die nötige Süße und Konsistenz für Pies, wird aber ansonsten wie die kleineren Kürbisse verwendet. Die Gartenkürbisse haben fast alle die gleiche Form, aber eine leuchtend orangefarbene Schale und sind für ihre Verwendung in Pies bekannt. Sie werden oft auch mit frischer Sahne als Frucht gekocht, in Scheiben geschnitten und gebraten als Gemüse serviert. Man findet sie in Pürees und Suppen. In Frankreich macht man aus ihnen Marmelade, in Italien werden süße Ravioli mit Kürbispüree gefüllt. Aus den fett- und eiweißhaltigen Kernen wird Speiseöl gewonnen.

Westindischer Kürbis

Schlangengurke
(Trichosanthes cucumeriana)

Die Schlangengurke ist in Südostasien und Australien beheimatet, wird aber auch in Amerika und Europa kultiviert. Sie wird im Sommer gegessen, wenn sie unreif und dünnschalig ist. Gewöhnlich schneidet man sie in Scheiben, die gedünstet oder gekocht und mit Butter, Salz, Pfeffer, Estragon, Dill oder Majoran gewürzt serviert werden.

Schlangengurke

Butternut Squash

Butternut Squash
(Caryoka nuciferum)

Dieser Kürbis stammt aus dem tropischen Amerika, wird aber auch in Nordamerika und Europa kultiviert. Er wird im Sommer geerntet, wenn er noch zart ist. Dann wird er für Eintöpfe, Gemüse oder Pies verwendet. Wird er im Herbst geerntet, wird er zunächst vorgekocht und dann im Ofen gebacken, eingemacht oder für Marmelade und Pickles verwendet.

Markkürbis *(Cucurbita pepo)*

Dieser aus Amerika stammende Sommerkürbis sollte fest, schwer und etwa 30 cm lang sein. Er kann gedämpft, gekocht, gefüllt, gebakken oder in Würfel geschnitten gratiniert werden. Er kommt auch in Chutneys und Marmeladen. Die Blüten können nach italienischer Art im Teigmantel fritiert werden.

Zucchini *(Cucurbita pepo)*

Die Zucchinis sind auch unter dem Namen Courgettes bekannt. Sie sind unreif geerntete Markkürbisse, den ganzen Sommer über erhältlich und brauchen nicht geschält zu werden. Man schneidet lediglich die Enden ab. Zucchinis werden in Scheiben geschnitten, roh oder im Teigmantel gebraten, gedünstet und gebacken verzehrt. Sie gehören in Eintöpfe, Suppen und ins *Ratatouille.* Die Markkürbisblüten können ebenfalls in Mehl gewendet fritiert werden.

Gurke *(Cucumis sativus)*

Obwohl die Gurke im allgemeinen nicht als Kürbis bezeichnet wird, gehört sie doch zur gleichen Familie. Von dieser vermutlich aus Indien stammenden alten Kulturpflanze gibt es zwei Hauptsorten: die lange, dünne, glattschalige Gewächshausgurke und die dicke, rauhschalige Freilandgurke. Sie sind das ganze Jahr über frisch oder eingelegt im Handel und werden roh oder gekocht verzehrt. Bei den Indern gibt es sie mit Joghurt als *Raitha,* um die scharfen Currys zu mildern. Nordeuropäer kombinieren sie mit saurer Sahne, und die Franzosen garnieren die Gurken mit gesalzener Schlagsahne. Gurken werden in Suppen, Saucen (besonders zu pochiertem Lachs) und in Salate gegeben. Gurkenscheiben werden gesalzen und gepreßt, um überschüssiges Wasser zu entfernen, bevor das Dressing zugegeben wird.

Gestreifter Markkürbis

Unifarbener Markkürbis

Zucchini

Freilandgurke

Gewächshausgurke

Zwiebelgemüse

Lauch *(Allium porrum)*

Lauch ist eine in Europa beheimatete Winterpflanze, die nicht so scharf ist wie Zwiebeln oder Schalotten. Man bekommt ihn von Herbst bis ins Frühjahr. Er kann gedünstet und mit verschiedenen Saucen oder überbacken serviert werden. Er paßt, wie auch die Winterzwiebel, in Suppen und Eintöpfe.

Hauszwiebel *(Allium cepa)*

Die Zwiebel ist eine der wichtigsten Würz- und Gemüsepflanzen, die in vielen Sorten gezüchtet wird. Haus- und Sommerzwiebeln sind die am meisten gebräuchlichen Arten.

Gemüsezwiebel *(Allium cepa)*

Die Gemüsezwiebel wird wegen ihres dominanten Geschmacks, ihrer langen Herrschaft und ihres großen Einflusses die »Königin der Gemüse« genannt. Sie ist vielseitig verwendbar. Es gibt milde und scharfe, runde und längliche Zwiebeln. Sie sind das ganze Jahr erhältlich, werden roh, gedünstet und gebraten gegessen, für Füllungen und Saucen verwendet. Die Gemüsezwiebel kommt ursprünglich aus Mittelasien, wird aber heute weltweit angebaut. Meist ist sie mild und gut lagerfähig. Sie ist immer frisch, getrocknet oder als Saft im Handel.

Lauch

Hauszwiebeln

Gemüsezwiebel

Italienische rote Zwiebe

Italienische rote Zwiebel
(Allium cepa)

Diese längliche, milde, manchmal süßliche Zwiebel ist weit verbreitet. Sie sieht dünn geschnitten attraktiv aus und wird roh zum Garnieren verwendet. Wie alle Zwiebeln wird sie bitter, wenn man sie (vor der Weiterverarbeitung) aufgeschnitten zu lange an der Luft liegen läßt.

Knoblauch *(Allium sativum)*

Knoblauch stammt vermutlich aus Mittelasien. Die Chinesen und Ägypter verwendeten ihn schon ganz früh in der Geschichte. Er wird knollenweise das ganze Jahr über verkauft, aber nur zehenweise verwendet. Er wird nicht als Gemüse gegessen, sondern verbessert den Eigengeschmack pikanter Gerichte (eins der bekanntesten französischen Gerichte, für das 30 Zehen nötig sind, ist *Lièvre à la royale*). Man kann Knoblauchzehen auch selbst einpflanzen.

Schalotte

Knoblauch

Schalotte *(Allium ascalonicum)*

Die Herkunft der Schalotte ist unbekannt. Sie ist eng mit der Zwiebel verwandt, aber nicht so scharf im Geschmack. In Frankreich ist sie weit verbreitet, wo es graue, rötliche und bräunliche Varietäten gibt. Erhältlich sind sie vor allem im Sommer und im Herbst. Die länglichen Schalotten schmecken etwas kräftiger und werden vor allem für Saucen verwendet.

Frühlingszwiebel *(Allium cepa)*

Die Frühlingszwiebel wird jung geerntet, noch bevor sie eine Knolle ausgebildet hat. Sie wird frisch in Salate und süß-saure Würzsaucen gegeben und als Garnierung verwendet.

Frühlingszwiebel

Große rote Zwiebel *(Allium cepa)*

Diese Zwiebel ist mild und oft etwas süßlich. Sie wird roh in Salaten, gekocht oder gebacken als Gemüse gegessen. Sie würzt Suppen, Saucen und Eintöpfe.

Große rote Zwiebel

Wurzelgemüse

Weißer Rettich *(Raphanus sativus)*

Der Rettich wird seit Urzeiten im Nahen Osten angebaut und war auch im alten Ägypten sehr beliebt. Wildwachsende Rettiche gab es ursprünglich in Südasien. Der kultivierte weiße Rettich wird ganzjährig in vielen Ländern gezogen, schmeckt aber am besten im Frühjahr. Er wird hauptsächlich als Salatgemüse verwendet.

Daikon-Rettich *(Raphanus sativus)*

Dieser weiße japanische Rettich ist milder als andere Sorten. Er ist neuerdings auch bei uns erhältlich und kann geraspelt und als Garnierung verwendet werden. In Japan wird er dünn in Scheiben geschnitten und mit anderem Gemüse zusammen gekocht oder in Suppen gegeben.

Navet *(Brassica rapa)*

Diese französische Rübenart ist im Winter und im Frühjahr erhältlich. Sie wird gekocht, in Suppen und Eintöpfen verwendet. Es gibt weiße, gelbe und schwarze Varietäten.

Schwarzwurzel

Schwarzwurzel
(Scorzonera hispanica)

Die zu den Korbblütlern gehörende Schwarzwurzel und ihre nahe Verwandte, die Haferwurz *(Tragopogon porrifolius)*, haben lange, spitz zulaufende Wurzeln. Ihre Heimat ist Europa und das Mittelmeergebiet. Die Schwarzwurzel hat eine braunschwarze Haut, die Haferwurz eine weiße. Beide werden für Suppen und Eintöpfe verwendet, in Salate gegeben, als Gemüse gekocht, püriert oder als Vorspeise serviert. Die Schwarzwurzel schmeckt am besten im Spätherbst.

Pastinake *(Pastinaca sativa)*

Die Pastinake ist eine in Europa beheimatete, süßlich schmeckende Wurzel. Sie wird jetzt auch in Amerika angebaut und das ganze Jahr über frisch verkauft. Sie schmeckt aber am besten im Winter. Man kann sie schmoren, kochen, braten, pürieren, kandieren oder zur Weinherstellung verwenden.

Pastinake

Weiße Rübe

Weiße Rübe *(Brassica rapa)*

Die weiße Rübe ist die verdickte Wurzel einer vermutlich aus Europa stammenden Pflanze. Sie kann in Größe, Form und Farbe sehr unterschiedlich sein und ist das ganze Jahr im Handel. Junge Rüben werden im ganzen gekocht, ältere werden püriert oder in Suppen und Eintöpfe gegeben. Die grünen Blätter werden als Frühjahrsgemüse verwendet.

Kohl- oder **Steckrübe**
(Brassica napobrassica)

Die Kohlrübe ist ein aus Europa stammendes und auch in Amerika verbreitetes Wurzelgemüse. Sie gleicht der weißen Rübe, hat aber gelblich-orangefarbenes Fleisch und schmeckt im Winter am besten. Die Rübe kann gebacken, mit Fleisch oder in Scheiben gebraten, gekocht und püriert (wie zu *Haggis* in Schottland), gewürfelt, blanchiert und in Eintöpfe gegeben werden. In Finnland wird sie mit Sahne und Gewürzen zubereitet.

Rote Radieschen
(Raphanus sativus)

Die roten Radieschen stammen aus Asien. Kultivierte Varietäten gibt es in Europa und Amerika das ganze Jahr hindurch. Im Frühjahr sind sie weniger scharf im Geschmack. Sie werden meist roh in Salaten oder zu einem Butterbrot gegessen. Die Blätter können in den Salat gegeben werden.

Rote Bete *(Beta vulgaris)*

Rote Bete und ihre Verwandten stammen von der im Mittelmeergebiet heimischen und in Deutschland im Mittelalter kultivierten Küstenpflanze *Beta maritima* (Wild-Bete) ab. Rote Bete werden in der ganzen Welt angebaut und das ganze Jahr hindurch frisch oder in Dosen und Gläsern angeboten. Sie können gekocht oder gebacken, warm oder kalt und in Salaten serviert oder eingelegt werden und sind Hauptbestandteil des russischen Eintopfes *Borschtsch.* In Amerika werden kleine rote Bete in Orangensaft *(Yale beets)* und in einer süß-sauren Sauce serviert *(Harvard beets).*

Rote Radieschen

Kohl- oder Steckrübe

Rote Bete

Sellerieknolle
(Apium graveolens, var. *rapaceum)*

Dieser dem Bleichsellerie im Geschmack ähnliche Sellerie wird wegen seiner knollenförmig verdickten Wurzel kultiviert. Er ist ein Wintergemüse, sollte fest sein und vor dem Kochen geschält werden (dazu erst in Scheiben schneiden). Er kann geraspelt als Rohkost, gekocht mit einer Sauce oder püriert gegessen werden. Außerdem ist er blanchiert, mit Vinaigrette serviert oder in Suppen und Eintöpfen zu verwenden. Dem Kochwasser oder den Salaten etwas Zitrone zugeben, da Sellerie nach dem Aufschneiden dunkel anläuft.

Sellerieknolle

Karotte

Karotte *(Daucus carota)*

Heimat der wildwachsenden Karotten ist vermutlich Europa, denn sie wurden von den Holländern im Mittelalter angebaut. Sie werden das ganze Jahr angeboten, sind aber im Frühsommer kleiner, süßer und am zartesten. Sie sind frisch, in Dosen und tiefgefroren im Handel. Sie schmecken gedünstet oder gekocht, in Butter und Kräutern sautiert, in Suppen und Eintöpfen und im Karottenkuchen. Frischer Karottensaft ist nahrhaft und delikat.

ANDERE WURZELGEMÜSE

Kalifornische Auferstehungspflanze
(Lewisia rediviva)
Die Heimat des Portulakgewächses ist das nordwestliche Nordamerika. Die fleischigen Wurzeln sind saftig und nahrhaft.

Erdbirne und **Arracacha**
(Apios tuberosa)
Die Heimat der Erdbirnen ist Nordamerika. Diese Leguminosen werden wie Kartoffeln gekocht, können aber auch für Desserts verwendet werden. Sie schmecken ähnlich und sind untereinander austauschbar.
Eine ähnliche Pflanze, aber aus Südamerika, ist die eßbare Arracacha *(Arracacia xanthorrhiza)*. Sie ist eine aus Kolumbien stammende, jetzt in den Anden kultivierte Pflanze. Die Wurzeln können ebenfalls wie Kartoffeln gebacken, gebraten, in Suppen und Eintöpfen verwendet werden. Aus dem Wurzelmehl werden Brot und Pfannkuchen gebacken.

Große Klette
(Arctium lappa)
Die Große Klette ist eine wildwachsende, distelartige Pflanze, die in der nördlichen Hemisphäre verbreitet ist. Junge Stengel werden in Salate gegeben. In Japan wird die ganze Pflanze verwendet. Sie ist unter dem Namen *Gobo* bekannt.

Knollenziest oder **Stachy**
(Stachys affinis)
Der in China und Japan heimische Knollenziest wird in Frankreich gezüchtet. Man ißt ihn roh geraffelt in Wintersalaten, als Gemüsebeilage zu Fleisch und in chinesischen Pfannengerichten. Er ist im Spätherbst im Handel.

Indische Lotosblume
(Nelumbium nuciferum)
Die Lotosblume ist in Indien und China heilig. In vielen Ländern des Fernen Ostens, wo sie beheimatet ist, wird sie in der Küche viel verwendet. Wegen ihrer dekorativen Löcher werden Wurzelscheiben in chinesischen und japanischen Gerichten eingesetzt. Es gibt sie frisch oder in Dosen, sie kann eingelegt oder gedünstet werden. Ihre Blätter werden in Salate gegeben. Aus ihr wird Stärke gewonnen.

Meerrettich
(Armoracia rusticana)
Meerrettich stammt aus Südosteuropa und Westasien. Die Pfahlwurzel wird meist gerieben und zu einer Sauce verarbeitet. Meerrettich hat einen beißend scharfen Geschmack und wird als Würze zu Roastbeef und kaltem Fleisch serviert (Seite 56).

Gemeines Pfeilkraut
(Sagittaria sagittifolia)
Das Gemeine Pfeilkraut hat pfeilförmige Blätter, die wie die stärkehaltigen Wurzeln in der chinesischen Küche Verwendung finden.

Schwarzer Winterrettich
(Raphanus sativus)
Der schwarze Winterrettich gleicht im Aussehen nicht den bekannteren Retticharten, sondern sieht eher wie eine kleine Rübe aus. Er wird im Winter als Salatgemüse verwendet.

Wurzelpetersilie
(Petroselinum hortense)
Die Wurzelpetersilie wird wegen ihrer schlanken weißen, der Pastinake ähnlichen Wurzel angebaut. Sie ist in Ost- und Nordeuropa sehr beliebt. Die Wurzelpetersilie wird in Suppen und Eintöpfen mitgekocht. Man serviert sie auch wie Bleichsellerie als Gemüsebeilage. Sie ist nussig im Geschmack.

Knollengemüse

Yam *(Dioscorea batatas)*

Die Heimat der Yam ist Afrika und Asien, sie wird aber auch im tropischen Amerika angebaut. Von dieser milden, stärkehaltigen Knolle gibt es viele Varietäten. In Afrika wird sie püriert und mit Pfeffer und anderen Aromastoffen gewürzt. Die in der westindischen Küche sehr beliebte Knolle kann wie Kartoffeln gekocht werden.

Topinambur, Erdartischocke *(Helianthus tuberosus)*

Von der in Nordamerika beheimateten und im 17. Jahrhundert in Europa eingeführten Pflanze gibt es viele Varietäten. Die von beige bis rotbraun aussehenden Knollen sind vorwiegend im Winter erhältlich, schmecken nussig und können sowohl roh in Salaten als auch gekocht mit Saucen und in Eintöpfen gegessen werden.

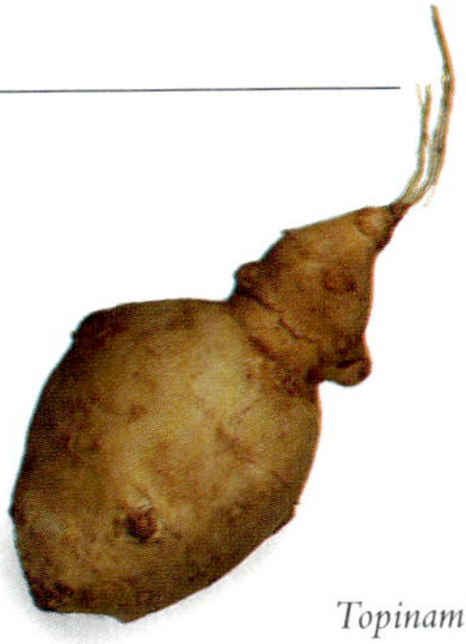

Topinambur

Yam

Süßkartoffel *(Ipomoea batatas)*

Süßkartoffeln (oder Bataten) sind mit unseren Kartoffeln nicht verwandt, obwohl beide aus Mittelamerika stammen. Sie kamen schon vor der Kartoffel nach Europa und waren hoch geschätzt. Sie sind von Herbst bis in den Frühsommer erhältlich. Traditionsgemäß kommen sie in Amerika zum Erntedankfest auf den Tisch. Es gibt zwei Hauptvarietäten: die rote und die weiße Süßkartoffel. Die rote Süßkartoffel ist etwas süßer und schmeckt gut zu Braten und als Püree. Sie wird in Soufflés, Kuchen und Füllungen verwendet. Die weiße Süßkartoffel ist kleiner, weißfleischig und trokkener.

Weiße Süßkartoffel

Rote Süßkartoffel

ANDERE KNOLLEN

Cassava oder **Maniok**
(Manihot utilissima)
Aus dieser in Mittelamerika beheimateten stärkehaltigen Knolle gewinnt man Tapioka (Seite 106). Aus den fermentierten Knollen wird ein alkoholisches Getränk hergestellt. Die Blätter werden als Gemüse gegessen. Aus Cassavamehl werden Kuchen gebacken.

Taro
(Colocasia antiquorum)
Dieses Knollengewächs enthält feine verdauliche Stärke. Es wird in der westindischen Küche als Gemüse verwendet und wie Kartoffeln gekocht. Die Blätter werden wie Kohl gegessen.

Kartoffeln

Die Kartoffel stammt aus Südamerika und gehört zu den Nachtschattengewächsen. Ihre vielen Varietäten werden jetzt weltweit kultiviert.

Frühkartoffel *(Solanum tuberosum)*

Die Frühkartoffel ist eine neuere schnellwachsende Varietät. Ihr Fleisch ist weiß. Sie wird im Frühsommer geerntet und verkauft. Sie schmeckt am besten, wenn man sie nur abreibt, als Pellkartoffel kocht und mit Butter, Salz und Pfeffer serviert.

Sieglinde *(Solanum tuberosum)*

Die Sieglinde ist eine festkochende Frühkartoffel. Die Schale ist glatt und ockerfarbig, das Fleisch gelb. Sie ist ideal für Kartoffelsalat, Pell- und Bratkartoffeln.

Desirée *(Solanum tuberosum)*

Die hochwertige Desirée ist mehlig und eignet sich ausgezeichnet zum Backen in der Schale, Braten, Kochen und Pürieren.

Nicola *(Solanum tuberosum)*

Frühkartoffeln dieser Sorte sind vom Spätwinter bis zum Frühjahr erhältlich. Wenn sie klein sind, sollten keine großen Mengen gekauft werden, da sie schnell ihren erdigen Geschmack verlieren. Sie müssen vor dem Kochen nicht unbedingt geschält, sollten aber geschrubbt werden. Sie eignen sich nicht zum Pürieren. Sie sind auch in Dosen erhältlich.

Pentland Hawk
(Solanum tuberosum)

Diese festkochende Allzweckkartoffel hat hellgelbes Fleisch. Sie kann im Dampf gegart oder gekocht, mit oder ohne Schale in Scheiben geschnitten und mit Butter, Kräutern, Salz und Pfeffer oder Mayonnaise serviert werden. Sie eignet sich auch für Püree und zum Backen in der Schale.

Frühkartoffel

Sieglinde

Desirée

Nicola

Pentland Squire

Maris Piper

Pentland Hawk

Pentland Crown

King Edward

Pentland Squire
(Solanum tuberosum)

Diese festkochende, weißfleischige Allzweckkartoffel wird wie viele andere Varietäten für Pommes frites tiefgefroren. Sie ist auch getrocknet und in Dosen im Handel.

Pentland Crown
(Solanum tuberosum)

Die Knollen dieser dünnschaligen und weißlichen Varietät sind kurz vor Weihnachten reif und schmecken dann am besten. Wie alle mehligkochenden Sorten eignet sie sich ausgezeichnet zum Backen in der Schale. Beim Abkühlen wird sie weniger mehlig.

King Edward *(Solanum tuberosum)*

Die weißliche, manchmal gelbliche King-Edward-Kartoffel gehört zu den hochwertigsten Knollen und eignet sich für alle Zubereitungsarten.

Maris Piper *(Solanum tuberosum)*

Diese mittelfeste, weißfleischige Varietät wird für Salat verwendet, sautiert oder gebraten.

Hülsenfrüchte

Erbse *(Pisum sativum)*

Die Erbse ist vermutlich die älteste Kulturpflanze und wurde zuerst im Nahen Osten angebaut. Gartenerbsen werden frisch, tiefgefroren, in Dosen oder getrocknet (Seite 39) verkauft. Sie finden püriert, in Suppen, Eintöpfen und als Kochgemüse Verwendung. Die Hülsen werden im allgemeinen weggeworfen, können aber in Erbsensuppe mitgekocht werden.

Gartenerbse

Zuckerschote *(Pisum sativum)*

Zuckerschoten, auch Mangetouts, Kaiser- oder Schotenerbsen genannt, sind im Frühjahr erhältlich. Die Schoten sind sehr zart und werden mitsamt der Hülse verzehrt. Vor dem Kochen werden nur die Enden abgeschnitten. Die nicht zur Erbsenfamilie gehörenden Goabohnen *(Lotus tetragonolobus)* werden wie Zuckerschoten zubereitet und gegessen.

Zuckerschote

Zuckermais *(Zea mays)*

Dieser Mais ist in Amerika beheimatet, wird aber jetzt in der ganzen Welt angebaut. Er wird jung geerntet und ist frisch, tiefgefroren oder in Dosen erhältlich. Er wird als Gemüse, gekocht oder geröstet mit Butter gegessen, in Suppen gegeben oder püriert. Er wird für eine Art Puffer, für Mehl, Brot und Grieß verwendet.

Petits pois *(Pisum sativum)*

Petits pois sind jung geerntete, süße und zarte Gartenerbsen. Sie sind besonders in Frankreich beliebt und gelten als die feinsten Erbsen.

Petits pois

Okra *(Hibiscus esculenta)*

Die zur Gattung der Malvengewächse gehörende und im tropischen Afrika beheimatete Okra oder Gombo ist die Schote einer einjährigen Pflanze. In den Südstaaten der USA wird die Okra in Suppen oder in Reisgerichten gegessen. Die indische Küche kennt sie als *Bhindi,* die des Nahen Ostens als *Bamia.* Die Okra gibt es frisch, in Dosen oder getrocknet. Sie wird in Suppen und Eintöpfe gegeben oder als Gemüse gegessen.

Okra

Mais

Bohnensprossen
(Phaseolus aureus)

Fast jedes Getreide und jeder große Same kann gekeimt werden, aber am häufigsten verwendet man Mungbohnen (Seite 41). In der orientalischen Küche werden sie als Gemüse oder roh in Salaten verwendet. Alfalfasamen läßt sich ebenfalls keimen.

Mungbohnenkeime

Alfalfasprossen

Bohnensprossen

Dicke Bohne *(Vicia faba)*

Die Dicke Bohne ist die einzige aus der Alten Welt stammende Bohne, die seit vorgeschichtlichen Zeiten in Europa und dem Nahen Osten gegessen wird (Seite 38 und 42). Die Bohnen können püriert oder mit einer Sauce serviert werden und sind eine althergebrachte Beilage zu Schinken oder Speck. Es gibt sie tiefgefroren oder in Dosen und frisch in den Sommermonaten. Normalerweise werden die Hülsen weggeworfen. Junge Hülsen können jedoch mit verwendet werden.

Grüne Bohnen *(Phaseolus vulgaris)*

Von den in Mittelamerika beheimateten grünen Bohnen gibt es viele Varietäten, z. B. Stangen-, Lima- und Prinzeßbohnen. Von den Prinzeßbohnen brauchen vor dem Kochen nur die Stiele abgeschnitten zu werden, die Stangenbohnen müssen immer von ihren Fäden befreit werden. Es gibt auch gelbe Bohnen, die unter dem Namen Wachsbohnen bekannt und in Nordamerika sehr beliebt sind. Monguete ist eine spanische Züchtung.

Dicke Bohne

Reife Stangenbohne

Prinzeßbohne

Monguete

Getrocknete Hülsenfrüchte

Die eßbaren Samen von einigen Pflanzen aus der Familie der Leguminosen, beispielsweise Bohnen, Erbsen und Linsen, nennt man Hülsenfrüchte. Einige werden frisch verarbeitet, etwa grüne Bohnen, Dicke Bohnen, Limabohnen und grüne Erbsen. Andere werden vor dem Verzehr getrocknet. In vielen Teilen der Welt sind sie seit vielen tausend Jahren ein wichtiges Grundnahrungsmittel.
Archäologen haben nachgewiesen, daß Bohnen zu den ersten Pflanzen gehörten, die in der Entstehungszeit der Landwirtschaft kultiviert wurden. Die »gemeine Bohne« (zu der die Kidneybohne und ihre zahlreichen Varietäten wie Pinto- und schwarze Bohnen gehören) wurde zuerst in Mexiko angebaut. Limabohnen in Peru, Dicke Bohnen und Kichererbsen im Nahen Osten, Soja- und Adzukibohnen in China, Schwarzaugenbohnen und Taubenerbsen in Afrika. Da sich die meisten Hülsenfrüchte auch außerhalb ihrer Heimat eingebürgert haben, sind sie weltweit erhältlich.
Hülsenfrüchte sind in der Küche des Nahen Ostens, Asiens, der Karibik, Mexikos, Mittel- und Südamerikas populär wie eh und je. In Nordamerika und Europa wächst das Interesse an ihnen wegen der hohen Fleischpreise und der zunehmenden Beliebtheit der vegetarischen Küche gegenwärtig wieder.

Die Verarbeitung von Hülsenfrüchten

Um Geschmack, pralle Form und Textur zu bewahren, werden Bohnen unmittelbar nach der Ernte getrocknet. Vor dem Verpacken werden sie sortiert und von Steinen gesäubert. Heute werden die meisten Hülsenfrüchte künstlich getrocknet und maschinell sortiert. Die Sprossen von gekeimten Mung- und Sojabohnen sind als Rohkost beliebt.
Getrocknete Bohnen, Erbsen und Linsen sind manchmal auch gekocht in Dosen erhältlich. Andere werden fermentiert oder zu Mehl, Öl, frischem Tofu oder getrockneten Tofublättern verarbeitet. Die Fermentationsverfahren sind ganz unterschiedlich: In China läßt man schwarze Bohnen in Salz fermentieren, in Afrika in Holzasche. Wie bei der Vergärung von Sojabohnen zu Sojasauce kann der Fermentationsprozeß Monate dauern.

Getrocknete Hülsenfrüchte in der Küche

Die meisten Hülsenfrüchte sind überall erhältlich. Was der Supermarkt an der Ecke nicht führt, findet man meist in Spezialgeschäften für orientalische Lebensmittel, Reformhäusern und Bioläden. Sie sind gut haltbar und quellen in Wasser leicht zu ihrer ursprünglichen Form auf, sollten jedoch in einem trockenen und kühlen Raum gelagert und spätestens nach sechs bis neun Monaten verwendet werden.
Bohnen, Erbsen und Linsen finden ganz in Eintöpfen, Salaten und Gemüsegerichten, püriert in Suppen und gemahlen in Kroketten und kalten Saucen (Dips) Verwendung. Alle Hülsenfrüchte sind sehr eiweißreich. Ißt man sie zusammen mit einem Getreideprodukt, wird ein Drittel Protein mehr für die Verdauung verfügbar. Deshalb werden Hülsenfrüchte rund um die Welt zusammen mit Reis oder Brot aufgetischt.
In vielen Rezepten läßt sich eine Hülsenfrucht problemlos durch eine andere ersetzen. Man muß aber Unterschiede in Geschmack und Beschaffenheit beachten, denn manche Bohnen, Erbsen und Linsen eignen sich bestens für ein Gericht, sind aber keineswegs ideal für ein anderes. Hülsenfrüchte, die sich gut weich kochen lassen, nehmen den Geschmack der anderen Zutaten leicht auf und passen deshalb besonders gut in würzige und stark mit Kräutern versetzte Eintöpfe. Dagegen sollten die Hülsenfrüchte, die auch beim Kochen relativ fest bleiben, als Gemüse oder Salat serviert werden.
Hülsenfrüchte müssen vor dem Kochen gut eingeweicht werden. Je nach Pflanzenart sind die Zeiten, die sie im Wasser verbringen müssen, ganz unterschiedlich. Bohnen müssen vorher verlesen werden, damit Steinchen und Sand entfernt werden. Gesalzen wird erst am Ende der Kochzeit, denn dann werden die Bohnen schneller weich.

Erbsen

Blaue Erbsen *(Pisum sativum)*

Getrocknete Erbsen gehörten zu den wichtigen Gemüsen, bevor es tiefgefrorene Ware gab. Jetzt haben sie viel von ihrer Beliebtheit eingebüßt. In Deutschland bäckt man ganze getrocknete Erbsen mit Sauerkraut und saurer Sahne. Die blaue Erbse schmeckt von den getrockneten Sorten am intensivsten. Ihre Konsistenz ist mehlig, und sie behält auch gekocht ihre Form.

Blaue Erbsen

Grüne Splittererbsen
(Pisum sativum)

Sie sind süßer als die blauen Erbsen und ideal für viele Gemüsegerichte. Sie werden für den traditionellen englischen Erbsenbrei verwendet, der zu gepökeltem Schweinefleisch serviert wird. Gut schmeckt Erbsensuppe, in der ein Schinkenknochen mitgekocht wurde.

Grüne Splittererbsen

Gelbe Splittererbsen
(Pisum sativum)

Die gelben Splittererbsen eignen sich wie die grünen Erbsen ausgezeichnet für pürierte Suppen und Gemüsegerichte mit Schinken.

Gelbe Splittererbsen

Kichererbsen aus dem Mittelmeerraum

Kichererbse *(Cicer arietinum)*

Von dieser großen, aus Westasien stammenden Erbse gibt es mehrere Varietäten. Sie sind ganz oder als Splitterware erhältlich und sind ideal für Eintöpfe und Suppen. Sie sind Hauptbestandteil von Hummus, einem pikanten Dip, oder von Felafel, den ägyptischen fritierten Erbsenbällchen. Im Nahen Osten sind Kichererbsen ein Grundnahrungsmittel, sie werden aber auch in europäischen und orientalischen Gerichten verwendet.

Kichererbsen aus dem Nahen Osten

Geschälte Splitterkichererbsen

Linsen und Bohnen

Grüne Linsen *(Lens esculenta)*

Linsen sind besonders reich an Eiweiß. Die grünen Linsen, von denen es große und kleine Sorten gibt, sind in der europäischen Küche beliebt, behalten beim Kochen ihre Form und können als Gemüse serviert werden.

Große grüne Linsen

Kleine grüne Linsen

Puylinsen

Puylinsen *(Lens esculenta)*

Diese dunklen, unterschiedlich großen Linsen aus Frankreich sind hoch geschätzt und gelten als die beste Sorte. Sie behalten beim Kochen ihre Form.

Gelbe Linsen *(Lens esculenta)*

Wegen ihrer asiatischen Herkunft werden viele Linsensorten bei ihrem indischen Namen »Dal« genannt. Die gelben Linsen oder Toor Dal werden als Hauptgericht oder als Beilage mit Curry serviert.

Gelbe Linsen

Orangefarbene Linsen

Indische braune Linsen

Indische braune Linsen *(Lens esculenta)*

Diese auch unter dem Namen Masoor Dal bekannten Linsen sind ungeschält rot. Sie zerfallen beim Kochen zu Mus.

Orangefarbene Linsen *(Lens esculenta)*

Man unterscheidet und benennt viele Linsensorten nach ihrer Farbe. Sie sind alle flach und rund, aber unterschiedlich groß und können im ganzen oder als Splitterware verkauft werden. Linsen spielen in der indischen Küche eine große Rolle, wo sie als Hauptgericht oder Beilage serviert werden. Die roten Linsen sind ein Grundnahrungsmittel im Nahen Osten und werden oft mit Reis serviert. Die Linse braucht als einzige der getrockneten Hülsenfrüchte vor dem Kochen nicht eingeweicht zu werden. Die orangefarbenen Linsen kochen schnell zu Mus.

Flageoletbohnen *(Phaseolus vulgaris)*

Die Flageoletbohne ist eine aus Amerika stammende kleine Hülsenfrucht. Sie ist frisch, in Dosen oder getrocknet im Handel. Durch ihre frische Konsistenz und ihren delikaten Geschmack eignet sie sich gut als Gemüse oder für Salate. In Frankreich wird sie zu Lammbraten serviert.

Flageoletbohnen

ANDERE BOHNEN

Pintobohnen
(Phaseolus vulgaris)
Die Pintobohnen sind nierenförmig, beige und braun gesprenkelt. Beim Kochen verlieren sie ihre Farbe, nicht aber ihren Geschmack.

Mungbohnen *(Phaseolus aureus)*

Mungbohnen werden in Indien und China kultiviert. Sie schmecken gut und sind reich an Vitaminen. Sie sind ganz, als Splitterware oder geschält im Handel. Mungbohnen sind wahrscheinlich am besten als Sprossen (Seite 37) bekannt. Sie werden in der chinesischen Küche viel verwendet. Die süßen, zarten Sprossen werden zu Fen-tiao-Nudeln verarbeitet. In Indien gibt man die Bohnen in Currygerichte. Sie finden auch in Eintöpfen Verwendung.

Ganze Mungbohnen

Geschälte Mungbohnen

Halbierte Mungbohnen

Große weiße Bohnen
(Phaseolus vulgaris)

Sie sind eine große, cremefarbene, flache Varietät der Gemeinen Bohne und werden gerne für herzhafte Eintöpfe genommen, können aber mit anderen Bohnensorten ausgetauscht werden.

Große weiße Bohnen

Bostonbohnen *(Phaseolus vulgaris)*

Die Bostonbohnen sind eine kleinwüchsige Varietät der Gemeinen Bohne und auch unter dem Namen Perlbohnen bekannt. Sie werden für das französische Gericht *Cassoulet* und für die *Boston baked beans* (Vorfahren der in Dosen erhältlichen *Baked Beans*) verwendet.

Boston- oder Perlbohnen

Urdbohnen *(Phaseolus mungo)*

Sie werden in verschiedenen Formen verkauft. Vermutlich stammen sie aus Indien, wo sie als Urid Dal bekannt sind. Sie werden in Indien und im Fernen Osten angebaut.

Ganze Urdbohnen

Geschälte Urdbohnen

Halbierte Urdbohnen

Dicke Bohnen *(Vicia faba)*

Die aus Nordafrika stammenden dicken Bohnen wurden von den Ägyptern und Griechen kultiviert. Die getrockneten Bohnen haben eine feine Konsistenz und werden allein, in Eintöpfen oder Salaten gegessen.

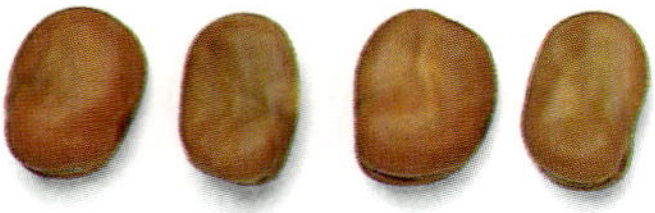

Dicke Bohnen

Schwarze Bohnen *(Phaseolus vulgaris)*

Diese schwarzglänzenden, zarten und süßen Bohnen gehören in der Karibik, in Mexiko, Mittel- und Südamerika zu den Grundnahrungsmitteln. In Costa Rica werden sie gebraten mit Reis *(Gallo pinto)* zum Frühstück serviert. Das Nationalgericht von Brasilien ist ein Bohneneintopf *(Feijoada completa)*, der aus verschiedenen Fleischsorten, schwarzen Bohnen mit Cassavamehl, gewürfelten Orangen, Pfeffersauce und Kohlgemüse besteht.

Schwarze Bohnen

Borlottibohnen *(Phaseolus vulgaris)*

Die Borlottibohnen sind italienischen Ursprungs. Gekocht sind sie sehr weich, behalten aber ihre Form. Sie werden für herzhafte Eintöpfe, Dips und Salate verwendet.

Borlottibohnen

Rote Kidneybohnen *(Phaseolus vulgaris)*

Diese süßlichen und mehligen Bohnen gibt es von dunkelrot bis kastanienbraun. Am bekanntesten sind sie als Bestandteil der mexikanischen Küche und des scharfen *Chili con carne*.

Rote Kidneybohnen

Cannellinibohnen *(Phaseolus vulgaris)*

Die Cannellinibohnen sind weiße Bohnen, etwas größer und weicher in der Konsistenz als die Bostonbohnen. Sie werden hauptsächlich in der italienischen Küche verwendet, z. B. für *tonno e fagioli,* einen Bohnen-Thunfisch-Salat.

Cannellinibohnen

Schwarze fermentierte chinesische Bohnen *(Glycine max)*

Die kleinen, schwarzen Bohnen werden in China in Salz fermentiert und zu Fleisch- und Gemüsegerichten gegeben. Meist handelt es sich um Sojabohnen.

Schwarze fermentierte chinesische Bohnen

Limabohnen *(Phaseolus lunatus)*

Von den nierenförmigen Limabohnen gibt es zwei Größen und mehrere Varietäten. Sie sind frisch, getrocknet und tiefgefroren im Handel. Frisch sind sie hellgrün und getrocknet weißlich, deshalb werden sie auch Butterbohnen genannt. Ursprünglich stammen sie aus Südamerika, werden aber auch in Madagaskar angebaut und sind deshalb auch unter dem Namen Madagaskarbohnen bekannt. Getrocknete Limabohnen behalten beim Kochen ihre Form und werden oft allein warm als Gemüse serviert oder in Salate gegeben.

Limabohnen

Saatplatterbse oder **deutsche Kichererbse** *(Lathyrus sativus)*

Die aus dem Nahen Osten stammende und dort weitverbreitete Bohne ist eine kleinwüchsige Varietät der Dicken Bohne. Sie ist dort unter dem Namen Ful medames bekannt. Ihr weißes Gegenstück heißt Ful nabed. *Tamiya* (Pastetchen aus getrockneten Dicken Bohnen) werden im Nahen Osten gern gegessen. Das ägyptische Nationalgericht heißt wie die Bohnen *Ful medames*. Sie schmecken auch gekocht als Gemüse.

Saatplatterbsen

Adzukibohnen
(Phaseolus angularis)

Die kleinen dunkelroten oder schwarzen Adzukibohnen sind gekocht sehr zart und haben einen ungewöhnlich süßen und kräftigen Geschmack. Die Bohnen einer einjährigen, in China beheimateten Pflanze sind im Fernen Osten als Heilmittel sehr geschätzt und werden schon seit Jahrtausenden in Reisgerichten und Suppen gegessen. Wegen ihrer Süße werden sie in orientalischem Konfekt verwendet.

Adzukibohnen

Schwarzaugenbohnen
(Vigna sinensis)

Die in China beheimatete Bohne gehört zum »soul food« der amerikanischen Südstaaten. Nach ihr ist ein klassisches Gericht aus gepökeltem Schweinefleisch, Bohnen und Tabascosauce benannt. In China finden wir sie in Pfannengerichten und in *Chiang ton chia* mit Fisch oder Fleisch.

Schwarzaugenbohnen

Reisbohnen *(Phaseolus calcaratus)*

Die Heimat der nach Reis schmeckenden Bohnen ist Südostasien. Sie werden jetzt in begrenzten Mengen in China, Indien und den Philippinen angebaut.

Reisbohnen

Helmbohnen *(Dolichos lablab)*

Die hartschaligen Helmbohnen kamen ursprünglich aus Indien, werden aber jetzt in ganz Asien und dem Nahen Osten, besonders in Ägypten, verzehrt. Vor dem Kochen müssen sie geschält werden.

Helmbohnen

Taubenerbsen *(Cajanus cajan)*

Die aus Afrika stammenden beigen Bohnen werden Tauben- oder Straucherbsen genannt, weil sie in Form und Größe Erbsen ähneln. Sie schmecken süßlich und gehören in der Karibik zu den Grundnahrungsmitteln. Auf Barbados werden sie für *Jugjug* und auf Trinidad für Taubenerbsensuppe verwendet.

Taubenerbsen

Sojabohnen *(Glycine max)*

Es gibt gelbe, grüne, rote und schwarze Sojabohnen. Sie sind reich an Nährstoffen und besonders an Eiweiß und sind seit Jahren wichtiger Bestandteil der orientalischen Küche. Aus Sojabohnen stellt man Tofu her, delikate Nudeln *(Harusame)* und eine süße Bohnenpaste. Die Bohnen werden auch fermentiert und zur Herstellung von Sojasauce (in Japan *Shoyu* genannt), in Indonesien zu *Tempeh* und in Japan zu *Miso* verwendet. In der westlichen Welt werden aus Sojabohnen eine Reihe von Nahrungsmitteln hergestellt. Sie werden auch für industrielle Zwecke eingesetzt (Herstellung von Plastik). Aus ihnen gewinnt man Öl (Seite 75) und Mehl (Seite 107). Sie sind außerdem Rohstoff für Sojamilch und Fleischersatzprodukte, die gewürfelt oder als Granulat erhältlich sind. Die Sojabohne ist eins der fünf heiligen Getreide des alten China. Sie ist sehr hart und muß vor dem Kochen lange eingeweicht werden. Es gibt aber auch eine vorgekochte Splitterware im Handel. Die Bohnen können gekeimt werden. Die langen, knackigen Sprossen schmecken am besten roh.

Schwarze Sojabohnen

Gelbe Sojabohnen

Pilze und Trüffeln

Für Pilzsaucen und die vielen Pilzgerichte, die es gibt, kommen Wild- und Zuchtpilze in Frage, und beide sind frisch oder in Dosen und Gläsern, eingelegt und getrocknet zu haben. Pilze bestehen zu rund 80 Prozent aus Wasser und zu acht Prozent aus Kohlehydraten. Fett macht nur ein Prozent aus. Egerling, Maronenröhrling und Pfifferling sind darüber hinaus reich an Eiweiß, Vitaminen wie Riboflavin und Thiamin sowie Mineralstoffen wie Eisen, Kupfer, Kalium und Phosphaten.
In vielen Ländern gehört das Pilzsammeln zu den beliebtesten Freizeitvergnügen. In der Bundesrepublik gibt es ungefähr 300 bekannte wilde Pilzarten, die eßbar sind. Aber wer »in die Pilze« geht, muß sich auskennen; denn es gibt viele ungenießbare und giftige Arten. Besonders berüchtigt sind die Knollenblätterpilze. Zahlreiche Pilzsammler, die einen der Knollenblätterpilze, etwa den grünen Knollenblätterpilz, mit einem Champignon verwechselten, mußten den Irrtum mit dem Leben bezahlen. Nichts im Kochtopf zu suchen haben auch die Pilze der *Psilocybis*-Familie. Diese Gewächse, die der Fachmann zur Gattung der träuschlingsartigen Pilze zählt, enthalten Halluzinogene und wurden in ihrer Heimat Mexiko als heilig angesehen.
Pilzsammlern ohne wirklich fundiertes Wissen sei deshalb dringend angeraten, nur Pilze ins Körbchen zu legen, die einfach zu erkennen sind – etwa Steinpilz, Morchel, Pfifferling oder Schopftintling. In der Pilzzeit gibt es in vielen deutschen Städten einen Pilzberatungsdienst, der bei der Einordnung hilft. Pilze, die man nicht kennt, und auch Giftpilze sollten nicht einfach abgerissen werden; denn auch sie haben ihren Platz in der Natur und sind oft vom Aussterben bedroht.

Vom Wildpilz zum Zuchtpilz
Erst ganz wenig war über die Biologie der Pilze bekannt, als der französische Botaniker Marchant im Jahre 1678 bewies, daß Pilze aus den netzgleichen weißlichen Pilzfäden wachsen, die Teil des unterirdischen Pilzgeflechts sind, das auch Myzel genannt wird. Pariser Gärtner setzten diese Erkenntnis rasch in die Praxis um und züchteten wilde Champignons auf Pferdemist.
In den 90er Jahren des 18. Jahrhunderts gelang französischen Wissenschaftlern ein weiterer Fortschritt. Sie entwickelten Pilzkulturen mit zuverlässigem Ertrag. Heute blüht die Pilzzucht in Europa, Nord- und Südamerika und Australien.
Weniger entwickelt ist die Zuchtpilzindustrie in anderen Ländern, etwa in China und Japan, wo sie nur örtliche Schwerpunkte hat. Wildpilze kommen vor allem in Europa auf den Markt. In Rußland wird der Echte Reizker in Nadelwäldern gesammelt und getrocknet verkauft, ebenso wie der Steinpilz und der Pfifferling in Frankreich, Italien, Polen und Deutschland.
Heute werden fünf Pilzarten in großem Stil gezüchtet: Champignons, Trüffeln in Frankreich und Italien, der schwarzstreifige Scheidling und der Mu-Err in China sowie der Shiitake in Japan. Der Matsutake wird in Japan in großem Maßstab gesammelt und als Konserve exportiert.

Pilze in der Küche
Große Exemplare kann man in Scheiben schneiden, nach Geschmack panieren und in Fett braten. Junge Pilzknospen, roh und in Scheiben geschnitten, eignen sich vorzüglich als Salatzutat. Trockenpilze, denen auf Gitterrosten in einem 50 Grad warmen Luftstrom die Feuchtigkeit entzogen wurde, sind sehr nützlich, weil sie sich mehr als ein Jahr lang halten und immer griffbereit sind.
Pilze sollte man nur dann schälen, wenn die Haut zäh und verfärbt ist. Meist genügt es, den Hut mit einem feuchten Tuch oder Küchenpapier abzureiben. Sind sie sehr schmutzig oder sandig, müssen sie gewaschen werden. Das sollte rasch vor sich gehen; auf keinen Fall sollten die Pilze lange im Wasser liegen. Wildpilze müssen sorgfältig sortiert und auf Insekten und Sand oder Steinchen untersucht werden. Wichtig ist auch, daß die Pilze möglichst bald nach dem Sammeln verarbeitet werden. Muß man sie aufheben, so legt man sie am besten, locker in Papier verpackt, ins Gemüsefach des Kühlschranks. Trockenpilze müssen rund 15 Minuten in warmem Wasser eingeweicht werden, bevor sie in den Kochtopf kommen.

Trüffeln
(Tuber magnatum, melanosporum)

Diese Schlauchpilze wachsen in der Nähe von Eichen- oder Buchenwurzeln. Sie werden »kultiviert«, indem man Eichenwälder anpflanzt, um ihr Wachstum zu fördern.
Die zwei am meisten geschätzten Varietäten sind die schwarze Périgordtrüffel *(Tuber melanosporum)* und die weiße Piemonttrüffel *(Tuber magnatum)*. Es gibt auch eine englische schwarzbraune Trüffel *(Tuber aestivum)*, der wenig Beachtung geschenkt wird, und eine schwarzbraune europäische Trüffel *(Tuber brumale)*. Die Trüffeln werden im Herbst gesammelt und sind nur dann vor Ort auf dem Markt erhältlich. Sonst müssen sie gekocht und konserviert gekauft werden, wenn sie schon etwas von ihrem charakteristischen Geschmack eingebüßt haben.
Weiße Trüffeln sind kräftiger im Geschmack und Aroma. Sie werden meist roh auf Nudel-, Risotto- oder Eiergerichte gehobelt, aber in einem klassischen Rezept werden sie mit Parmesankäse gekocht. Schwarze Trüffeln werden als dekorative Garnitur, in *Pâté de foie gras*, für Gerichte in Aspik, mit Rühreiern *(Brouillade de truffes)* verwendet.

Schwarze Périgordtrüffel

Weiße Piemonttrüffel

Mu-Err *(Auricularia polytricha)*

Der chinesische Mu-Err ist mit dem europäischen Judasohr entfernt verwandt. Er wird auf Holz kultiviert oder im Wald, wo er wild auf Holzstämmen wächst, gesammelt. Der getrocknet im Handel erhältliche Pilz muß 30 Minuten in Wasser eingeweicht werden, wobei das Wasser mehrmals gewechselt werden muß.

Speisemorchel

Schmerling

Shiitake

Mu-Err

Pfifferling

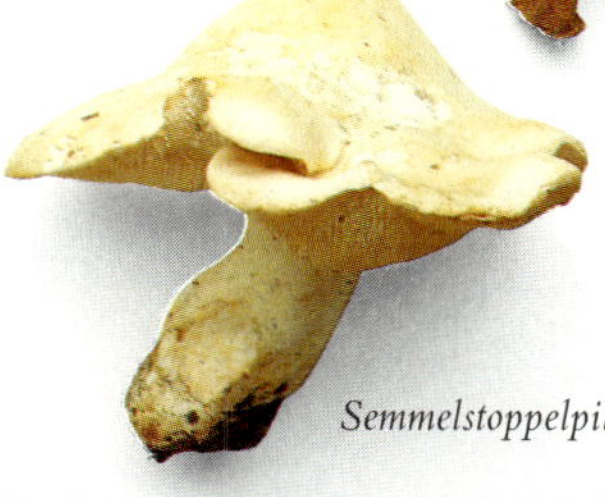

Semmelstoppelpilz

Semmelstoppelpilz
(Hydnum repandum)

Der Semmelstoppelpilz (oder semmelgelber Stachling) kann im Herbst und Frühwinter in allen Wäldern gefunden werden. Er hat als einziger Pilz Stacheln statt Lamellen. Daher auch sein Name. Er paßt gut in Frikassees.

Schmerling *(Boletus granulatus)*

Der auch als Körnchenröhrling bekannte Schmerling hat einen fruchtigen Geruch und kommt im Sommer und Herbst in Nadelwäldern vor. Er ist getrocknet abgebildet.

Speisemorchel
(Morchella esculenta)

Die Morchel ist leicht an ihrem braunen, schwammartigen Hut zu erkennen, der mit Vertiefungen übersät ist, in denen die Sporen gebildet werden. Vorkommen: im Frühjahr und Frühsommer in Waldlichtungen. Sie ist getrocknet oder in Dosen in Delikatessengeschäften erhältlich. Sie ist hier in getrockneter Form abgebildet.

Shiitake *(Lentinus edodes)*

Shiitakepilze (oder Tongku) sind die meistverwendeten Speisepilze der orientalischen Küche. Sie werden in China und Japan auf abgestorbenen Laubbäumen gezüchtet. Früher wurden sie auf Stämmen des Shiibaumes *(Pasania cuspidata)* kultiviert (daher auch der Name). Die Sporen werden in Löcher oder Einschnitte gegeben. Dort wachsen die Pilze drei bis sechs Jahre lang. Die Pilze werden an der Sonne oder künstlich getrocknet. Getrocknete Pilze sollten vor der Verwendung 20 Minuten in warmem Wasser eingeweicht werden.

Pfifferling *(Cantharellus cibarius)*

Der auch unter dem Namen Eierschwamm oder Rehling bekannte Pfifferling kommt vom Sommer bis in den Winter hinein vor allem in Buchenwäldern vor. Er ist in ganz Europa sehr beliebt. Er duftet schwach nach Aprikosen und schmeckt leicht pfeffrig, wenn er gekocht ist. Sein Fleisch ist fest und muß etwas länger gekocht werden als andere Pilze. Pfifferlinge können nicht künstlich kultiviert werden, sind aber getrocknet oder in Dosen erhältlich.

Pilze

Zuchtchampignon
(Agaricus bisporus)

Zuchtchampignons werden aus Sporen auf Stallmist gezogen. Es gibt sie meist in drei Größen: klein und rund mit geschlossenem Hut, mittelgroß oder groß mit flachem, offenem Hut.

Wiesenchampignon
(Agaricus campestris)

Die wildwachsende Varietät des Zuchtchampignons kommt auf Wiesen vom Spätsommer bis Herbstende vor.

Mittelgroßer Zuchtchampignon *(Agaricus bisporus)*

Das ist die mittelgroße Version des Zuchtchampignons.

Riesenchampignon
(Agaricus bisporus)

Der Riesenchampignon ist der größte der Zuchtchampignons und ist am kräftigsten im Geschmack.

Kleiner Zuchtchampignon
(Agaricus bisporus)

Der kleinste und unreifste der Zuchtchampignons.

Maskierter Rötelritterling
(Lepista personatum)

Maskierte Rötelritterlinge findet man von Oktober bis Dezember unter Laub- und Nadelbäumen ebenso wie auf Weiden und in Wäldern. Sie schmecken am besten gebraten oder im Ofen zubereitet.

Brauner Riesenchampignon
(Agaricus vaporarius)

Der braune Riesenchampignon ist eine der vielen Varietäten des Wiesenchampignons, der im Sommer und Herbst auf Wiesen und Weiden vorkommt.

Leberpilz *(Fistulina hepatica)*

Der wie ein Stück Leber aussehende Pilz (daher auch der Name) wächst gelegentlich an lebenden Baumstämmen, besonders an Eichen.

Parasolpilz *(Macrolepiota procera)*

Der Sommer- und Winterpilz ist sehr groß und deshalb leicht zu finden. Er wächst an Grashängen (oft in der Nähe von Bäumen). Der Parasol- oder Riesenschirmpilz bekam seinen Namen, weil er sich bei der Reife wie ein Schirm von unten her öffnet. Er sollte jung gepflückt werden. Er schmeckt ausgezeichnet. Der zähe, faserige Stiel sollte nicht verzehrt werden.

Steinpilz *(Boletus edulis)*

Der Steinpilz ist auch unter den Namen Herrenpilz oder Cèpe bekannt. Er gehört zu den wohlschmeckendsten und beliebtesten Pilzen in Europa. Die Griechen und Römer bezeichneten die besten Speisepilze als *Bolites*. Jetzt wird diese Bezeichnung ausschließlich auf den Steinpilz angewendet. Man findet ihn im Spätsommer und Herbst unter Buchen- oder Nadelbäumen. Man erkennt ihn an seinem keulenförmigen Stiel mit nach oben verlaufenden, etwas erhabenen Äderchen und an den vertikalen Röhren (in denen die braunen Sporen produziert werden) auf der Unterseite seines Huts.

Leberpilz

Parasolpilz

Steinpilz

ANDERE PILZE

Austernpilz, Austernseitling
(Pleurotus ostreatus)
Der Austernpilz hat einen bläulichgrauen Hut, wächst wild an Baumstämmen und wird gebraten oder gegrillt verzehrt.

Matsutake
(Tricholoma matsutake)
Der Matsutakepilz wächst wild auf dem *Matsu*-Baum. Er ist mit den europäischen Rötelritterlingen verwandt. Er schmeckt delikat und wird in Dosen oder frisch (in Japan) verkauft.

Nelkenschwindling
(Marasmius oreades)
Diese kleinen Pilze mit rosabraunem Hut schmecken am besten jung und zart. Auch getrocknet behalten sie ihr Aroma. Sie passen als Beilage zu Steak, können aber auch in Suppen, Saucen und Eintöpfe gegeben oder eingelegt und in Ketchup verwendet werden.

Riesenbovist
(Lycoperdon giganteum)
Alle echten Boviste sind eßbar. Sie sollten aber verzehrt werden, wenn sie noch jung, fest und weiß sind. Den Riesenbovist findet man von August bis Oktober in Wäldern und auf Wiesen.

Schafchampignon
(Agaricus arvensis)
Der Schafchampignon ist im Geschmack dem Wiesenchampignon ähnlich, und man findet ihn auch an den gleichen Plätzen. Er hat einen gelblichen Hut und graue Lamellen.

Schwarzstreifiger Scheidling
(Volvariella volvacea)
Die kleinen, kegelförmigen chinesischen Pilze werden auf feuchtem Reisstroh gezüchtet. Sie sind frisch, getrocknet und in Dosen im Handel. Sie kommen in Gerichte mit Hühnerfleisch.

Kräuter und Gewürze

Kräuter würzen in der Küche Speisen mit ihren Blüten, Blättern, Samen, Stengeln oder Wurzeln, oder sie helfen bei der Heilung von Krankheiten. Die meisten Kräuter haben eine jahrhunderte- oder sogar jahrtausendelange Geschichte, und schon die alten Perser, Ägypter und Griechen haben Heilkräuter gekannt und verwendet. Nicht anders war es im alten China und in Arabien und Indien, wie historische Aufzeichnungen mit genauen Beschreibungen des Anbaus und der Anwendung von Heilpflanzen zeigen. In den Namen vieler Kräuter klingt das Mittelalter nach, als die europäischen Klöster den Ackerbau pflegten und stets einen eigenen Kräutergarten hatten.

Andere haben einen alchimistischen Klang, wie z. B. Braunheil. Tatsächlich enthalten so gut wie alle Kräuter, vom Ackersenf bis zum Zweigriffeligen Weißdorn, medizinisch wirksame Stoffe. Einige, z. B. die Gartenraute, liefern immer noch die Grundlagen für viele wichtige Medikamente. Nicht wenige Kräuter spielen sowohl in der Medizin als auch in der Küche eine Rolle. Obwohl niemand weiß, ob sie zuerst im Kochtopf oder im Mörser heilkundiger Männer und Frauen in Erscheinung traten, nimmt man doch an, daß die Küche die Gewächse »entdeckte«. Schon Jahrhunderte vor Christi Geburt vermutete man, daß die Medizin nichts weiter als ein Nebenprodukt der Kochkunst war. Doch scheinen die Kräuter Küche und Heilkunst ohne großen Zeitabstand erobert zu haben; denn bereits die Sumerer verwendeten Thymian und Lorbeer als Heilpflanzen im Jahre 5000 vor Christi Geburt, und im Jahre 2700 vor Christus besaßen die Chinesen eine Kräutersammlung, in der 365 Pflanzen aufgeführt waren.

Kräutern wird auch magische und religiöse Bedeutung zugeschrieben. Die Römer beispielsweise glaubten, daß ein Kranz von Lorbeerblättern den Träger in einem Gewitter vor Blitzen schütze. Auch das sehr beliebte und einflußreiche Kräuterbuch von Nicholas Culpeper aus dem Jahre 1653 präsentierte die Heilpflanzen in einem Umfeld aus Zauberei, Medizin und Astrologie.

Kräuter im Kücheneinsatz

Für die Verwendung von Kräutern in der Küche hat jedes Land seine eigenen kulinarischen Traditionen und Lieblingspflanzen: Oregano, Minze und Dill finden sich häufig in Lammgerichten des Nahen und Mittleren Ostens und Griechenlands. In Thailand ist fast jede Speise mit Korianderblättern garniert, und Zitronengras würzt Fisch und Huhn. In Großbritannien gibt Salbei Schweinernem Würze und verleiht dem Sage-Derby-Käse seine grüne Farbe. Lammbraten wird dagegen oft mit grüner Minzsauce serviert.

Dill verleiht skandinavischen Fischspeisen, russischen und dänischen Suppen und amerikanischen Gewürzgurken Aroma. Italiener verzehren ihre Tomaten mit Basilikum und ihr Lamm mit Rosmarin, die Deutschen würzen ihre Bohnen mit Bohnenkraut, die Franzosen ihr Huhn mit Estragon und ihren Fisch mit Fenchel. Die Kräuter der Provence – Thymian, Majoran, Estragon, Wacholder, Lavendel, Lorbeer, Rosmarin und Fenchel – sind berühmt für ihre intensive Würzkraft und ihr Aroma. Dazu tragen die Böden der Provence und die vielen Sonnenstunden bei. Wieviel Gewürzkräuter man nimmt, hängt vom individuellen Geschmack und der Art des Krautes ab. Stark würzende Gewächse sollte man jedoch nur sparsam verwenden.

Frische Kräuter sind immer besser als Trockenware. Viele, etwa Petersilie, Basilikum, Fenchel, Majoran oder Thymian, kann man in Töpfen auf der Fensterbank kultivieren. Natürlich ist der Geschmack getrockneter Kräuter konzentrierter als der frischer, denn ihnen wurde das Wasser entzogen. Ein Teelöffel getrockneter Kräuter entspricht einem Eßlöffel Frischware. Das in der französischen Küche häufig verwendete Bouquet garni ist ein Kräutersträußchen, das mit einem Faden zusammengebunden oder in ein Stückchen Musselin eingeschlagen ist und in Saucen, Eintöpfe und Courtbouillon gegeben wird. Strenggenommen handelt es sich bei den Kräutern nur um Petersilie, Thymian und Lorbeerblätter; aber auch Sellerie, Knoblauch, Rosmarin, Majoran, Bohnenkraut und viele Pflanzen mehr können dazugegeben werden. Nach dem Kochen wird das Bouquet garni immer entfernt, ebenso wie Lorbeerblätter und Zweiglein von Thymian und Majoran, weil sie im fertigen Gericht unansehnlich wirken würden.

Trocknen und Lagern von Kräutern

Frische Kräuter lagert man, indem man sie getrennt in Küchenpapier einwickelt, sie dann in Plastiktüten gibt und ins Gemüsefach des Kühlschranks legt. Kräuter, die man trocknen will, erntet man am besten zu Beginn der Blüte; denn dann ist ihr Aroma am stärksten. Optimal für die Ernte ist ein trockener Tag. Man bindet sie zu Bündeln zusammen und hängt sie, vor starkem Licht geschützt, in einem warmen und halbdunklen Zimmer auf. Man kann sie auch bei ganz schwacher Hitze im Backofen trocknen. Blätter und Blüten werden auf Küchenpapier abgestreift und in luftdichte Behälter gesiebt, die an einem kühlen und dunklen Ort aufbewahrt werden sollten. Getrocknete Kräuter verlieren nach und nach ihr Aroma.

GEWÜRZE UND SAMEN

Bei den vorwiegend aus den Tropen kommenden Gewürzen handelt es sich um getrocknete Teile aromatischer Pflanzen – Blüten, Samen, Blätter, Rinde und Wurzeln. Sie werden bereits seit Urzeiten verwendet und haben eine bedeutsame Rolle in der Geschichte gespielt. Sie waren so kostbar, daß die Regierungen von Ländern mit großem Gewürzhandel durch die Gewürzsteuern reich wurden.

Man nimmt an, daß die Gewürze etwa 5000 Jahre lang über die gefährlichen Karawanenstraßen aus China, Indonesien, Indien und Ceylon in den östlichen Mittelmeerraum kamen. Eine beliebte Route führte über den Khaiberpaß durch Peshawar, Afghanistan und Persien bis nach Europa. Die Phönizier, Araber, Römer, Venezianer und Genueser waren große Gewürzhändler. Nach dem Zusammenbruch des Römischen Reiches lag der Gewürzhandel brach, bis die Portugiesen einen Seeweg nach Osten über das Kap der Guten Hoffnung entdeckten. Zwischen portugiesischen, holländischen, französischen und englischen Ostindienfahrern kam es zum Kampf um die Kontrolle des Gewürzhandels.

Doch obwohl jahrhundertelang Kriege tobten, Reiche aufstiegen und untergingen, kamen die Gewürze – Muskatnuß, Nelken, Zimt, Pfeffer, Ingwer, Safran und, aus der Neuen Welt, Piment, Annatto und Vanille – weiter in Europa an. Einstmals wurden sie mit Gold aufgewogen; heute jedoch sind sie zu vernünftigen Preisen und hübsch abgepackt in jedem Supermarkt zu finden. Sie kommen auch nicht länger aus einigen wenigen Ländern; es gibt kaum ein Land, das nicht zumindest ein Gewürz selbst produziert.

Wiege der Gewürze war die indische, chinesische und südostasiatische Küche, in der Kräuter und Gewürze seit jeher eine große Rolle spielen. Die einheimischen Gewürze wie Ingwer und Muskat verleihen dem relativ faden Reis ein lebendiges und angenehmes Aroma und verstärken den Eigengeschmack von Gemüse, Fisch, Geflügel und Fleisch. In Südostasien ergänzen Gewürze die feurigen Sambals und die fermentierten Fischsaucen. Ohne sie wären die zahlreichen Currygerichte des Subkontinents unvorstellbar.

Gewürze in der Küche

Gewürze sind vielfältig einsetzbar. Manche, etwa Pfeffer, werden ausschließlich in pikanten Gerichten eingesetzt. Andere, beispielsweise Ingwer, eignen sich auch zum Backen und Einlegen. Ingwer sollte man nach Möglichkeit frisch kaufen. Ist frische Ingwerwurzel nicht erhältlich, reicht auch eine getrocknete, die vor dem Reiben eingeweicht werden muß.

Getrocknete Wurzel, Rinde oder Samen kann man auch vorsichtig rösten oder ohne Fett braten, um ihre aromatischen essentiellen Öle freizusetzen und so die Würzkraft zu verstärken. Nach dem Röstvorgang kann man die Gewürze mahlen, genauso wie man Kaffeebohnen nach dem Rösten pulverisiert, um sie ihren Geschmack entfalten zu lassen. Man kann die Gewürze natürlich auch ungemahlen verwenden. In Biriyanis und Pilaws kann man zur Aromatisierung des Reises Zimtstücke, ganze Nelken oder Kardamomkapseln geben.

Gewürze lassen sich solo verwenden, wie etwa in China, wo Schweine- und Rindfleisch mit Sternanis pikanter gemacht wird und Fisch und Huhn mit Ingwer, oder kombiniert wie in der Fünf-Gewürze-Mischung für Szechuan-Ente. In Japan beliebt ist *Shichimi togarashi.*

Die aus gemahlenen Pfefferkörnern, Muskat, Nelken und Zimt bestehende französische Gewürzmischung *Quatre épices* ist ebenfalls sehr beliebt. Statt Muskat wird manchmal Ingwer genommen. Viele modernen Köche füllen die Pfeffermühlen, die die Gäste am Tisch verwenden, mit einer Mischung aus Pimentkörnern, schwarzen und weißen Pfefferkörnern. Das Mischen von Gewürzen ist ebenso eine Kunst wie das Komponieren von Tees, Parfüms und Likören, und jeder Koch variiert die Zutaten nach persönlichem Geschmack.

Kräuter

Rainfarn *(Chrysanthemum vulgare)*

Der Rainfarn stammt aus Europa und ist jetzt auch in anderen Teilen der Welt verbreitet. Seine Blätter werden frisch gehackt verwendet Früher war er Gewürz für Eier- und Fischgerichte, heute macht er irische Blutwürste schmackhaft.

Estragon *(Artemisia dracunculus)*

Estragon ist ein sehr aromatisches Kraut, das mit dem Wermut verwandt ist. Es gibt französischen und russischen Estragon. Letzerer hat weniger Geschmack und derbere Blätter. Der aus Europa stammende französische Estragon wird als Gewürz für Sauce hollandaise, Sauce béarnaise, *Poulet à l'estragon,* Kräuterbutter, Suppen, Fischgerichte und Salate verwendet. Er ist frisch, getrocknet oder in Pulverform im Handel.

Ringelblume *(Calendula officinalis)*

Die Ringelblume ist eine in Südeuropa und Asien beheimatete einjährige Pflanze. Ihre gelben Blütenblätter wurden im Mittelalter sowohl als Gewürz als auch als Lebensmittelfarbe für Käse, Eiercremes und Kuchen verwendet. Heute färben und würzen sie Reis, Fleisch- und Fischgerichte, Suppen und Salate. Die Blütenblätter werden getrocknet verkauft.

Zitronenmelisse *(Melissa officinalis)*

Die Zitronenmelisse ist eine in Europa beheimatete Pflanze. Ihre Blätter duften nach Zitrone und würzen alles, was leicht nach Zitrone schmecken soll: Gemüse- oder Obstsalate, Getränke (besonders Punsch und Kräuterliköre), Suppen oder Saucen. Zitronenmelisse ergibt auch einen guten Kräutertee. Sie ist frisch oder getrocknet im Handel.

Koriander *(Coriandrum sativum)*

Koriander gehört wie die Karotte zur Gattung der Doldenblütler und ist im Mittelmeergebiet und im Kaukasus beheimatet. Er schmeckt nach Orangen, und seine Blätter werden meist frisch in der Küche Indiens, Asiens, Mexikos, Südamerikas und des Nahen Ostens verwendet. Seine Samen (Seite 59) sind Bestandteil des Currygewürzes und werden bei der Herstellung von Gin und anderen alkoholischen Getränken verwendet. In Thailand werden die Wurzeln des Korianders in Currygerichte gegeben.

Hopfen *(Humulus lupulus)*

Die Blüten der aus Europa stammenden Pflanze sind als Würze für Bier bekannt. Junge Hopfensprossen kommen als Gemüse oder Salat auf den Tisch. Gegen Schlaflosigkeit helfen mit Hopfen gefüllte Kissen oder Hopfentee.

Waldmeister *(Asperula odorata)*

Die mehrjährige Pflanze stammt ursprünglich aus Europa und Asien. Waldmeister hat einen ausgeprägten, würzigen Geschmack. Seine Blätter werden frisch oder getrocknet zur Zubereitung der Maibowle, von Kräutertees, Champagner, Bénédictine und Punsch verwendet.

Borretsch *(Borago officinalis)*

Borretsch ist eine einjährige, aus dem Nahen Osten stammende Pflanze, die jetzt auch in Südeuropa und Südengland verbreitet ist. Es werden sowohl die Blüten als auch die Blätter für Kräuteressig, Saucen und Salate verwendet. Der Geschmack von Borretsch erinnert an Gurken. Feingehackte Blätter würzen Frischkäse und Joghurt.

Basilikum *(Ocimum basilicum)*

Das scharfwürzige, einjährige Kraut stammt aus Indien. Im Abendland ist Basilikum erst seit kurzem bekannt. Es wird frisch oder getrocknet verwendet. Der Geschmack der frischen Blätter erinnert an Nelken, der der getrockneten an Curry. Es ist vielseitig verwendbar und Hauptbestandteil der italienischen *Pesto*-Sauce.

Basilikum

Basilikum (getrocknet)

Rundblättrige Minze

Grüne Minze

Grüne Minze (getrocknet)

Borretsch

Borretsch (getrocknet)

Winterbohnenkraut

Bibernelle

Minze *(Mentha, ssp.)*

Von dieser Pflanze gibt es sehr viele Varietäten. Für den Koch sind die Grüne Minze *(Mentha spicata: Mentha viridis)* und die Rundblättrige Minze *(Mentha rotundifolia)* am wichtigsten. Die Grüne Minze stammt aus Südeuropa und ist die Gemeine oder Gartenminze. Sie wird für *Mint Sauce, Mint Jelly*, Füllungen. Salate und Getränke (wie z. B. den marokkanischen Pfefferminztee) verwendet. Die Rundblättrige Minze hat einen feinen Geschmack. Ihre Blätter sind stark behaart. Die Varietät *Mentha villosa alopecuroides* (Bowles Mint) wird für den Gebrauch in der Küche empfohlen. Orangenminze duftet angenehm und würzt Salate oder im Sommer eisgekühlte Getränke. Pfefferminze *(Mentha piperita)* wird bei der Süßwaren- und Likörherstellung (Crème de menthe), Roßminze *(Mentha longifolia)* für Currygerichte verwendet.

Bibernelle *(Poterium sanguisorba)*

Bibernelle oder Pimpernell stammt aus Europa und wird hauptsächlich in der französischen und italienischen Küche verwendet. Die im Geschmack dem Borretsch ähnlichen Blätter würzen frisch oder getrocknet Salate, Suppen, Eintöpfe, Liköre und Cocktails.

Winterbohnenkraut
(Satureja montana)

Das Winterbohnenkraut ist mit dem im Sommer vorkommenden Bohnenkraut *(Satureja hortensis)* nah verwandt. Manche Köche halten das Winterbohnenkraut für etwas derber im Geschmack als die Sommervariante. Beides sind stark aromatische Kräuter, die wie Thymian verwendet werden können.

Salbei *(Salvia officinalis)*

Salbei ist ein bekanntes Kraut, das aus dem Mittelmeerraum stammt. Seine behaarten Blätter haben ein kräftiges Aroma. Sie variieren in Farbe und Geschmack. Der hier abgebildete Gartensalbei wird für Füllungen von Schweinefleisch und Enten verwendet. Man kann das Kraut gering dosiert auch in Eintöpfe geben, obwohl es gerne subtilere Aromen überdeckt.

Salbei (getrocknet)

Salbei

Lorbeer *(Laurus nobilis)*

Die Lorbeerblätter für die Küche stammen vom Echten Lorbeerbaum, der im Mittelmeergebiet beheimatet ist und nicht mit den giftigen Varietäten verwechselt werden sollte. Sie werden meist getrocknet verwendet, es gibt sie aber auch in Pulverform. Mit ihnen werden Fleischgerichte, Milchpuddings, Suppen, Eintöpfe und süße weiße Saucen gewürzt. Lorbeer gehört auch ins Bouquet garni.

Thymian *(Thymus* ssp.*)*

Es gibt viele Varietäten dieses mehrjährigen, aus Südeuropa und dem Mittelmeerraum stammenden Krauts. Die frischen oder getrockneten Blätter sind in der Küche vielseitig verwendbar. Thymian ist Bestandteil des Bouquet garni. Er ist scharfwürzig; deshalb wird oft der mildere Quendel an seiner Stelle verwendet. Thymian ist ein Würzkraut für Suppen, Eintöpfe, Braten und Geflügelfüllungen.

Liebstöckel *(Levisticum officinale)*

Das sellerieähnliche Liebstöckel mit seinem kräftigen Aroma stammt aus dem Mittelmeerraum. Die ganze Pflanze wird verwendet. Stengel und Wurzeln können wie Bleichsellerie gekocht oder wie Angelika kandiert werden. Blätter, Wurzeln und Samen werden in Salate, Suppen und Saucen gegeben. Mit den Samen werden auch Backwaren gewürzt. Liebstöckel gibt es frisch oder getrocknet. Wurzeln und Samen sind getrocknet im Handel.

Zitronenstrauch
(Lippia citriodora)

Der Zitronenstrauch ist in Südamerika beheimatet und wurde von den Spaniern nach Europa gebracht. Er wird als Würzkraut verwendet und verleiht Getränken und Salaten sein Zitronenaroma. Er ist frisch oder getrocknet im Handel.

Blattpetersilie
(Petroselinum crispum)

Von der aus dem Mittelmeergebiet stammenden Petersilie gibt es mehrere Varietäten: glatt- und krausblättrige Petersilie, Wurzelpetersilie (Seite 31) und italienische Petersilie, die wegen ihrer sellerieähnlichen Stengel gezüchtet wird. Petersilie ist vielseitig und nicht nur als Garnierung verwendbar. Sie ist Bestandteil des Bouquet garni und der *Fines herbes.* Sie paßt in Saucen und Füllungen. Gebraten ist sie eine Beilage zu Fisch. Sie ist frisch oder getrocknet im Handel.

Oregano *(Origanum vulgare)*

Das aromatische Kraut wurde jahrhundertelang in Asien und Europa verwendet. Jetzt ist es besonders in Italien als Würzkraut für Pizzen beliebt. Oregano (auch wilder Majoran genannt) paßt zu Tomaten, Käse, Bohnen und Auberginen. Es gibt davon viele griechische Varietäten, deren Blüten meist Fleischgerichte garnieren. Die Blätter werden vorwiegend getrocknet verwendet.

Schnittlauch
(Allium schoenoprasum)

Der aus Europa stammende Schnittlauch gehört zu den Zwiebelgewächsen. Er wird, fein geschnitten, frisch für mit Sahne verfeinerte Suppen, Rühreier, Omelettes, Salate und Horsd'œuvres verwendet. Chinesischer Schnittlauch hat größere Blätter, nach Rosen duftende Blüten und schmeckt nach Knoblauch.

Schnittlauch, getrocknet

Majoran *(Origanum majorana)*

Obwohl der Name »Majoran« für zahlreiche Pflanzen, auch für Oregano (Seite 52) und Gartenmajoran *(Origanum onites)* gilt, ist meist der kultivierte Majoran damit gemeint. Er wird frisch oder getrocknet verwendet. Er paßt in Omelettes, Farcen, Würste, Fleischsaucen, Kartoffelgerichte, Suppen sowie Eintöpfe und ist Bestandteil des Bouquet garni.

Majoran

Majoran, getrocknet

Gemischte Kräuter

Die fertige Kräutermischung besteht meist aus Thymian, Majoran, Petersilie, Rosmarin und Basilikum. Sie paßt zu allen herzhaften Gerichten.

Schnittlauch

Rosmarin

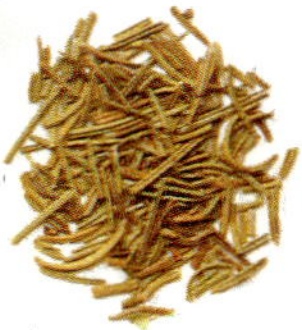

Rosmarin, getrocknet

Rosmarin *(Rosmarinus officinalis)*

Rosmarin stammt ursprünglich aus dem Mittelmeerraum, wächst jetzt aber in ganz Europa und Amerika wild. Es hat nadelförmige Blätter, die Kampferöl enthalten. Es ist ein Würzkraut für Fleischgerichte, besonders für Lamm, Huhn und Fisch. Rosmarin wird selten frisch in Suppen und Salaten verwendet. Dafür nimmt man das nicht mehr so kräftig schmeckende Pulver. Rosmarin ist frisch, pulverisiert und getrocknet in Blattform im Handel.

Gemischte Kräuter

SELTENE KRÄUTER

Marienblatt
(Chrysanthemum balsamita, Tanacetum balsamita)
Das würzige Marienblatt ist dem Rainfarn ähnlich, aber nicht so bitter im Geschmack. Es stammt aus dem Fernen Osten. In Großbritannien und Amerika wurde es traditionell als Würzkraut für Bier verwendet. Es würzt Wild- und Kalbfleischgerichte und Suppen. Es ist getrocknet erhältlich.

Mexikanisches Teekraut
(Chenopodium ambrosioides)
Das Mexikanische Teekraut ist eine wildwachsende, in Nord- und Südamerika und Teilen Europas beheimatete Pflanze. In der mexikanischen Küche wird es als Würzkraut und in Europa als Kräutertee verwendet.

Zitronengras *(Cymbopogon citratus, flexuosus, nardus)*
Hierzu gehören mehrere Grasarten, die wegen ihres Gehaltes an Zitrusöl nach Zitrone schmecken. Sie stammen aus Südostasien, wo es in manchen Gegenden keine Zitronenbäume gibt. Pulverisierte Zitronengrashalme werden als Sereh verkauft. Es wird zum Würzen für Salate, Fischgerichte und Suppen verwendet. In Thailand und anderen Teilen Südostasiens werden für Fischgerichte auch Blätter der Kaffir Lime *(Citrus hystrix)* verwendet.

Rosellaeibisch
(Hibiscus sabdariffa)
Rosellaeibisch stammt aus dem tropischen Asien und wird wegen seiner fleischigen roten Kelchblätter angebaut. Sie werden gewöhnlich für Getränke und Konserven verwendet.

Eisenkraut
(Verbena officinalis)
Das Eisenkraut ist eine alte europäische Pflanze. Seine Blätter sind getrocknet erhältlich und werden für Kräutertee verwendet.

Goldmelisse *(Monarda didyma)*

Die Goldmelisse stammt aus Amerika, ist aber jetzt auch in Europa erhältlich. Von diesem stark würzigen, zur Familie der Minze gehörenden Kraut gibt es mehrere Varietäten. Die frischen oder getrockneten Blüten und Blätter werden für Tees verwendet. Die Blätter können auch in Salate gegeben werden.

Goldmelisse

Beinwell *(Symphytum officinale)*

Er ist in Europa und Asien beheimatet und gehört zu den Borretschgewächsen. Die Blätter werden frisch in Salaten oder getrocknet für Tee, die Wurzel getrocknet zur Parfümierung von Wein verwendet.

Beinwellwurzel

Beinwell (getrocknet)

Beinwell

Dill *(Anethum graveolens)*

Dill gehört wie die Petersilie zu den Doldenblütlern. Er stammt aus Europa und Westasien, wird aber jetzt weltweit angebaut. Er ist als Fisch- sowie als Einmachgewürz für Gurken bekannt. Er würzt Suppen, Eiergerichte und Saucen. Er ist frisch, getrocknet oder als Samen erhältlich. Dillsamen sind besonders kräftig und nachhaltig im Geschmack.

Dill

Dill (getrocknet)

Dillsamen

Curryblätter *(Chalcas* oder *Murraya koenigii)*

Curryblätter (getrocknet)

Die *Murraya koenigii* ist eine nahe Verwandte der Zitrusbäume und in Südostasien heimisch. Ihre Blätter werden für Currymischungen verwendet. In Südindien werden damit vegetarische Gerichte gewürzt. Curryblätter gibt es frisch oder getrocknet. Im allgemeinen werden die frischen Blätter bevorzugt.

Kapuzinerkresse *(Tropaeolum majus)*

Die aus Peru stammende, einjährige Pflanze gibt es weltweit. Sowohl Blätter als auch Blütenblätter und Samen finden in der Küche Verwendung (Salate, Sandwiches). Die Blütenknospen werden eingelegt und wie Kapern verwendet.

Kapuzinerkresse

Bockshornklee *(Trigonella foenum-graecum)*

Bockshornklee oder Griechisch Heu stammt aus Asien, wächst aber auch im Mittelmeergebiet. Die etwas bitteren Blätter werden frisch oder getrocknet verwendet, ebenso der harte Samen (Seite 61), der Bestandteil von Currypulver ist.

Bocksho kleeblät (getrock

Bouquet garni

Das Bouquet garni besteht aus mehreren getrockneten Kräutern, die sich meist in einem Mullsäckchen befinden. Es würzt Suppen, Eintöpfe und Saucen und wird vor dem Anrichten entfernt.

Bouquet garni

Römische Kamille
(Chamaemelum nobile)

Von diesem in ganz Europa und Teilen Amerikas wildwachsenden Korbblütler gibt es viele Varietäten. Blätter und Blüten, die es frisch oder getrocknet im Handel gibt, werden für den erfrischenden Kamillentee verwendet.

Römische Kamille

Kamille (getrocknet)

Ysop *(Hyssopus officinalis)*

Die Ysopblätter schmecken scharf, etwas bitter und nach Minze. Sie werden als Aromageber für Liköre (Bénédictine, Chartreuse) verwendet. Frisch werden sie in Salate, frisch oder getrocknet in Suppen, Eintöpfe und Füllungen gegeben.

Ysop

Ysop (getrocknet)

Gartenkerbel
(Anthriscus cerefolium)

Der aus Südrußland und dem Nahen Osten stammende Kerbel ist in Aussehen und Geschmack der Petersilie ähnlich. Er ist fester Bestandteil der *Fines herbes*. Er paßt in Suppen, Salate und Füllungen und wird als Garnierung verwendet. Er ist frisch und getrocknet erhältlich, schmeckt aber frisch am besten.

Kerbel (getrocknet)

Schafgarbe *(Achillea millefolium)*

Von dem mehrjährigen, in Südengland beheimateten, aber auch in anderen Ländern angepflanzten Kraut werden die Blätter (frisch oder getrocknet), Samen und Wurzeln verwendet.

Schafgarbe

Schafgarbe (getrocknet)

Fenchel

Angelika, Engelwurz
(Angelica officinalis, archangelica)

Angelika gehört zu den Doldengewächsen und stammt aus Nordeuropa. Alle Teile der Pflanze können verwendet werden. Die Wurzel ist eine Heildroge. Bekannter sind aber die kandierten Stengel zum Backen (Seite 125).

Angelika

Fenchel *(Foeniculum vulgare)*

Fenchel ist eine in Südeuropa beheimatete, jetzt aber in der ganzen Welt wildwachsende und kommerziell gezüchtete Pflanze. Er hat gefiederte Blätter und gelbe Samen. Wie Dill wurde auch er lange Zeit als Fischgewürz verwendet. Die Blätter werden in Salate und Farcen gegeben, die Knollen werden als Gemüse gekocht (Seite 18). In der Provence werden Fische oft auf einem Bett aus getrockneten Fenchelstengeln flambiert. Fenchelsamen schmecken leicht nach Lakritze.

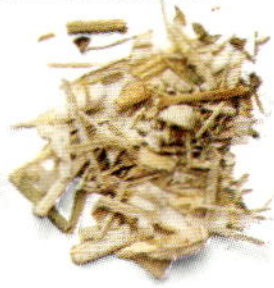
Fenchel (getrocknet)

Fenchelsamen

Gewürze

Currypulver

Currypulver ist eine fertige, aus vielen Gewürzen bestehende Mischung, die je nach Ingredienzen mild bis sehr scharf ist. Sie wird fast nur im Abendland für Currygerichte verwendet.

Currypulver

Einmachgewürz

Diese Gewürzmischung besteht im wesentlichen aus schwarzen Pfefferkörnern, roten Chillies, Senfkörnern, Piment, Nelken, Ingwer, Muskatblüte und Koriandersamen. Sie wird für Essiggemüse, Chutneys und Essig verwendet.

Einmachgewürz

Garam Masala

Wörtlich übersetzt heißt das »scharfe Mischung« und bezieht sich auf eine Kombination aus gerösteten Gewürzen (Koriandersamen, Chilipfeffer und schwarzer Pfeffer), die gemahlen werden. In Indien und im Orient wird Garam Masala jeweils frisch gemischt und gemahlen. Im Abendland ist es als fertige Mischung im Handel. In der indischen ist es ein Grundgewürz für viele Gerichte.

Chinesische 5-Gewürze-Mischung

Diese Gewürzmischung besteht zu gleichen Teilen aus feingemahlenem Anispfeffer, Sternanis, Kassiazimt oder Zimt, Nelken und Fenchelsamen. Sie hat ein subtiles Aroma, wird in der orientalischen Küche viel verwendet und paßt zu Schweine- und Rindfleischgerichten.

Chinesische 5-Gewürze-Mischung

Annatto *(Bixa orellana)*

Annatto ist die Frucht und der Samen des aus dem tropischen Amerika stammenden Orleansstrauches. Der orangefarbene Farbstoff der Frucht wird als Lebensmittelfarbe verwendet. Die Samen werden gemahlen und in Südamerika und Südostasien als Gewürz verwendet. Mit Annatto werden Garnelenküchlein *(Ukoy)* gewürzt.

Annatto

Garam Masala

Galgantwurzel

Galgantwurzel, auch Siamingwer genannt, ist mit dem Ingwer verwandt. Sie schmeckt jedoch leicht nach Kampfer. Galgant ist in Wurzelform oder als Pulver erhältlich. Das Gewürz wird in Malaysia und im Fernen Osten in Currygerichten und zur Herstellung von Bittergetränken und Likören verwendet.

Galgant

Meerrettich *(Armoracia rusticana)*

Die beißend scharfe Wurzel wird gerieben verwendet. Meerrettich gibt es auch in getrockneter Form. Er ist Grundlage für die traditionell zu Roastbeef servierte Meerrettichsauce. Frisch ist er am schärfsten.

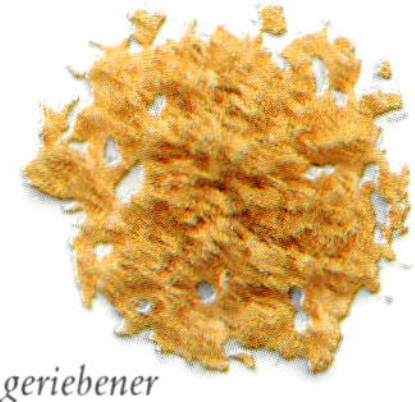

Frisch geriebener Meerrettich

Getrockneter und gemahlener Meerrettich

Kassiazimt *(Cinnamomum cassia)*

Der Kassiazimt ist die getrocknete Rinde eines immergrünen, in Birma beheimateten Baumes. Er ist dem Zimt ähnlich, als Pulver erhältlich und in der orientalischen Küche sehr beliebt.

Kassiazimt

Kassiazimt, gemahlen

Schwarzkümmel *(Nigella sativa)*

Schwarzkümmel schmeckt nach Pfeffer und wird auf Brote und Kuchen gestreut. Er wird oft mit dem schwarzen Kreuzkümmel verwechselt.

Schwarzkümmel

Selleriesamen *(Apium graveolens)*

Die getrockneten Samen der in Italien beheimateten Selleriestaude schmecken leicht bitter. Sie werden in Suppen und Eintöpfe gegeben.

Selleriesamen

Fenchelsamen *(Foeniculum vulgare)*

Die aromatischen, getrockneten Samen der aus dem Mittelmeerraum stammenden Fenchelpflanzen schmecken nach Anis. Sie werden für Apfel-Pie, Tee, Curry- und Fischgerichte verwendet.

Fenchelsamen

Sonnenblumenkerne *(Helianthus annuus)*

Die getrockneten Samenkerne der aus Peru stammenden Pflanze, von der es viele Varietäten gibt, werden hauptsächlich zu Herstellung von Öl (Seite 75) verwendet. Sie können ungeschält geröstet verzehrt werden.

Sonnenblumenkerne

Tamarinde *(Tamarindus indica)*

Es ist die Hülsenfrucht und das Fruchtfleisch eines afrikanischen Baumes, der auch in ganz Indien wächst. Ihr saurer Saft wird zum Würzen von Currygerichten verwendet. Tamarinde ist getrocknet und zu Platten gepreßt erhältlich.

Tamarinde

Sesamsamen *(Sesamum indicum)*

Sie sind die getrockneten Früchte einer einjährigen, in Indien beheimateten Pflanze. Aus ihnen wird Öl gewonnen. Im Nahen Osten werden sie gemahlen und daraus Sesampaste (Tahin) hergestellt und die Süßspeise Halva. Bei uns werden damit Kuchen und Brote bestreut.

Schwarze Sesamsamen

Weiße Sesamsamen

Kürbiskerne *(Cucurbita maxima)*

Aus den Samen des in Amerika heimischen Kürbis wird Öl hergestellt. Sie werden auch geröstet verzehrt.

Kürbiskerne

Dillsamen *(Anethum graveolens)*

Dillsamen sind die getrockneten Früchte der in Südeuropa heimischen Pflanze. Sie werden zum Würzen von Fischgerichten verwendet.

Dillsamen

Cayennepfeffer
(Capsicum frutescens)

Cayennepfeffer wird aus roten Chilischoten, die angeblich aus Cayenne in Französisch-Guyana stammen, hergestellt. Wegen seines hohen Capsaicingehaltes ist er sehr scharf und sollte sparsamst dosiert werden. Er würzt Currygerichte, weiße Saucen, Suppen, Eintöpfe, geräucherten Fisch, Austern, Garnelen und junge Speisefische.

Cayennepfeffer

Pfeffer *(Piper nigrum)*

Die in Asien beheimatete kletternde Holzpflanze sollte nicht mit den Capsicum-Varietäten verwechselt werden. Grüner Pfeffer wird unreif geerntet. Die Körner behalten ihre Farbe, wenn sie in Essig sauer oder in Lake salzig eingelegt sind. Er schmeckt besonders fruchtig. Schwarze Pfefferkörner sind die grün geernteten und getrockneten Beerenfrüchte der Pfefferpflanze. Weiße Pfefferkörner stammen von derselben Pflanze; sie werden reif gepflückt und geschält. Beide werden als Gewürz weltweit verwendet, weißer Pfeffer ist jedoch weniger aromatisch. Der aus China kommende Anispfeffer ist rot und hat, wenn er geröstet ist, eine leicht betäubende Wirkung.

Schwarzer Pfeffer, gemahlen

Schwarze Pfefferkörner

Grüner Pfeffer in Lake

Anispfeffer
(Zanthoxylum piperitum)

Anispfefferkörner sind die getrockneten Früchte eines in China beheimateten Baumes. Der scharfe Pfeffer ist Bestandteil der chinesischen 5-Gewürze-Mischung und der orientalischen Küche.

Anispfeffer

Muskatnuß *(Myristica fragrans)*

Die Muskatnuß ist der getrocknete Samenkern eines immergrünen, in Indonesien beheimateten Baumes. Sie steckt in einer aprikosenfarbenen Frucht, die aufspringt, wenn sie reif ist. Kleine Mengen wirken einschläfernd und verdauungsfördernd. Muskatnuß wird im ganzen oder gemahlen verwendet.

Muskatnuß, gemahlen

Muskatnuß, ganz

Gewürznelke *(Eugenia aromatica)*

Nelken sind die getrockneten Blütenknospen des immergrünen, in Südostasien beheimateten Nelkenbaumes. Die aromatischen Nelken werden im ganzen oder gemahlen für süße und pikante Gerichte, gewürzte Weine und Liköre verwendet. Sie enthalten ein ätherisches Öl, das gegen Zahnschmerzen hilft.

Nelken, ganz

Nelken, gemahlen

Knoblauch *(Allium sativum)*

Die Knolle der mehrjährigen Pflanze kann getrocknet in Scheiben oder gemahlen verwendet werden. Knoblauch schmeckt und riecht scharf.

Knoblauch in Scheiben

Knoblauch, gemahlen

Muskatblüte *(Myristica fragrans)*

Muskatblüte oder Macis ist der netzartige Samenmantel der Muskatnuß. Es gibt sie flachgepreßt und getrocknet oder getrocknet und gemahlen im Handel.

Muskatblüte, gemahlen

Muskatblüte, ganz

Zimt *(Cinnamomum zeylanicum)*

Zimt ist ein in Indien beheimatetes Lorbeergewächs und wird wegen seiner aromatischen Rinde angebaut. Zimt gibt es in Stangenform, in Rindenstücken und gemahlen. Er wird in Backwaren, Desserts und Reisgerichten verwendet. Zimt würzt auch Fisch, Geflügel und Schinken.

Stangenzimt

Zimtrinde

Zimt, gemahlen

Paprika *(Capsicum tetragonum)*

Paprika wird aus Gewürzpaprikaschoten gewonnen, die in Südamerika heimisch sind. Es gibt ihn in mehreren Schärfegraden und unterschiedlichen Rotnuancen. Paprika ist das Nationalgewürz Ungarns. Er kommt an Gulasch, weiße Saucen, Fleisch- und Geflügelgerichte, Cremesuppen und Frischkäse. Der spanische Paprika heißt *pimentón.*

Paprika

Mohn *(Papaver somniferum)*

Der Samen des aus dem Nahen Osten stammenden Schlafmohns ist weiß oder graublau. Mohn kommt in der indischen, jüdischen und nahöstlichen Küche zum Einsatz.

Weißer Mohn

Blaugrauer Mohn

Kreuzkümmel
(Cuminum cyminum)

Kreuzkümmel ist ein mehrjähriges Doldengewächs und am Oberen Nil beheimatet. Seine Sichelfrüchte sind scharf und etwas bitter im Geschmack. Er ist in der östlichen, mexikanischen und nordafrikanischen Küche sehr beliebt. Er wird ganz oder gemahlen verwendet.

Koriander *((Coriandrum sativum)*

Die Blätter werden als Kraut verwendet und die Samen als Gewürz. Sie sind sehr unterschiedlich im Geschmack. Koriander ist Hauptbestandteil von Currypaste und -pulver. Er kommt an Lamm- und Schweinefleisch, an Essiggemüse, Marinaden und Rezepte *à la grecque.*

Koriander, gemahlen

Koriander, ganz

Safran *(Crocus sativus)*

Safran, das teuerste Gewürz der Welt, besteht aus getrockneten Blütennarben einer in Griechenland heimischen Krokusart. Er ist aromatisch, scharf, leicht bitter und liefert einen leuchtend gelben Farbstoff. Safran färbt und würzt Reisgerichte, Kuchen, Brot und Suppen *(Bouillabaisse).* Er ist ganz oder gemahlen erhältlich.

Safran

Kreuzkümmel, gemahlen

Kreuzkümmel, ganz

Kardamom
(Elettaria cardamomum)

Die Kapseln sind die aromatischen, getrockneten Früchte eines mehrjährigen, aus Indien stammenden Ingwergewächses. Es gibt grüne, schwarze und sonnengebleichte weiße (die jedoch nicht so aromatisch sind wie die grünen). Sie enthalten kleine Samen, die gemahlen verwendet werden können. Kapseln und Samen kommen an viele indische Gerichte und an Reis.

Schwarze Kardamomkapseln

Weiße Kardamomkapseln

Grüne Kardamomkapseln

Kardamomsamen

Piment *(Pimenta officinalis)*

Piment sind die getrockneten Beerenfrüchte des immergrünen, auf den Westindischen Inseln beheimateten Nelkenpfefferbaumes. Das vielseitig einsetzbare Gewürz schmeckt nach Muskatnuß, Zimt und Gewürznelken. Es wird zum Backen und Einmachen und in pikanten Gerichten verwendet. Es ist ganz und gemahlen im Handel erhältlich.

Piment, gemahlen

Pimentkörner

Kurkuma *(Curcuma longa)*

Das leuchtendgelbe Gewürz wird aus den Rhizomen eines Ingwergewächses, das seine Heimat in Südostasien hat, gewonnen. Es paßt in Currygerichte, Currypulver und Essiggemüse. Kurkuma gibt es gemahlen oder als getrocknete Wurzeln im Handel.

Kurkuma, gemahlen

Kurkumawurzeln

Kümmel *(Carum carvi)*

Die sichelförmigen Samen einer in Europa und Asien beheimateten Pflanze sind in Europa ein beliebtes Gewürz für Backwaren, Käse, pikante Gerichte und Liköre. Der mit dem Anis verwandte Kümmel hat einen scharfen, charakteristischen Geschmack.

Kümmel

ANDERE GEWÜRZE

Malaguettapfeffer
(Aframomum melegueta)
Pikante, stark würzige braune Samen einer mit dem Nelkenpfefferbaum verwandten, in Westafrika heimischen Pflanze. Er wird anstelle von Pfeffer verwendet.

Senf *(Brassica, ssp.)*

Die Samen stammen von Pflanzen, die zur Kohlfamilie gehören. Schwarzer Senf ist schärfer als weißer, Senfpulver eine Mischung aus beiden.

Schwarze Senfkörner (Brassica nigra, juncea)

Weiße Senfkörner (Brassica alba)

Senfpulver

Sternanis *(Illicium verum)*

Die kleinen sternförmigen Früchte eines chinesischen Baumes enthalten dasselbe ätherische Öl wie Anis. Sternanis ist Bestandteil der chinesischen 5-Gewürze-Mischung. Er wird in der orientalischen Küche zum Würzen von geschmortem Rindfleisch, Huhn und Lamm verwendet.

Sternaniskapseln

Sternaniskörner

Ingwer *(Zingiber officinale)*

Die Wurzelknolle einer aus Südostasien stammenden Pflanze ist ganz, in Scheiben oder gemahlen im Handel. Ingwer hat einen erfrischenden, etwas scharfen Geschmack. Er wird in orientalischen und indischen Gerichten für Backwaren, Süßwaren und Liköre verwendet.

Chilipulver

Chilischoten, zerkleinert

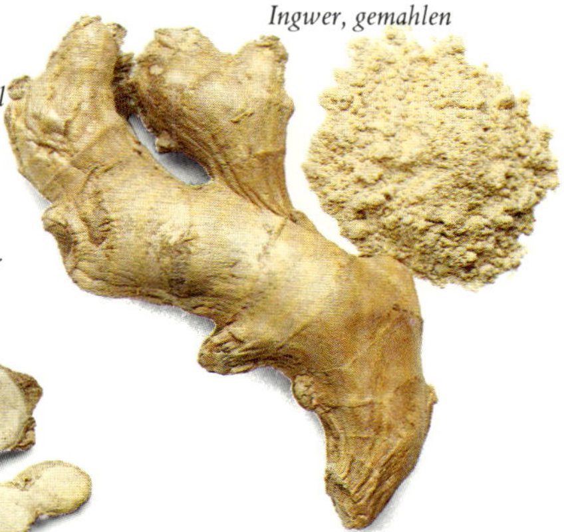

Ingwerwurzel

Ingwer, gemahlen

Getrockneter Ingwer in Scheiben

Chilipulver *(Capsicum frutescens)*

Eine Art roter Pfeffer, der aus Chillies hergestellt wird. Er kann von ganz mild bis sehr scharf sein und ist Bestandteil des bei uns handelsüblichen Chilipulvers. Nepalpfeffer ist ein milder gelber Chilipfeffer.

Bockshornkleesamen
(Trigonella foenum-graecum)

Die Hülsen der in Westasien heimischen Pflanze enthalten Samen, die getrocknet und zu Pulver gemahlen werden. Die Blätter werden als Kraut verwendet (Seite 54).

Bockshornkleesamen, gemahlen

Bockshornkleesamen

Anis *(Pimpinella anisum)*

Anis wird hauptsächlich wegen seiner süßlichen Samen angebaut, die frischen Blätter können aber ebenfalls verwendet werden. Er paßt in Süß- und Backwaren und gehört in Pastis, Ricard und andere Anisschnäpse.

Anis, gemahlen

Anissamen

Ajowan *(Carum ajowan)*

Die Samen der aus Indien stammenden Pflanze schmecken stark nach Thymian. Ajowan wird viel in der Küche Indiens und des Nahen Ostens verwendet.

Ajowan

Wacholder *(Juniperus communis)*

Wacholder ist in der nördlichen Hemisphäre zu Hause. Er wird als Gewürz für Gin, Wild und Schweinefleisch verwendet. Er kommt ins Sauerkraut und in Eingemachtes. Die Beeren sind getrocknet im Handel.

Wacholder

AROMASTOFFE

Nie haben sich die Menschen damit begnügt, Nahrung einfach nur als Mittel gegen den Hunger zu betrachten. Immer war die Suche nach mehr Geschmack für die Nahrung ein wichtiger Teil der Eßgewohnheiten, und wurden neue und interessante Aromen entdeckt, gingen sie alsbald in die heimische Küche ein. In Mittelamerika verlieh man den Grundnahrungsmitteln Mais und Kartoffeln durch Chillies feurigen Geschmack. Chillies wurden auch zu einem wichtigen Bestandteil indischer Currygerichte und südostasiatischer Sambals. Gleichermaßen bereicherten zwei Pflanzen, die ursprünglich nur die Azteken kannten – der schokoladeliefernde Kakaobaum und die Vanille – die internationale Küche. Abgesehen von den natürlichen Aromastoffen gibt es zahlreiche synthetische, die von Teilen der Industrie bevorzugt werden, weil sie konzentriert, hitzebeständig und wenig wasserhaltig sind. Dennoch hält die Nachfrage nach natürlichen Geschmacksträgern weiter an. Indem man die ölhaltigen Zellen aufweicht und aufbricht, gewinnt man aus Pflanzen Extrakte, bei denen es sich vor allem um ätherische Öle handelt. Je nach ihrer Art liefern verschiedene Teile der Pflanzen die Essenzen: zerdrückte Samen oder Kerne, Blüten und Blätter sowie getrocknete Rinde oder Wurzeln.

Aromastoffe in der Küche

Konzentrierte Aromastoffe halten sich in dichtversiegelten Flaschen und an kühlen und dunklen Orten beinahe unbegrenzt. Wenn ein Rezept nur ein paar Tropfen einer Essenz vorsieht, so geben Sie diese am besten tropfenweise dazu, bis der Geschmack stimmt. Speiseeis muß stärker aromatisiert werden als Lebensmittel mit Raumtemperatur, weil zunehmende Kälte den Geschmack dämpft, oder, anders ausgedrückt: Bei niedrigen Temperaturen werden die Geschmacksknospen taub.
Vanilleschoten sind Vanilleessenz vorzuziehen. Um süßen Saucen Geschmack zu verleihen, kann man ganze Schoten mitkochen. Die Schoten können gewaschen, getrocknet und wiederverwendet werden. Vanillezucker ist ein praktischer Geschmacksträger. Man kann ihn selbst herstellen, indem man eine Vanilleschote in einem Gefäß mit feinem Zucker aufbewahrt.

Getrocknete Chillies *(Capsicum frutescens)*

Viele der scharfen Chilischoten-Varietäten werden getrocknet zum Würzen pikanter Gerichte verwendet, besonders in der südamerikanischen Küche. Dazu gehören Ancho-, Jalapeño-, Mulato-, Pasilla- und die roten Chilischoten.

Vanille *(Vanilla planifolia)*

Die fermentierten Schoten einer in Mittelamerika beheimateten kletternden Orchideenart werden als Aromastoff für süße Saucen, Kuchen, Schokoladen, Puddings und Speiseeis verwendet.

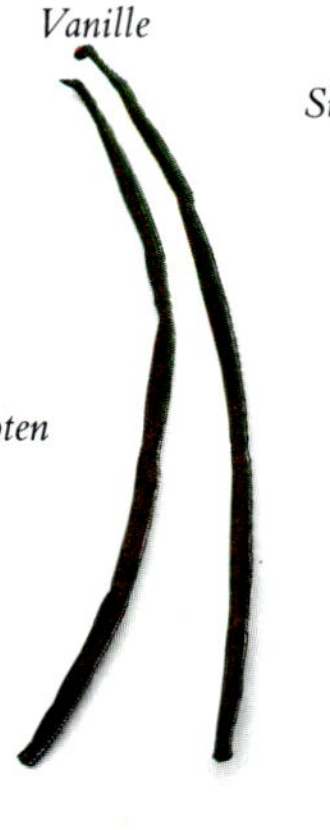

Süßholz *(Glycyrrhiza glabra)*

Süßholz ist die Wurzel einer kleinen mehrjährigen Pflanze, die in Südeuropa und dem Nahen Osten angebaut wird. Es ist einer der ältesten Aromastoffe, schmeckt bittersüß und wird für Süßwaren, Desserts, Kuchen und Getränke verwendet. Süßholzwurzeln kann man in Scheiben schneiden oder mahlen.

Getrocknete Mango
(Mangifera indica)

Die aus Indien stammende Mango (Seite 92) wird oft getrocknet, in Scheiben geschnitten und zum Würzen von Currygerichten verwendet. Man macht daraus auch Mango-Chutney (Seite 67) oder legt sie ein (Seite 68).

Getrocknete Mango

Angostura Bitter

Der Bitterbranntwein, der nach einer alten venezolanischen Stadt benannt ist, besteht aus einem alkoholischen Auszug aus Angosturarinde, Nelken, Zimt, Muskatblüte, Muskatnuß, Pflaumen, Chinin, Rum und Enzian. Er kommt in Cocktails, Speiseeis, Fruchtsäfte, Obstkonserven und Puddings.

Grenadine

Der Extrakt aus dem Fruchtfleisch von Granatäpfeln, den Früchten des in Kurdistan beheimateten Granatapfelbaumes. Grenadine wird für alkoholfreie Getränke, Cocktails, Speiseeis und Süßwaren verwendet.

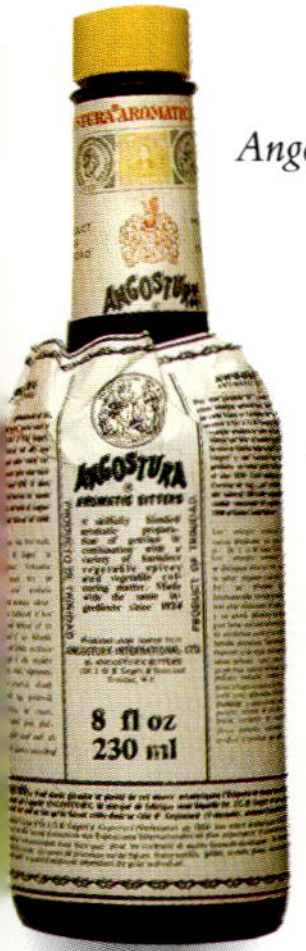

Angostura Bitter

Grenadine

ANDERE AROMASTOFFE

Bergamottöl
Aus den Früchten und Blüten des Bergamottbaumes wird ein stark aromatisches Öl gewonnen, das in der Erfrischungsgetränke-, Speiseeis-, Süßwaren- und Backwarenindustrie Verwendung findet.

Bittermandelöl
Das handelsübliche, aus Bittermandeln, Aprikosen- und Pfirsichkernen gewonnene Öl ist im Aroma viel intensiver als das aus süßen Mandeln hergestellte. Es wird für Backwaren, Süßwaren und Desserts verwendet.

Carob
Carob wird aus dem Fruchtmark der Schoten des aus dem Nahen Osten stammenden Johannisbrotbaumes gewonnen. Ein Aromastoff für alkoholfreie Getränke, Back- und Süßwaren.

Cola
Der Extrakt aus der Nuß des in Westafrika beheimateten Colabaumes ist einer der Hauptbestandteile von colahaltigen Erfrischungsgetränken.

Iriswurzel
Aus den geschälten Rhizomen der im Fernen Osten beheimateten *Iris germanica* wird der Iriswurzelextrakt gewonnen, der zum Aromatisieren von Speiseeis, Süß- und Backwaren verwendet wird.

Kakao
Kakao stammt aus der Frucht des mexikanischen Kakaobaumes. Die gurkenähnlichen Früchte enthalten 20–30 weiße Kakaobohnen, die, fermentiert, getrocknet und geröstet, die Grundlage für Kakaobutter, -pulver, Trink- und Kochschokolade (Seite 125) bilden. Milchschokolade enthält Vollfett-Trockenmilchpulver. Kakao wird nicht nur für Back- und Süßwaren, sondern – ungesüßt – auch zum Würzen von mexikanischen Fleischgerichten verwendet.

Neroliöl
Die Blüten der Pomeranze, eines Zitrusbaums, liefern das angenehm duftende Neroliöl, das für Feinbackwaren und Liköre sowie Parfums verwendet wird.

Pfefferminzöl
Aus den Blättern der Pfefferminze wird durch Wasserdampfdestillation Pfefferminzöl gewonnen. Es wird zum Aromatisieren von Erfrischungsgetränken, Süßwaren, Speiseeis und Glasuren verwendet.

Sandelholz
Die getrocknete Rinde des in Südindien beheimateten Sandelholzbaumes wird destilliert. Das dabei gewonnene ätherische Öl wird zum Aromatisieren von Speiseeis, Süß- und verschiedenen Backwaren verwendet.

Sarsapillwurzel
Aus den Wurzeln des mexikanischen Baumes *Smilax aristolochiaefolia* wird ein leicht bitterer und nach Lakritze schmeckender Extrakt gewonnen. Er wird zum Aromatisieren von alkoholfreien Getränken, Speiseeis, Süß- und Backwaren und auch in der Medizin eingesetzt.

Sassafrasessenz
(Sassafras albidum)
Durch Wasserdampfdestillation von Wurzeln, Rinde und Blättern des im Nordamerika heimischen Baumes wird ein Öl gewonnen, das nach Zitrone duftet und ein kräftiges Aroma hat. Verwendung in der Erfrischungsgetränke-, Süßwaren- und Speiseeisindustrie.

Ylang-Ylang-Öl
Aus den Blüten des großen, auf den Philippinen heimischen Ylang-Ylang-Baumes *(Cananga odorata)* wird durch Wasserdampfdestillation ein Öl mit einem sehr blumigen Duft und einem bitteren Aroma gewonnen. Es wird zum Aromatisieren von Erfrischungsgetränken, Speiseeis, Süß- und Backwaren verwendet.

Würzmittel und Extrakte

Würzmittel sollen den Geschmack verbessern, den latenten Eigengeschmack von Speisen hervorheben oder faden Gerichten ein ausgeprägtes Aroma geben. Im Westen ist das Salz die wichtigste Würze, im Osten Sojasauce und -paste.

SALZ

Salz ist die Chemikalie Natriumchlorid. Stammt es aus dem Meer, nennt man es Meersalz; kommt es aus den Ablagerungen der urweltlichen Ozeane, heißt es Steinsalz. Salz enthält zwar keinerlei Kalorien, Proteine oder Kohlehydrate; man findet jedoch Spuren anderer Mineralstoffe wie etwa Kalzium, Magnesium, Schwefel und Phosphor in unraffiniertem Salz. Das Magnesium ist für den bitteren Geschmack verantwortlich.

Diese in unraffiniertem Natriumchlorid enthaltenen Spurenstoffe können Auswirkungen auf die Nahrungsmittel haben, die mit ihnen in Berührung kommen. Das im Steinsalz enthaltene Kalzium beispielsweise macht die Haut von Bohnen und anderen Hülsenfrüchten zäh, deshalb sollte man sie nicht in Salzwasser kochen. Kalzium verstärkt außerdem die Wasseraufnahmefähigkeit von Salz; deshalb sind Antiklumpmittel nötig. Denn die wasseranziehende Eigenschaft von Natriumchlorid lassen es bei feuchter Lagerung hart oder schwer vor Nässe werden. Salzhersteller versetzen ihre Ware deshalb heute mit Natriumferrozyanid, einer Chemikalie, die dafür sorgt, daß sich an jedem Korn kleine Auswüchse bilden, die ein Zusammenkleben verhindern.

Zahllose Rezepte, süß und pikant, kommen ohne die berühmte Prise Salz nicht aus. Denn Salz verstärkt nicht nur den Geschmack von Speisen, es macht Säure milder, und wenn man es süßen Gerichten zugibt, macht es Zucker süßer, oder es scheint zumindest so. Salz und Zucker können sich gegenseitig mäßigen: Zukker macht Salziges weniger salzig, und eine Prise Salz macht überzuckerte Gerichte wieder genießbar. Salz ist für die meisten Brotrezepte nötig, weil es die Bindungseigenschaften des Klebers verstärkt, der das Brot erst backfähig macht und ihm eine knusprige Kruste verleiht. Zuviel Salz macht allerdings die Hefe weniger wirksam, weshalb der Bäcker sich exakt ans Rezept halten und die Zutaten genau abwiegen muß. Am besten verwendet man in der Küche feines, streufähiges Tafelsalz oder gröberes Meersalz aus der Mühle.

LEBENSMITTELEXTRAKTE

Weil Konzentrate sehr gut haltbar sind, können auch Fleisch- und Gemüseextrakte als Würzmittel dienen. Obwohl Extrakte, die man im Laden kaufen kann, eine ziemlich junge Erfindung sind (der Chemiker Justus von Liebig entwickelte 1847 seinen berühmten Fleischextrakt) muß schon den ersten Köchen, die Bratensaft verwendeten, aufgefallen sein, wie nützlich Konzentrate sind. Ebenso den Chinesen, die vor vielen tausend Jahren eine Paste aus fermentierten Sojabohnen produzierten – eine Vorgängerin des Hefeextrakts. Und Ende des 19. Jahrhunderts entdeckten deutsche Chemiker, daß sich durch die Autolyse von Bierhefe mit Salz das vegetarische Gegenstück des Fleischextrakts herstellen ließ. Lebensmittelextrakte sind lange haltbar. Ausnahme sind Brühwürfel, die Feuchtigkeit aufnehmen können, wenn sie nicht trocken gelagert werden. Sojapaste hält sich rund sechs Monate, trocknet nach dem Öffnen aber langsam aus. Dagegen hilft etwas Öl.

Brühwürfel

Sie enthalten Glutamat, Kräuter, Gewürze, Hefeextrakt, Stärke, Karamel, Milchsäure, Zucker, Salz, Fett, Zwiebel, Sellerie und Pfeffer. Es gibt Brühwürfel für Rinderbrühe, Hühnerbrühe, Lammfleischbrühe und vegetarische Brühe.

Brühwürfel

Gekörnte Brühe

Gekörnte Brühe

Pulverisierter, dehydrierter Fleischextrakt mit Kräutern. Gekörnte Brühe wird für Fleischbrühe, Suppen und gelegentlich für Saucen verwendet.

Salz

Meersalz wird durch Verdunsten von Meerwasser in Salzgärten unter Ausnutzung der natürlichen Sonnenwärme gewonnen. Zur Beschleunigung wird es auch in flachen Pfannen erhitzt und zur Kristallisation stehengelassen.
Küchen- oder Siedesalz ist raffiniertes Steinsalz ohne Zusätze. Es wird meist zum Einlegen und Pökeln von Fleisch verwendet.
Gewürzsalze wie z. B. Knoblauch- und Selleriesalz sowie Salz mit einem Zusatz von mehreren Kräutern und Gewürzen sind nützliche Gewürzzubereitungen.
Gefriersalz ist grobkörniges Salz in Kristallform, das nicht zum Verzehr geeignet ist.
Brezelsalz wird zur Zeit am Golf von Mexiko abgebaut. Es hat große, regelmäßig geformte flache Kristalle, die sich hervorragend zum Bestreuen von Brezeln eignen.
Steinsalz wird ähnlich wie Meersalz gereinigt. Sole wird eingedampft. Dabei bilden sich unterschiedlich feine Kristalle für Tafel- oder Küchensalz.

Gewürzsalz

Meersalz

Küchensalz

Knoblauchsalz

Steinsalz

Tafelsalz

Selleriesalz

Saucenbinder

Dehydrierter Fleischextrakt mit Bindemittel (Maisstärke oder Weizenmehl). Saucenbinder kann in Eintöpfe und Aufläufe gegeben werden.

Saucenbinder

Seto fuumi

Die japanische Gewürzmischung besteht aus getrocknetem Seetang, Thunfisch, Sesamsamen und Glutamat. Sie wird in der orientalischen Küche viel verwendet.

Seto fuumi

Bentoo no tomo

Die japanische Gewürzmischung besteht aus getrocknetem Fisch, Salz, Sojasauce, Seetang und Glutamat. Sie wird in der orientalischen Küche verwendet.

Bentoo no tomo

Glutamat

Glutamat, das Salz der Glutaminsäure, einer Aminosäure, schmeckt nach nichts, hebt aber den Eigengeschmack anderer Nahrungsmittel. Es ist auch als MSG oder Ve-Tsing bekannt und kann als Salzersatz verwendet werden.

Glutamat

Asant

Asant ist ein Gummiharz der Stinkasantpflanze. Es ist gemahlen oder, wie abgebildet, in kleinen Brocken erhältlich. Es sollte äußerst sparsam dosiert werden. Es gehört in Fischgerichte und wird in Indien als Salzersatz verwendet.

Asant

Sojapasten

Es gibt fermentierte und unfermentierte Sojapasten. Das hier abgebildete japanische Miso ist fermentiert. Es wird aus gekochten Sojabohnen hergestellt, die mit *Koji* (gedämpftem und mit dem Pilz *Aspergillus oryzae* geimpftem Reis), Salz und Wasser vermischt werden. Dann wird die Masse mit Hefepilzen geimpft und einige Monate fermentiert. Hier sind gelbes, rotes und schwarzes Miso abgebildet, die ihre Farbe von den jeweils verwendeten Sojabohnen haben. *Natto-Miso* ist ein süßes Miso. *Tempeh* ist fermentierter Bohnenkuchen aus Indonesien. Zu den unfermentierten Pasten gehören *Tofu* (auch chinesischer Bohnenquark genannt) sowie die süße rote, für Süßwaren verwendete Bohnenpaste.

Gelbes Miso

Rotes Miso

Schwarzes Miso

Saucenbräuner

Das Färbemittel verbessert das Aussehen von braunen Saucen und Bratensaucen. Er sollte mit Vorsicht verwendet werden. Im allgemeinen besteht er aus Karamel, Salz und Wasser. Manchmal werden ihm auch hydrolisierte pflanzliche Proteine und Glutamat zugesetzt.

Saucenbräuner

Malzextrakt

Zur Herstellung von Malzextrakt wird Malzpulver in Wasser eingeweicht, erhitzt und dann zu Sirup oder Paste eingedickt. Der Extrakt wird zum Bierbrauen, für Frühstücksgetreideflocken und als Kaffee-Ersatz verwendet. Er gibt Feuchtigkeit an Brote ab, läßt den Teig besser gehen und verleiht Backwaren einen süßen Geschmack.

Hefeextrakt

Von frischer Hefe wird der Zellsaft getrennt, verdampft und mit einem Gemüseextrakt vermischt. Er ist Fleischextrakten ähnlich und wird als Würzmittel verwendet.

Hefeextrakt

Malzextrakt

Rindfleischextrakt

Rindfleischextrakt

Ein zu pastenförmiger Konsistenz eingedickter dunkelbrauner und salziger Fleischauszug.

ANDERE EXTRAKTE

Malzmilch
Malzgetränke entstanden Mitte des 19. Jahrhunderts, als für Krankenkost und Kindernahrung Pionierarbeit geleistet wurde. Im Jahr 1869 entwickelte der in Amerika eingewanderte Engländer William Horlick ein Maltose-Dextrin-Milchpulver, das auch bei den Medizinern Anklang fand. Es kam 1887 als Horlicks Milchpulver auf den Markt. Malzmilch wurde ursprünglich in amerikanischen Drugstores und Ausschankstellen für alkoholfreie Getränke verkauft. Es wird bei der Herstellung von Plätzchen, Kuchenmischungen, Glasuren und Speiseeis verwendet.

Pickles, Chutneys und Pasten

Pickles, Chutneys und Pasten sind Würzmittel, deren Zweck es ist, den Geschmack von Speisen hervorzuheben. Sie können auch als Kontrastaroma eingesetzt werden. Die Mehrzahl von ihnen wird mit Öl oder Essig, Zucker oder Salz haltbar gemacht.
Pickles sind Gemüse oder Früchte, die – entweder ganz oder grob zerkleinert – in Salzlake oder Essig eingelegt sind.
Chutneys sind Gemische von Früchten oder Gemüsen, entweder frisch oder zu einer dicken Sauce verkocht. Sie sind zähflüssig und würzig, haben einen süßen Geschmack und ähneln süßen Mixed Pickles, obwohl diese im allgemeinen dunkler gefärbt und schärfer sind. Frische Chutneys, wie man sie im Osten findet, benötigen keine Konservierung; die westlichen Chutneys sind aber gekocht und enthalten als Konservierungsstoff Essig.
Pasten bestehen meist aus einer feingemahlenen Hauptzutat wie Nüssen, Fleisch oder gesalzenem Fisch. Sie sind mit Salz oder Öl haltbar gemacht.
Das Wort Relish wird häufig als Oberbegriff für Chutneys und Sweet Pickles verwendet, die süß-sauer eingelegt sind. Indische Currygerichte beispielsweise werden häufig von Relishes begleitet, unter anderem Chutneys aus Mangos, Tamarinden und Koriander, eingelegten Limonen und eingelegtem Blumenkohl. Sehr vielfältig sind auch die indonesischen Pickles (Sambals).

Meerrettichsauce

Geriebener Meerrettich wird mit Sahne, Agar-Agar, Essig und Salz gemischt und zu Fleisch- und Wurstwaren, frischem oder geräuchertem Fisch serviert.

Meerrettichsauce

Gurken-Chutney

Eine süßliche Mischung aus Gurken, Senfsaat, Zucker, Essig, Zwiebeln, Paprika und Gewürzen. Das Chutney paßt gut zu kaltem Fleisch, Käse und Gegrilltem.

Gurken-Chutney

Tomaten-Chutney

Eine scharfe Mischung aus Tomaten, Essiggurken, Chillies und Gewürzen. Sie kann zu kaltem Fleisch und Käse serviert werden.

Tomaten-Chutney

Mango-Chutney

Das wohl bekannteste indische Chutney gibt es in verschiedenen Schärfegraden. Es wird gewöhnlich zu Currygerichten gereicht.

Mango-Chutney

ANDERE CHUTNEYS

Apfel-Chutney
Apfel-Chutney wird aus Kochäpfeln hergestellt und kann süß oder pikant schmecken. Ähnliche Chutneys gibt es aus grünen Tomaten oder Birnen. Sie passen alle zu kaltem Fleisch.

Aprikosen-Chutney
Das scharfe, wohlschmeckende Aprikosen-Chutney ist eine Mischung aus Aprikosen, Rosinen, Chillies und Gewürzen. Man reicht es zu kaltem Fleisch und Currygerichten oder verwendet es für Canapés und pikante Füllungen.

Koriander-Chutney
Das säuerliche Chutney, das zu gekochtem Fisch, Fleisch oder Gemüse gereicht wird, besteht aus frischen, zerstoßenen Korianderblättern, die mit grünen Chillies, Yoghurt und Gewürzen vermischt werden.

Minze-Chutney
Besteht aus Minzeblättern, Tomaten, Äpfeln, Zwiebeln und Rosinen. Paßt zu kaltem Fleisch und Currygerichten.

Pickles und Pasten

Sweet Pickle

Es ist ein süßschmeckendes Chutney, das viele Früchte und Gemüse enthält. Es paßt am besten zu Käse und kaltem Fleisch.

Sweet Pickle

Kapern

(Capparis spinosa, var. *rupestris)*

Kapern sind grüne, noch geschlossene Blütenknospen des im Mittelmeerraum beheimateten Kapernstrauches. Sie werden nur eingelegt als Würzmittel und Garnierung verwendet. Sie gehören in *Beurre Noir* und *Salade Niçoise*. Die französischen Nonpareilles und Capucines sind als die besten Kapern bekannt.

Kapern

Mango-Pickle

Eine aromatische Mischung aus Mangos, Chillies, Gewürzen und Essig. Paßt zu allen milden Speisen.

Mango-Pickle

Mixed Pickles

In Essigmarinade eingelegte Blumenkohlröschen, Zwiebeln und Gürkchen. Sie werden zu Käse, kaltem Fleisch und Wurstwaren gereicht.

Mixed Pickles

Grüne Walnüsse

Walnüsse werden unreif geerntet, in ihren Schalen gedämpft und in eine Marinade aus Essig, Karamel, schwarzem Pfeffer, und anderen Gewürzen eingelegt. Als Beilage zu kaltem Fleisch und Käse.

Grüne Walnüsse

Eingelegte Zwiebeln

Das Einlegen von Zwiebeln war schon im Altertum bekannt, wie man anhand von Spuren in Pompei herausfand. Als Beilage zu kaltem Fleisch und Käse (Perlzwiebeln).

Eingelegte Zwiebeln

Piccalilli

Hiervon gibt es zwei Varianten. Das amerikanische Piccalilli besteht aus grünen Tomaten, Zwiebeln, süßen Pickles, Kräutern und süßem Essig. Das hier abgebildete englische hingegen besteht aus Senf-Pickles mit gemischtem Gemüse. Es wird hauptsächlich als Beilage zu Käse gereicht.

Piccalilli

Indonesische Pickles

Bestehen aus verschiedenen Gemüsen (Kohl, Zwiebeln, Lauch, Karotten und Gurken). Sie sind mild im Geschmack und werden zu geräuchertem Fisch gegessen.

Indonesische Pickles

Eingelegter Rotkohl

Zerkleinerter Rotkohl wird zunächst in Salzlake eingelegt, abgeschüttet und danach in gewürzten Essig eingelegt. Für Salate.

Eingelegter Rotkohl

Essiggürkchen

Die kleinen, nur zum Einlegen gezogenen Gurken werden zu kaltem Fleisch und zu Wurst gereicht und in Salate gegeben.

Essiggürkchen

Eingelegter Daikonrettich

Der japanische Daikonrettich (Seite 30) wird in Sojasauce und Zukker eingelegt und als Beilage zu Fisch gegessen.

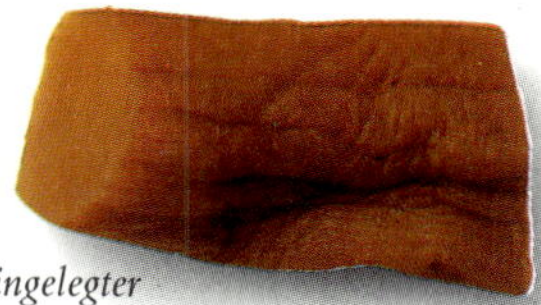

Eingelegter Daikonrettich

Sardellenpaste

Der Brotaufstrich besteht aus Anchovis, Butter, Kräutern und Gewürzen. Er wurde 1828 von einem in Paris lebenden Engländer erfunden und aufgrund von Anzeigen in der *Times* von Adeligen gekauft. Daher der Beiname »Gentleman's Relish«.

Sardellenpaste

Erdnußmus

Zu Mus verarbeitete Erdnüsse. Es wird hauptsächlich als Brotaufstrich verwendet. In Indonesien werden damit Saucen angedickt.

Erdnußmus

Tahin

Zu Mus verarbeitete Sesamsamen. Es wird in der nahöstlichen und südamerikanischen Küche als Würzmittel verwendet.

Tahin

ANDERE PICKLES

Dillpickles
Es gibt vier verschiedene Arten: fermentierte (gewöhnlich in Salzlake); unfermentierte (in Salzlake mit Essig); saure (mit fermentierter Salzlake zubereitet, anschließend abgeschüttet und in Essig eingelegt) und süße (in Salzlake eingelegt, dann abgeschüttet und in Zuckersirup mit Essig eingelegt). Dillpickles reicht man zu kaltem Fleisch und Hamburgern.

Sauerkraut
Feingeschnittenem Weißkraut wird Salz zugesetzt. Dann tritt eine natürliche Milchsäuregärung ein und macht es haltbar. Sauerkraut gibt es frisch vom Faß, in Dosen oder in Plastiktüten abgepackt im Supermarkt. Es eignet sich zum Rohessen, für Salat und gedünstet (mit Wacholder gewürzt und mit Wein, Apfelwein oder sogar Sekt aufgegossen) als Beilage zu herzhaften Gerichten.

Oliven *(Olea europea)*

Es sind die Steinfrüchte des an der Mittelmeerküste beheimateten Ölbaumes. Grüne Oliven werden unreif gepflückt, während schwarze Oliven vollreife Früchte sind. Einige Handelsformen sind hier abgebildet. Oliven werden nur eingelegt verwendet, und es gibt sie entsteint und mit verschiedenen Füllungen. Man ißt sie meist mit den Fingern als Horsd'œuvres und zu Canapés.

Spanische Sevillana-Oliven

Mit Mandeln gefüllte Oliven

Entsteinte Oliven

Mit rotem Paprika gefüllte Oliven

Schwarze Oliven

Getrocknete Oliven

Senf, Essig, Öl

Senf ist ein Würzmittel, das aus drei verschiedenen Pflanzen der Kreuzblütlerfamilie gewonnen wird, deren Name von der Farbe der Samenkörner herrührt: *Sinapis alba* ist der weiße oder gelbe Senf, *Brassica nigra* der schwarze Senf und *Brassica juncea* der braune Senf. Wird heute schwarzer Senf angebaut, handelt es sich meist um *Brassica juncea;* denn *Brassica nigra* wird als für moderne Anbaumethoden ungeeignet angesehen. Im Gegensatz zu ihrem Ruf sind die meisten Senfsorten nicht scharf, sondern eher mild; nur die frisch zubereiteten englischen, chinesischen und japanischen Senfe sind wirklich feurig scharf.

Senfsorten

Für die Schärfe des Senfes ist ein ätherisches Öl verantwortlich, das sich bildet, wenn Wasser mit der gemahlenen Senfsaat in Berührung kommt. Dieses Öl ist vor allem in *Brassica nigra* und *juncea* enthalten. Dabei ist die schwarze Abart die schärfere von beiden. Weißer Senf hat seinen eigenen charakteristischen Geschmack, und handelsübliches Senfpulver – im Grunde der getrocknete Rückstand nach der Extraktion des Öls aus der Saat – besteht aus einer Mischung beider Arten.

Es gibt zahllose Senfsorten mit einem wunderbaren Spektrum von Geschmacksvarianten, die durch die Zutaten entstehen – Obstsaft, Wein, Essig, Limonen- oder Zitronensaft. Es gibt Senf aus ganzen Körnern oder mit Estragon, Piment, Pfefferkörnern, Minze, Chillies und mit Knoblauch. In Frankreich gibt es darüber hinaus milden grünen Senf, der mit einer Kräutermischung gewürzt ist.

Senf in der Küche

Senf kann in Form ganzer Körner verwendet werden (Seite 60); häufiger ist aber die zubereitete Form oder das Senfpulver, aus dem man mit kaltem Wasser eine geschmeidigen Brei anrührt. Heißes Wasser oder Essig bremst die Wirkung des Enzyms, und ein milder Senf entsteht. Scharfer Senf entwickelt sein volles Feuer etwa zehn Minuten nach dem Anrühren; die Schärfe geht nach und nach zurück; der typische Senfgeschmack aber bleibt.

Für die Zubereitung von Saucen sollte Senf zu einer Paste verrührt (oder direkt aus dem Glas zugegeben) werden, aber erst nachdem die Sauce fertig gekocht ist. Gibt man nur Senfpulver zu, besteht die Gefahr, daß die Sauce klumpig wird. Außerdem zerstört zu große Hitze die Schärfe. Fertigsenf eignet sich für Mayonnaise, und der französische Dijonsenf ist Bestandteil vieler Saucen.

Alle Senfarten finden in der Küche Verwendung. Obwohl der schwarze Senf schärfer ist, hat auch der weiße Vorzüge: Seine Enzyme werden nicht so leicht zerstört, und er konserviert besser und schützt vor Schimmel und Bakterien. Deshalb wird er häufig für Pickles (Seite 67) verwendet.

ESSIG

Essig ist ein Nebenprodukt der Vergärung und wurde früher nur aus Wein hergestellt. Darauf deuten die englischen und französischen Wörter für Essig, *vinegar* und *vin aigre* (»saurer Wein«), hin.

Essig entsteht durch zwei natürliche Gärungsprozesse – die Alkohol- und die Essigsäuregärung. Die erste tritt ein, wenn natürliche Hefen, die sich in der Luft oder auf Früchten befinden, Zucker in Alkohol verwandeln. Dann wird Essighefe hinzugefügt. Sie kommt auch natürlich vor. Ihre Essigsäurebakterien vermehren sich und bilden eine schwimmende Ansammlung von Hefezellen, die man Essigmutter nennt und die den Alkohol in Essigsäure umwandeln, den Hauptbestandteil von Essig. Das ist der zweite Teil des Gärungsprozesses. Jeder kann mit Hilfe der Essigmutter seinen eigenen Essig herstellen.

Säuregehalt und Sorten

Verschiedene Essigsorten haben einen sehr unterschiedlichen Gehalt an Essigsäure: Tafelessig hat einen Säuregehalt von 5 Prozent, Weinessig hat 6 Prozent, und am meisten hat die Essigessenz mit über 15 Prozent. In den meisten Ländern gibt es Vorschriften für den Säuregehalt im Essig. Die Essigsorten der verschiedenen Länder sind so unterschiedlich, weil sie aus anderen Rohstoffen hergestellt werden. Im Fernen Osten beispielsweise wird Essig aus Reiswein und aus Obst gemacht.

Essig in der Küche

Ursprünglich wurde Essig als Konservierungsmittel verwendet. Nach und nach wurde er aber zum geschätzten aromatischen Würzmittel. Besonders Weinessige lassen sich gut mit Kräutern, Gewürzen und Früchten aromatisieren: etwa mit Rosmarin, Estragon, Dill, Knoblauch, Chillies, Pfefferkörnern, Zitronen, Himbeeren, Blütenblättern von Rosen und Veilchen. Ein guter Koch hat immer eine Anzahl dieser Essige greifbar, weil verschiedene Rezepte verschiedene Essigsorten verlangen. Im allgemeinen nimmt man einen Essig aus dem Ursprungsland des Rezeptes. Für japanische und chinesische Gerichte sollte Reisessig verwendet werden, Weinessig für Speisen aus dem Mittelmeerraum. Apfelessig für traditionelle amerikanische und Malzessig für englische Rezepte.
Wichtig zu wissen ist auch, daß Apfel- und Weinessig universell zum Kochen verwendet werden können, Wein-, Reis-, Sherryessig oder alle Arten von Kräuteressig für Salatdressings, und destillierter Branntwein- oder Malzessig fürs Einmachen.

ÖLE

Öl ist dafür verantwortlich, daß sich die Mayonnaise so geschmeidig um Gemüse, Salate und Eier legt. In Italien wird Öl in der Suppe, mit Nudeln, im Salat – in praktisch allen Gerichten – gegessen. In der Vinaigrette, zusammen mit Essig oder Zitronensaft, macht seine Geschmeidigkeit Salate genießbar. Bäcker verwenden Öl, um den Brotteig zum Aufgehen zu bewegen, und bestreichen ihre Backbleche mit Öl. Köche pinseln Fleisch vor dem Rösten oder Grillen mit Öl ein oder braten Kartoffeln in einem der vielen im Handel erhältlichen Öle. Im Nahen Osten werden Öle aus Sesamsamen gewonnen, aus Mohnsamen in Europa und aus Oliven in vielen Mittelmeerländern.
Früher gab es nur einige simple und nicht raffinierte Öle. Die moderne Landwirtschaft hat aber dafür gesorgt, daß die Auswahl wuchs. Ein Beispiel ist die Sonnenblume: Sie wurde zuerst von Indianern in Nordamerika kultiviert, kam im 16. Jahrhundert nach Europa und setzte sich als Ölpflanze in Rußland durch, wo sie in den 30er Jahren des 19. Jahrhunderts in großem Stil angebaut wurde. Öl aus Mais, Baumwollsaat, Sojabohnen, Raps und Erdnüssen hat Mohn-, Oliven- und Mandelöl längst den Rang abgelaufen.

Ölsorten

Jedes Öl hat seine speziellen Eigenarten und unterscheidet sich durch Farbe und Einsatzzweck von anderen Ölen. Einige sind von Natur her dunkler und dunkeln weiter nach; weil aber die Verbraucher helle Öle vorziehen, werden die Öle gebleicht – mit der Ausnahme von Olivenöl, das oft grün oder sattgelb ist. Die meisten Öle verbrennen und kippen um, wenn sie zu stark erhitzt werden; bei kaltem Wetter oder im Kühlschrank erstarren sie. Wenn es kühl ist, wird das Öl in der Flasche oft trüb. Die ersten Hersteller von Mayonnaise stellten fest, daß sich ihr Produkt bei niedrigen Temperaturen zu entmischen begann, weil das verwendete Öl nach und nach fest wurde. Aus diesem Grunde wurden »winterisierte« Öle entwickelt. Bei diesem Prozeß wird das Öl gekühlt, die ausgeschiedenen Anteile (hochschmelzende Wachse und Glyceride) werden abfiltriert. Öl, das dieser Behandlung unterzogen worden ist, kann als Salatöl verkauft werden.
Mehrere Ölsorten zersetzen sich bei Hitze und nehmen einen unangenehmen scharfen Geschmack an. Distel-, Sonnenblumen- und Sojaöl kann einen fischähnlichen Geschmack erhalten. Aus diesem Grunde werden die meisten Öle heute bei der Verarbeitung gehärtet. Dieser Prozeß ist als Hydrierung bekannt.
Es gibt drei Kategorien von Fettsäuren: gesättigte, einfach ungesättigte und mehrfach ungesättigte. Gesättigte Fette stehen im Verdacht, den Cholesterinspiegel im Blut zu erhöhen, und Öle mit hohem Gehalt an mehrfach ungesättigten Fettsäuren – etwa Distel-, Sonnenblumen- und Maisöl – gelten als gesund. Manchen Ölen werden Emulgatoren zugesetzt. Dabei handelt es sich oft um Lecithin, einen natürlichen Stoff. Er sorgt unter anderem dafür, daß Gebratenes nicht in der Pfanne klebenbleibt.
Beim Braten in Öl kommt es darauf an, die korrekte Temperatur gleichmäßig aufrechtzuerhalten, damit das Öl nicht in das Bratgut eindringt und es zu fett werden läßt. Die Temperatur sollte keinesfalls zu hoch sein und – je nach zu bratendem Gericht – zwischen 160 und 200° C liegen. Wenn Öl zu stark erhitzt wird, verfärbt es sich dunkel, die Speisen verbrennen außen, und innen bleiben sie halbgar.

Senf

Senf mit grünen Pfefferkörnern

Senf mit zerdrückten grünen Pfefferkörnern ist eine Senfsorte aus Dijon. Er ist ziemlich scharf und paßt daher gut zu wenig geschmacksintensiven Gerichten wie gegrilltem Steak und Kotelett.

Kräutersenf

Er ist sehr mild und durch die Kräutermischung delikat im Geschmack. Er paßt zu kaltem Fleisch und zu Würstchen.

Französischer Estragonsenf

Der dunkle Bourdeauxsenf mit Estragon ist mild im Geschmack und paßt gut zu kaltem Fleisch und pikanten Gerichten.

Dijonsenf mit Weißwein

Dieser Senf ist scharf und wird zu milden Gerichten serviert. Durch seinen Weingeschmack paßt er gut in Saucen und Salatdressings.

Moutarde de Meaux

Dieser Ganzkornsenf aus Dijon ist als Moutarde de Meaux bekannt. Er wird aus braunen Senfkörnern hergestellt, die beim Aufbeißen etwas von ihrem scharfen Öl freisetzen. Es gibt viele Abarten von dieser Senfsorte. Sie können grob gemahlene Senfkörner, Weißwein, Gewürze, Essig und Salz enthalten. Wie der Senf aus Dijon und aus England sind diese Sorten ziemlich scharf und sollten nur zu milden Speisen, deren Geschmack gehoben werden soll, gereicht werden.

ORIENTALISCHER SENF

Chinesischer Senf
Im allgemeinen wird dieser Senf aus Senfpulver und Wasser oder schalem Bier hergestellt. Er ist extrem scharf und wird traditionell zu Frühlingsrollen gereicht.

Grobkörniger Senf

Es ist ein grobkörniger Moutarde de Meaux mit Weißwein. Er paßt ausgezeichnet zu den verschiedensten milden Speisen.

Düsseldorfer Senf

Düsseldorfer Senf wird aus schwarzer Senfsaat, deren Schalen entfernt wurden, hergestellt. Er ist extrem scharf.

Englischer Ganzkornsenf

Scharfer, pikanter Senf aus ganzer Senfsaat mit Weißwein, Piment und schwarzem Pfeffer. Zu faden Speisen.

Amerikanischer Senf

Er wird aus weißer Senfsaat hergestellt, ist mild im Geschmack und paßt ausgezeichnet zu Hot dogs und Hamburgern.

Englischer Ganzkornsenf
Dijonsenf
Amerikanischer Senf
Englischer Senf
Bordeauxsenf
Delikateßsenf
Düsseldorfer Senf
Champagnersenf

Delikateßsenf

Delikateßsenf besteht größtenteils aus gelben Senfkörnern. Er ist auf Branntwein-Essig-Basis hergestellt und oft mit Kurkuma gewürzt. Delikateßsenf ist bei uns der häufigste Senf, der universal paßt.

Champagnersenf

Dieser Senf wird mit Wein aus der Champagne hergestellt. Er ist sehr mild und paßt am besten zu herzhaften Gerichten.

Englischer Senf

Englischer Senf wird aus einer Mischung von schwarzer und weißer Senfsaat hergestellt, der etwas Weizenmehl und manchmal auch etwas Kurkuma hinzugefügt wird. Er wird zu gekochtem Rindfleisch und Roastbeef, gekochtem Schinken, Hamburgern, gegrillten Heringen, Koteletts und Steaks, Würstchen und Fleischpasteten serviert. Er wird auch für überbackene Toasts *(Welsh rarebit)* und Senfsauce gebraucht. Frisch zubereitet, ist englischer Senf sehr scharf. Das sollte er auch sein.

Dijonsenf

Es gibt vier traditionelle französische Senfsorten: Dijonsenf, Ganzkornsenf, Bordeauxsenf und Champagnersenf, von denen der bekannteste der Dijonsenf ist. Er ist im allgemeinen etwas heller als der Bordeauxsenf, da er aus geschälter schwarzer Senfsaat hergestellt wird (durch die Schalen wird der Senf dunkler), und etwas schärfer. Er sollte zu Gerichten gereicht werden, die etwas Würze vertragen können, wie z. B. Steaks, Hamburger, Rindfleisch, Remoulade, Ravigote-, Dijonnaise- und russische Sauce).

Bordeauxsenf

Der Bordeauxsenf ist ein milder französischer Senf. Es gibt verschiedenfarbige Sorten, die, da sie aus ungeschälter Senfsaat hergestellt wurden, in der Farbe dunkler sind als Dijonsenf. Sie können verschiedene Kräuter (besonders Estragon), Essig und Zucker enthalten, sind etwas süß-sauer im Geschmack und werden daher am besten zu kaltem Fleisch und würzigen Würstchen serviert. Bordeauxsenf paßt auch in Salatsaucen und ist delikat in einem Dressing aus Honig oder braunem Zucker und Zitronensaft.

Essig- und Ölsorten

Weinessig

Die feinsten Weinessigsorten entstehen durch langsames Reifen in Eichenfässern, wobei sie ein besonders gutes Aroma entwickeln. Es gibt Rotwein-, Weißwein-, Rosé- und Sherryessig. Weißweinessig verwendet man für Mayonnaise, Sauce hollandaise und andere weiße Saucen. Rotweinessig paßt in Teufelssauce oder in eine Sauce hachée.

Destillierter Malzessig

Obwohl jeder Essig destilliert werden kann, verwendet man dafür meist Malzessig. Dieser Essig ist farblos und sehr kräftig, da durch die Destillation der Gehalt an Essigsäure ansteigt. Er zerfällt sehr langsam und wird daher meist zum Einmachen (besonders von Zwiebeln) und zur Herstellung von Würzsaucen verwendet.

Kräuteressig

Kräuteressig enthält in Weißweinessig marinierte Kräuter, wie z. B. Estragon, Basilikum, Zitronen, Bohnenkraut, Thymian, Schalotten, Zucker, Salz, Meerrettich, Lorbeerblätter und Rosmarin. Estragonessig, der wohl beliebteste, paßt gut in eine Sauce béarnaise und in Salatsaucen.

Reisessig

Chinesischer Essig ist rot, weiß oder schwarz. Im allgemeinen wird der weiße am meisten verwendet, besonders zum Würzen von Suppen und süßsauren Gerichten. Er kann durch Apfel- oder Weißweinessig ersetzt werden. Japanischer Essig ist unter dem Namen *Su* bekannt.

Branntweinessig

Die Flüssigkeit (oft Melasse oder Zuckerrübenalkohol) wird destilliert, bevor sich der ganze Alkohol in Essigsäure verwandelt hat. Er ist farblos und wird hauptsächlich zum Einmachen verwendet.

Malzessig

Gemälzte Gerste wird gemaischt, mit Wasser erhitzt und zu einer Art Bier vergoren, das dann in mit Buchenspänen gefüllte Stahl- oder Plastikfässer abgefüllt wird. Essigsäurebakterien werden zugegeben, dann läßt man die Fässer einige Wochen ruhen, bis sich Essigsäure gebildet hat. Der Essig wird dann gefiltert. Danach läßt man ihn reifen. Zum Schluß erhält er durch Karamel seine Farbe. Malzessig wird zum Einmachen (Walnüsse) und bei der Herstellung von Worcestershiresauce verwendet.

Apfelessig

Zucker des Fruchtfleisches wird in Alkohol und dann wie gewohnt in Essigsäure verwandelt. Selbst hergestellter Apfelessig ist trüb; Handelsware ist durch Filtern klar. Er ist in der Küche vielseitig verwendbar (besonders für Salatsaucen) und ein guter Ersatz für Reisessig in chinesischen und japanischen Gerichten.

Weißweinessig mit Rosmarin

Knoblauchessig

Dillessig

Weißweinessig mit grünem Pfeffer

Destillierter Malzessig

Chiliessig

Rotweinessig

Weißweinessig mit Estragon

Weißweinessig

Branntweinessig mit Zitrone

Malzessig

Ap... ess...

Walnußöl

Walnußkerne enthalten ein Öl, das einen angenehmen nußartigen Geschmack hat. Walnußöl wird hauptsächlich für Salatsaucen verwendet. Hauptproduzenten sind Frankreich und Italien.

Olivenöl mit Fenchel

Das Öl stammt von schwarzen Oliven. Durch den Fenchelgeschmack paßt es gut zu Fisch.

Avocadoöl

Das Fruchtfleisch der Avocado enthält ein Öl, das hauptsächlich zum Kochen verwendet wird. Wahrscheinlich wird das Öl hauptsächlich aus beschädigten Früchten gewonnen.

Sesamöl

Aus den Samen der in Afrika beheimateten Sesampflanze wird ein Öl gewonnen, das zum Kochen und für Salatsaucen verwendet wird. Es ist auch in China sehr beliebt.

Sonnenblumenöl

Die Samen der in Nordamerika beheimateten Sonnenblume enthalten ein wohlschmeckendes Öl, das zum Kochen, für Salate und zur Herstellung von Margarine verwendet wird.

Olivenöl

Hauptproduzenten des beliebten Öls sind Griechenland, Frankreich, Italien und Spanien. Am bekanntesten sind das Jungfernöl und reines Olivenöl. Jungfernöl wird bei der Pressung des Fruchtfleisches erstklassiger Oliven gewonnen. Reines Olivenöl entsteht beim Pressen von Fruchtfleisch und Steinen von zweitklassigen Oliven. Kaltgepreßtes Olivenöl ist klar, grünlich und geruchlos. Hellgelbes Öl aus der zweiten Pressung, unter Hitzeeinwirkung gewonnen, ist qualitativ etwas minderwertiger. Zum Kochen und für Salatsaucen.

Traubenkernöl

Das aus Traubenkernen gewonnene Öl wird für Salatsaucen und bei der Margarineherstellung verwendet.

Maisöl

Das Maisöl ist bei allen beliebt, die Dät machen. Es wird zum Braten und für Margarine verwendet.

Erdnußöl

Erdnüsse bestehen zu etwa 50 Prozent aus Öl, das für Salatsaucen, zum Braten, bei der Margarineherstellung und für Fischkonserven verwendet wird.

ANDERE ÖLSORTEN

Distelöl
Für Diätmayonnaise und Salatsaucen.

Kokosöl
Das aus der getrockneten Kopra gewonnene Öl eignet sich gut zum Braten.

Mandelöl
Süße Mandeln enthalten ein Öl, das für Back- und Süßwaren verwendet wird.

Mohnöl
Die Samen der Mohnpflanze enthalten ein Öl, das sich für Salate und zum Kochen eignet.

Palmkernöl
Das aus den Fruchtkernen der Ölpalme gewonnene Öl wird zum Kochen und für Margarine verwendet.

Rapsöl
Das Öl aus den Rapssamen wird zum Kochen verwendet.

Sojaöl
Das Öl der Sojabohnen wird zum Kochen, für Salatsaucen und Margarine verwendet.

Obst

Schon vor über 8000 Jahren haben Menschen versucht, Obst zu kultivieren. In Häusern aus der Vorzeit fanden Archäologen in der Türkei Spuren verkohlter Äpfel, und in Fundstätten aus der Neusteinzeit in Dänemark und der Schweiz kamen versteinerte Überreste von Schlehen, Brombeeren, Himbeeren, Erdbeeren, Heidelbeeren und Holzäpfeln ans Licht. Diese Äpfel waren größer als die heute bekannten wilden Äpfel. Deshalb nimmt man an, daß sie sich in einem frühen Stadium der Kultivierung befanden. Vor rund 3000 Jahren wurden in China Aprikosen und Pfirsiche angebaut. Ihr Anbau wanderte nach und nach westwärts. Dabei setzte sich die Aprikose in Armenien derart durch, daß die Rumänen sie »Armeniacum« nennen – den armenischen Apfel.

In Armenien, Nordpersien und dem Hügelgelände am Fuße des Kaukasus befanden sich die schönsten Obstgärten der Alten Welt. Hier stand die Wiege der Weintraube, der Quitte, der Mispel, des Granatapfels und vielleicht auch der Pflaume und der Pflaumenschlehe. Man nimmt an, daß die Phönizier die Weintraube aus Armenien nach Griechenland und Rom brachten, und daß die Römer ihrerseits in Südfrankreich und an den Ufern des Rheins Reben pflanzten. Der Obstbau wanderte auch nach Süden bis zum »fruchtbaren Halbmond« Mesopotamiens, wo Granatäpfel, Äpfel, Kirschen, Pfirsiche, Maulbeeren und Feigen geerntet wurden.

Die aus China stammenden Apfelsinen tauchten wahrscheinlich während des 1. Jahrhunderts nach Christi Geburt in Indien auf, von wo sie sich zunächst bis zur Ostküste Afrikas verbreiteten, dann bis zum östlichen Mittelmeerraum. Römische Gärtner pflanzten Orangenhaine in Italien an und brachten die Apfelsine vielleicht nach Spanien. Die spanische Orange wird aber auch den moslemischen Eroberern zugeschrieben, die die Zitrone mitbrachten. Im 16. Jahrhundert gelangte die Apfelsine nach Amerika und etablierte sich schließlich im Jahre 1769 in Kalifornien. Der Siegeszug der Banane folgte einer ähnlichen Route, begann aber etwas früher. Sie erreichte Indien etwa im Jahre 500 vor Christi, wanderte von dort auf die Kanarischen Inseln und über Afrika auf die Westindischen Inseln.

Im 17. und 18. Jahrhundert fand zwischen Amerika und Europa ein bedeutsamer Austausch von Obstsorten statt. Die amerikanische Zuchterdbeere machte erstmals 1660 von sich reden, und amerikanische Äpfel wurden in den 70er Jahren des 18. Jahrhunderts auf Londoner Märkten feilgeboten, zusammen mit Bananen von den Westindischen Inseln und einer neuen hellrosa Pflanze, die niemand so recht zuzubereiten wußte. Sie kam aus Zentralasien, möglicherweise aus Usbekistan. Diese saure Pflanze, die bald in Europa beliebt wurde, trug den Namen »Rhabarber«.

Mit Ausnahme der Avocado brachte es die Ananas als einzige Frucht aus Mittelamerika zur weltweiten Geltung. Nachdem sie zusammen mit der Guave, Papaya und Avocado, dem Sternapfel und der Stachelannone rund tausend Jahre lang in Brasilien und Peru gezüchtet worden war, gelangte sie mit diesen anderen Obstarten auf die karibischen Inseln und vermischte sich dort mit einheimischen Früchten. Südostasien ist an interessanten und köstlichen Früchten reich – Banane, Mango, Sternfrucht, Durian, Rambutan und Mangostane.

Sorten und Zuchtformen

Da sich zahlreiche Obstsorten leicht mit anderen kreuzen lassen, haben Gärtner seit altersher Zuchtversuche gemacht. Schon die Römer kreuzten Pflaumensorten durch Aufpfropfen. Neue Früchte entstehen vor allem durch Variation und Hybridkreuzung. Varietäten entstehen, wenn man Elternpflanzen der gleichen Art kreuzt, die verschiedene Eigenschaften besitzen. Kreuzt man zwei verschiedene Obstarten miteinander, erhält man eine Hybride. Bei der Kreuzung einer Grapefruit mit einer Tangerine, entsteht eine Frucht, die Eigenschaften beider »Eltern« besitzt: eine Tangelo. Die Familie der Zitrusfrüchte hat am besten auf die Hybridzüchtung reagiert. Ein paar Beispiele sind die Uglifrucht, ebenfalls eine Kreuzung zwischen Tangerine und Grapefruit, die aus einer Tangerine und einer süßen Orange entstandene Clementine, und die Zitrange, eine Kreuzung aus Zitrone und Apfelsine.

Viele Hybridzüchtungen sind nichts weiter als botanische Kuriositäten, die sich nicht verkaufen lassen; andere erobern sich aber den Weltmarkt – wie die jamaikanische Ortanique, eine

Kreuzung aus Orange und einer Tangerinensorte, möglicherweise der Satsuma.
Einige nur saisonal erhältliche Obstsorten sind besonders attraktiv oder ungewöhnlich, etwa Blutorangen, rosa Grapefruit und rote Bananen mit pinkfarbenem Fruchtfleisch.

Obst in der Industrie
Die Schale aller Zitrusfrüchte enthält aromatische ätherische Öle, die in der Küche und zur Herstellung von Likören verwendet werden und ohne die die Parfümindustrie nicht auskommt. Zitronenöl wird häufig als Aromastoff eingesetzt, und aus der Schale von Bitterorangen wie der Bergamotte und der Pomeranze lassen sich Bergamottöl und Neroliöl für die Parfümproduktion gewinnen. Zahllose Obstsorten werden als Aromalieferanten für Liköre und Branntweine benutzt, etwa für Curaçao, der auf Orangen basiert, und Kirsch.
Die vor allem im Fruchtfleisch der Zitrone enthaltene Zitronensäure ist ein nützliches Nebenprodukt. In kristalliner Form wird sie zur Aromatisierung von Erfrischungsgetränken und Süßwaren verwendet. Eiweißabbauende Enzyme aus Papaya und Ananas finden in Fleischzartmachern Verwendung. Viele Fruchtaromen, etwa Banane, Birne und Ananas, sind für die Lebensmittelindustrie synthetisiert worden. Besonders nützlich sind sie für die Produktion von Speiseeis und Erfrischungsgetränken.

Kauf und Lagerung von Obst
Beim Kauf von Obst ist es ratsam, auf weiche Stellen oder Druckstellen zu achten. Wann immer möglich, sollte man keine abgepackte Ware kaufen. Außerdem ist es weise, nur Obst zu erwerben, das gerade Saison hat: Geschmack und Preis sind vorteilhafter. Ob eine Frucht reif ist, kann man mit verschiedenen Methoden feststellen. Wenn Sie das Obst nicht sofort verzehren wollen, sollten Sie Ware kaufen, die noch nicht ganz ausgereift ist, und sie zu Hause zwei bis drei Tage nachreifen lassen. Reife Früchte sollten in der Regel im Kühlschrank aufbewahrt werden, während unreife Früchte bei Zimmertemperatur gelagert werden sollten. Da jede Obstsorte verschiedene Eigenschaften hat, ist es nicht möglich, allgemeingültige Richtlinien über die Genußreife zu geben.

Obst in der Küche
Für frisches, eingemachtes oder getrocknetes Obst gibt es in der Küche eine Vielzahl von Einsatzmöglichkeiten. Es kann roh in Salaten, als Nachtisch oder zusammen mit Käse verzehrt werden, oder es kann zusammen mit Fleisch oder für sich alleine gekocht werden.
Die Zucker und Säuren des Obstes, die seinen Geschmack prägen, bestimmen den Verwendungszweck der jeweiligen Frucht, das heißt, ob sie gekocht wird oder frisch als Dessert auf den Tisch kommt. Die Kochbanane beispielsweise enthält viel Stärke und ist nicht so süß wie die mit ihr verwandte Banane. Deshalb wird sie vor allem als Gemüse verwendet. Kochäpfel sind ebenfalls zuckerarm, enthalten aber viel Apfelsäure. Sie werden beim Kochen schnell breiig, während Eßäpfel fest bleiben.
Zitrusfrüchte, die für einen Salat oder Kompott vorgesehen sind, sollten von der Schale und der weißen Haut befreit werden. Am besten entfernt man auch das innere Gehäuse, die Kerne und die Trennhäute zwischen den einzelnen Segmenten. Die Schale von – unbehandelten – Zitrusfrüchten – dabei nimmt man nur die oberste Schicht – schält man am besten mit einem Kartoffelschäler. Falls eine größere Menge zur Aromatisierung von Nachtischen benötigt wird, kann man die gesamten Schalen verwenden. Man bindet die Stücke zusammen und blanchiert sie mehrmals. Dann trocknet man sie und legt sie in Sirup ein, damit sie Süße aufsaugen. Will man Zitronenschale zum Süßen verwenden, sollte man sie mit einem Zuckerstück abreiben.
Erdbeeren sollten erst unmittelbar vor dem Verzehr gezuckert werden. Überstreut man sie zu früh mit den süßen Kristallen, zieht der Zucker das Wasser aus den Früchten, und die Erdbeeren werden breiig. Rote und schwarze Johannisbeeren sowie die seltene weiße Abart muß man entstielen. Das ist eine mühsame Beschäftigung. Einfacher ist es, die Beeren mit einer Gabel vom Stiel zu streifen. Die meisten Beeren geben reichlich Wasser ab. Damit sie ganz bleiben, kocht man sie nur kurz mit etwas Zucker.
Melonen sollten erst unmittelbar vor dem Auftragen zerteilt werden. Das gilt besonders für Charentaismelonen. Sonst verlieren sie einen Teil ihres feinen Aromas und Geschmacks. Nach dem Schälen färben sich Bananen, Äpfel und Birnen dunkel. Das verhindert man, indem man sie in mit einem Spritzer Zitronensaft oder einem Teelöffel Weinsteinsäure bzw. Ascorbinsäure angesäuertes Wasser taucht. Zum Einkochen eignen sich am besten noch nicht ganz reife Früchte. Sie besitzen den höchsten Pektingehalt.

Steinobst

Pfirsich *(Prunus, ssp.)*

Vermutlich stammt diese Frucht, von der es über 2000 Varietäten gibt, aus China. Die samtige Haut umschließt festes, saftiges Fruchtfleisch und einen großen Stein. Pfirsiche können frisch, aus der Dose oder getrocknet als Dessert gegessen werden. Verwendung für Marmelade und Liköre.

Pfirsich

Nektarine *(Prunus, ssp.)*

Die Nektarine ist ein glatthäutiges Mitglied der Pfirsichfamilie. Sie hat süßes, saftiges Fruchtfleisch und wird meist als Dessert gereicht. Nektarinen werden gewöhnlich reif verkauft und sollten deshalb am selben Tag verzehrt werden. Verwendung auch für Marmeladen.

Nektarine

Kirsche *(Prunus, ssp.)*

Beliebte Süßkirschensorten sind: Napoleon-Knorpelkirsche, Hedelfinger Riesen und Herzkirschen. Zum Kochen, für Pies und für Marmeladen eignet sich am besten die Schattenmorelle. Kirschen werden auch für die Likör- und Brandyherstellung gebraucht. Sie sind in Dosen und Gläsern erhältlich.

Kirschen

Kalifornische Nektarine

Dattel *(Phoenix, ssp.)*

Datteln werden hauptsächlich in den Wüstenoasen Algeriens und Tunesiens, jetzt auch in Südcarolina und Arizona kultiviert. Die beliebtesten Dattel-Varietäten, Medjool und Deglet Nour, sind arabischen Ursprungs. Datteln gibt es das ganze Jahr über frisch oder getrocknet. Sie werden als Garnierung verwendet oder mit Frischkäse gefüllt verzehrt. Da sich Datteln gut einfrieren lassen, können sie auch längere Zeit aufgehoben werden.

Datteln

Aprikose *(Prunus armeniaca)*

Die Aprikosen stammen aus China. Sie sind im Frühsommer und Sommer erhältlich. Das süße Fruchtfleisch umschließt einen Stein, die Haut der Frucht ist weich. Sie können roh, getrocknet oder aus der Dose als Dessert verzehrt werden. Sie werden auch zu Wein, Brandy, Marmelade und Süßigkeiten verarbeitet.

Pflaume *(Prunus. ssp.)*

Pflaumen, die gewöhnlich in Tafel- und Kochpflaumen unterteilt werden, gibt es vom Spätsommer bis in den Frühherbst. Beide eignen sich zum Rohessen, obwohl die Kochpflaumen saurer und nicht ganz so saftig sind wie die wohlschmeckenden Dessertpflaumen. Es gibt viele Pflaumen-Varietäten. Die Damaszenerpflaume ist eine europäische Varietät, die sich nicht besonders zum Rohessen eignet. Sie ist ziemlich dunkel, sauer und dickhäutig, ergibt aber eine hervorragende Marmelade. Die Reneklode hat eine grüngelbe Schale. Sie gehört zu den süßesten und wohlschmeckendsten Pflaumensorten. Die Mirabelle ist klein und goldgelb. Sie wird als Kompott gegessen, zu Marmelade und zu Likör verarbeitet. Die kleine, dunkelblaue, saure Schlehe wird zur Herstellung von Gin und Marmelade verwendet. Die meisten Pflaumen können frisch, als Marmelade oder als Kompott gegessen werden. Sie sind frisch, getrocknet oder als Konserve erhältlich.

SELTENES STEINOBST

Litschi
(Litschi chinensis)
Litschis (auch als chinesische Haselnüsse bekannt) ißt man aus der Dose oder frisch. Sie können auch getrocknet werden, wobei das Fruchtfleisch einen nussigen und rosinenartigen Geschmack annimmt.

Loquat
(Eriobotrya japonica)
Die Loquat oder Japanische Mispel gehört zur gleichen botanischen Familie wie der Apfel. Sie kam ursprünglich aus China und Japan und wird jetzt auch in den Mittelmeerländern angebaut. Die gelbe, birnenförmige Frucht ist so groß wie ein Holzapfel. Sie wird frisch, als Kompott oder Marmelade gegessen.

Mispel
(Mespilus germanica)
Die braunhäutige Frucht stammt vermutlich aus dem Orient, wächst aber auch wild in Europa. Sie ist so groß wie ein kleiner Apfel, hat festes Fleisch und wird frisch oder als Marmelade gegessen.

Aprikose

Red-Ace-Pflaume

Reneklode

Damaszenerpflaume

Switzenpflaume

Kalifornische Santa-Rosa-Pflaume

Burbankpflaume

Beeren

Schwarze Johannisbeere
(Ribes nigrum)

Schwarze Johannisbeeren werden vorwiegend entstielt verkauft. Die Sommerfrüchte werden meist gekocht für Desserts und Pies verwendet. Sie werden auch zu Marmelade verarbeitet und sind Hauptbestandteil des französischen Likörs *Cassis.* Man sagt ihnen nach, daß sie gegen Rheuma gut sind.

Schwarze Johannisbeere

Cranberry *(Vaccinium oxycoccus)*

Cranberries werden hauptsächlich in Amerika, aber auch in nordischen Ländern angebaut. Die sauren Beeren werden nicht roh verzehrt. Aus ihnen kocht man eine Sauce, die traditionell zu Truthahn serviert wird. Verwendung für Pies, Speiseeis, Liköre, Gelee und Marmelade. Im Winter sind sie frisch erhältlich, sonst tiefgefroren.

Cranberry

Rote Johannisbeere
(Ribes rubrum)

Rote Johannisbeeren sind ziemlich sauer und werden kaum roh gegessen. Verwendung für: Gelees, die ausgezeichnet zu Lammbraten, Geflügel und Wild schmecken; Sommersalate mit geraspelten Gemüsen; Dekorationszwecke, wenn man sie rispenweise in leicht geschlagenes Eiweiß und anschließend in feinen Zucker taucht; Marmeladen, Sirups und Weine.

Rote Johannisbeere

Amerikanische Blueberry
(Vaccinium corymbosum)

Die ursprünglich wildwachsende, jetzt kommerziell angebaute, leicht säuerliche Frucht ißt man roh mit Zucker und Sahne, als Kompott, in Suppen, Konfitüren, Marmeladen und als Kuchenbelag. Sie ist im Sommer erhältlich.

Amerikanische Blueberry

Walderdbeere *(Frangaria, ssp.)*

Walderdbeeren sind kleiner und aromatischer als die kultivierten Varietäten. Sie werden gewöhnlich frisch gegessen, sollten aber, falls sie wildwachsend gesammelt wurden, sorgfältig gewaschen werden (Gefahr der Parasitenübertragung).

Walderdbeere

Stachelbeere *(Ribes grossularia)*

Stachelbeeren sind in Europa seit dem Mittelalter beliebt. Die Sommerfrüchte haben eine sehr kurze Saison. Süße Beeren schmecken roh köstlich, saure verwendet man für Marmelade, Kompott und Wein.

Stachelbeere

Loganbeere *(Rubus loganobaccus)*

Loganbeeren sind eine Kreuzung aus Him- und Brombeeren mit den Vorzügen von beiden Beeren. Sie sind im Hochsommer frisch erhältlich, sonst eingemacht.

Loganbeere

Himbeere *(Rubus idaeus)*

Es gibt Sommer- und Herbsthimbeeren. Letztere sind oft kleiner, aber saftiger. Die Beeren können mit Zucker und Sahne gegessen werden. Weitere Verwendung für Getränke, Suppen, Konfitüren, Sorbets und andere Desserts. Sie sind frisch oder tiefgefroren im Handel erhältlich. Sie gelten als harntreibend.

Himbeere

Brombeere *(Rubus fruticosus)*

Nahrhafte schwarze Beeren zieren im Spätsommer und Frühherbst Brombeerhecken auf dem Lande. Seit über hundert Jahren werden sie in Amerika kommerziell angebaut. Roh sind sie eine erfrischende Nachspeise. Weitere Verwendung für Marmelade, Gelee, Kompott, Pies und für Sirup. Sie werden oft mit Äpfeln kombiniert. Sie sollen bei Infektionen im Mund- und Rachenbereich helfen.

Brombeere

Erdbeere *(Fragaria x ananassa)*

Die Erdbeeren stammen aus Amerika. Es gibt das ganze Jahr frische und eingefrorene Ware. Sie schmecken allein oder mit Sahne. Für Marmeladen, Obstkaltschalen, Pies und andere Desserts. Haupterntezeit ist im späten Frühjahr und frühen Sommer.

Erdbeere

ANDERE BEEREN

Arbutus
(Arbutus unedo)
Die Beere des Erdbeerbaumes hat wenig Geschmack. Sie wird zur Herstellung von Marmelade, Alkohol und einem apfelweinähnlichen Getränk verwendet.

Boysenbeere
(Rubus, ssp.*)*
Boysenbeeren sehen den Loganbeeren ähnlich. Sie werden roh gegessen; häufig wird aus ihnen auch Marmelade hergestellt.

Büffelbeere
(Shepherdia argentea)
Die in Nordamerika heimische Büffelbeere ist so groß wie die Johannisbeere und hat nur einen Samen. Die säuerliche Beere wird für Pies und zur Herstellung von Marmelade verwendet.

Erdkirsche
(Physalis pruinosa)
Die Erdkirsche, auch unter dem Namen Erdbeertomate bekannt, wird von einer lampionartigen Hülle umgeben. Sie schmeckt süß-sauer und kann, wenn sie ausgereift ist, roh verzehrt werden. Sie wird auch zu Marmelade verarbeitet.

Heidelbeere
(Vaccinium myrtillus)
Die wildwachsende Heidelbeere, auch als Bick-, Blau- oder Schwarzbeere bekannt, schmeckt roh säuerlich. Verwendung hauptsächlich in Desserts, Marmeladen und Süßwaren. In Mitteleuropa wird aus den Beeren Wein (auch für medizinische Zwecke) hergestellt. Sie sind im Sommer auf dem Markt erhältlich.

Honey Berry
(Rubus, ssp.*)*
Die Honey Berry ist mit der Himbeere verwandt. Sie kann roh oder gekocht als Dessert gegessen oder zu Marmelade verarbeitet werden.

Weiße Johannisbeere
(Rubus sativum)
Die weiße Johannisbeere schmeckt nicht so sauer wie die rote. Sie kann roh verzehrt, in Desserts gegeben und zu Marmelade verarbeitet werden.

Maulbeere
(Morus, ssp.*)*
Die Früchte stammen vom Maulbeerbaum, von dem es mehrere Varietäten gibt. Die bekanntesten sind die weißen und die schwarzen Maulbeeren. Die Beeren werden meist roh verzehrt oder zu Marmelade, Wein und einer säuerlichen Suppe verarbeitet.

Moltebeere
(Rubus chamaemorus)
Die gelbe, brombeerähnliche Moltebeere wächst hauptsächlich in Moorgebieten. Die Beeren werden zum Dessert gereicht oder zu Marmelade verarbeitet.

Kapstachelbeere
(Physalis peruviana)
Die gelbe Kapstachelbeere sieht der Erdkirsche ähnlich. Sie wird roh verzehrt oder zur Herstellung von Marmelade verwendet.

Phenomenal Berry
(Rubus, ssp.*)*
Die Phenomenal Berry ist im Aussehen der Loganbeere ähnlich und kommt aus der gleichen Familie. Sie kann roh gegessen werden und wird zu Konfitüre und Marmelade verarbeitet.

Prachtbrombeere
(Ribes spectabilis)
Die Prachtbrombeere ist eine wildwachsende amerikanische Him- oder Brombeere. Die großen Beeren sind bei voller Reife lachs- oder weinrot. Sie können roh oder gekocht als Dessert und in Pies gegessen oder zu Marmelade verarbeitet werden.

Sapodilla
(Achras sapota)
Das Fruchtfleisch der braunen, auch Sapotillapfel genannten Frucht ist voller schwarzer, unverzehrbarer Kerne und schmeckt nur, wenn es ganz reif ist. Das Aroma der Frucht ist delikat und erinnert an braunen Zucker.

Tangleberry
(Gaylusacia frondosa)
Die Tangleberry ist eine in manchen Teilen Amerikas wildwachsende Art der Heidelbeere. Die süßen Beeren können roh als Dessert, als Kompott oder in Pies gegessen werden.

Veitchberry
(Rubus, ssp.*)*
Die Veitchberry ist eine enge Verwandte der Loganbeere. Man kann sie roh essen oder mit Sahne. Zur Herstellung von Marmeladen, Speiseeis und Piefüllungen.

Weißdorn
(Crataegus, ssp.*)*
Die Mehlbeeren dieser Pflanze werden zu Marmelade und Gelee verarbeitet. Aus Blüten und Beeren wird Wein hergestellt.

Worcesterbeere
(Ribes divaricatum)
Die Worcesterbeere ist eine amerikanische Varietät der Stachelbeere. Die kleine, schwarze Beere wurde zuerst in Worcester, USA, verkauft. Sie wird wie die Stachelbeere verwendet.

Zitrusfrüchte

Orange *(Citrus, ssp.)*

Die Orange ist die bekannteste Zitrusfrucht und stammt, wie viele andere Mitglieder der Zitrusfamilie, aus China und Südostasien. Es gibt Bitter- und Süßorangen. Zu den Bitterorangen gehört die Bergamotte (Verwendung für ätherische Öle und in der Parfümindustrie) und die bittere, nicht zum Rohverzehr geeignete Pomeranze. Das Fruchtfleisch der Pomeranzen wird zu Marmelade verarbeitet. Aus der Schale wird Öl gewonnen, das für Liköre (Curaçao) oder Orangenblütenwasser verwendet wird. Pomeranzen verleihen manchen Fleisch- und Fischgerichten eine pikante Note.
Die vielseitig verwendbaren Süßorangen sind das ganze Jahr über erhältlich. Die Frucht kann – geschält – so gegessen werden, wie sie ist, oder sie kommt zerkleinert in Obstsalate. Mit Orangenscheiben garniert man Drinks und anderes. Orangensaft trinkt man oder verwendet ihn in Saucen und Ausbackteig. Die Schale wird gerieben für Backwaren, ganz als Schale für Salate und Eis oder kleingeschnitten und kandiert verwendet. Orangen werden in Spanien, Israel, Südafrika und in den Südstaaten der USA angebaut. Sie werden in Blond-, Blut- und Navelorangen unterteilt. Zu den Blondorangen gehören die Valencia- und Jaffaorangen (gut für Saft, Salate und Obstsalate). Navelorangen heißen so wegen der nabelförmigen Stelle am Stielende. Sie verwendet man auch in Salaten. Die kleinen Blutorangen haben eine etwas rauhe Schale und süßes, saftiges, rotgesprenkeltes Fruchtfleisch. Sie werden meist zu Saft gepreßt oder in Obstsalate gegeben. Die Ortanique ist eine Kreuzung aus Orange und Tangerine. Sie hat eine flachere Form als die Orange.

Tangerine *(Citrus reticulata)*

Die aus Südchina und Laos stammende Tangerine ist die kleinste Mandarinenart. Sie hat süßes, saftiges Fruchtfleisch mit wenigen Kernen und eine Schale, die sich leicht löst. Tangerinen gibt es frisch oder als Naßkonserven. Die Früchte können so gegessen oder in Fruchtsalate gegeben werden. Sie sind auch kandiert und glasiert im Handel. Tangerinen werden auch zur Herstellung von Likören und Marmeladen verwendet.

Tangerine

Navelorange

Pomeranze

Spanische Orange

Jaffaorange

Kumquat *(Fortunella japonica)*

Die aus China stammende Kumquat ist etwas größer als eine Olive. Ihre Haut ist süß und das Fruchtfleisch etwas bitter. Sie wird roh mit der Schale gegessen. Sie ist auch in Sirup eingelegt erhältlich. Kumquats passen in Obstsalate und werden auch zu Marmelade verarbeitet.

Kumquat

Clementine *(Citrus, ssp.)*

Die kernarme bzw. kernlose Clementine ist vermutlich eine Kreuzung zwischen Mandarine und Pomeranze. Sie wird hauptsächlich in Nordafrika und in den Mittelmeerländern angebaut. Die Clementine läßt sich gut schälen.

Clementine

Satsuma *(Citrus, ssp.)*

Die Satsuma gleicht in Geschmack und Aussehen der Tangerine. Die Schale ist glatt und leicht lösbar. Das kernlose Fruchtfleisch ist blaßorangefarben. Zum Rohverzehr und zur Marmeladenherstellung geeignet.

Satsuma

Grapefruit *(Citrus paradisi)*

Das auf den Westindischen Inseln beheimatete beliebte Mitglied der Zitrusfamilie wird jetzt auch in anderen warmen Ländern angebaut. Die Grapefruit ist oft Bestandteil des Frühstücks. Sie soll ein stoffwechselanregendes Enzym enthalten, weshalb sie viel bei Schlankheitsdiäten Verwendung findet. Sie ist das ganze Jahr über erhältlich. Gelbe Grapefruits sind besonders gut als Saft. Die rötlichen Früchte sind so süß, daß man sie ohne Zukker essen kann. Sie sind auch als Naßkonserve erhältlich. Grapefruit kann roh oder gegrillt mit braunem Zucker gegessen werden. Für Drinks, Saft und Marmelade verwendbar.

Florida Duncan, gelbe Grapefruit

Texan Pink Grapefruit

ANDERE ZITRUSFRÜCHTE

Pomelo
(Citrus grandis)
Die größte der Zitrusfrüchte hat eine sehr dicke Schale und bitteres, an die Grapefruit erinnerndes Fruchtfleisch. Sie wird meist pur gegessen.

Tangelo
(Citrus, ssp.)
Die Tangelo ist aus der Kreuzung zwischen Tangerine und Grapefruit hervorgegangen. Die Frucht läuft am oberen Ende spitz zu. Sie ergibt einen guten Saft, wird roh gegessen oder in Obstsalate gegeben.

Limette *(Citrus aurantiifolia)*

Die kleine, dünnschalige Frucht indischen Ursprungs ist mit der Zitrone eng verwandt. Sie wird oft an deren Stelle verwendet. Limetten werden zu Saft und Marmelade verarbeitet. Sie passen in Cocktails, Pickles und Currygerichte. Aus abgeriebener Schale wird Sorbet und Speiseeis hergestellt.

Limette

Zitrone *(Citrus limon)*

Die in Indien beheimatete und auch in den Mittelmeerländern angebaute Zitrone ist die vielseitigste der Zitrusfrüchte. Man ißt sie wegen ihres sauren Geschmacks nicht als Obst, verwendet sie aber viel in der Küche. Sie wird für Backwaren, Süßwaren, zur Saft- und Zuckerherstellung für Limonaden gebraucht. Ein paar Tropfen Zitronensaft verfeinern delikate Fisch- oder Geflügelgerichte, Cremespeisen und Pies. Die Säure verhindert, daß damit beträufeltes aufgeschnittenes Obst, das länger der Luft ausgesetzt ist, braun wird.

Zitrone

Zitronatzitrone *(Citrus medica)*

Die ursprünglich in China beheimatete Zitronatzitrone wird nicht, wie andere Mitglieder der Zitrusfamilie, wegen ihres Fruchtfleisches oder Saftes, sondern wegen ihrer dicken, duftenden Schale kultiviert. Die Schale wird kandiert und in Kuchen, Süßwaren, für kandierte Früchte und zur Herstellung von Likör verwendet. Die Zitronatzitrone darf beim jüdischen Laubhüttenfest nicht fehlen.

Zitronatzit

Ugli *(Citrus,* ssp.*)*

Die ursprünglich aus Ostindien stammende Frucht ist eine Kreuzung zwischen der Tangerine und der Grapefruit. Sie sieht der Grapefruit ähnlich, ist aber etwas kleiner und hat eine dicke, rauhe, schrumpelige Schale. Sie schmeckt süßer und hat wenige Kerne. Uglis werden wie Grapefruits und oft an deren Stelle verwendet.

Ugli

Birnen

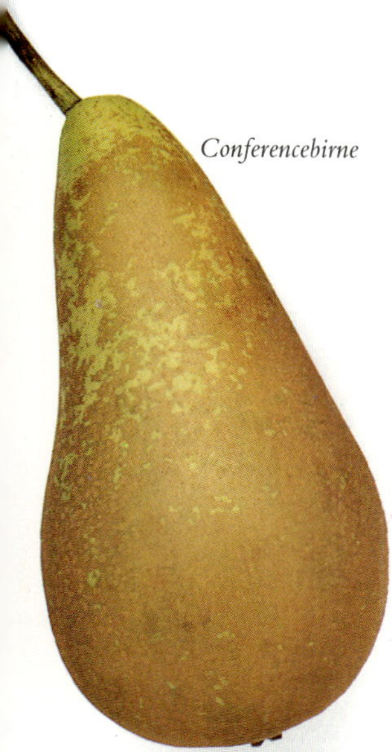

Conferencebirne

Birnen *(Pyrus communis)*

Es gibt heute über 5000 verschiedene Birnensorten in der ganzen Welt. Tafelbirnen (siehe Abbildungen) haben saftiges, weißes Fleisch, das leicht säuerlich und doch süß schmeckt. Sie haben einen starken, angenehmen Duft. Kochbirnen sind ziemlich hart, geschmacklos und nicht saftig. Birnen haben eine kurze Saison. Die reifen Früchte verderben schnell. Kochsorten halten sich etwas länger als Tafelfrüchte. Bekannte Tafelbirnen sind: Williams Birnen, die im Spätsommer erhältlich sind. Comice- und Conferencebirnen sind erst später reif. Packham's Triumph eignet sich ausgezeichnet zum Kochen und Einmachen. Birnen gibt es auch in getrockneter Form (Seite 96) und in Dosen. Man ißt sie als Dessert mit Sahne oder anderen Früchten und im Obstsalat. Sie können roh auch mit Käse serviert werden. Sie schmecken als Kompott, Mus, Marmelade und in Süßwaren.

Packham's Triumph

Comicebirne

Comicebirne, aufgeschnitten

Williams Birne

Äpfel

Die vielen Apfelsorten lassen sich in zwei Gruppen aufteilen: Tafel- und Kochäpfel. Zu den zum Frischverzehr geeigneten Tafeläpfeln gehören u. a. die Sorten Cox Orange, Gravensteiner, Laxton's Superb und Goldparmäne. Zum Rohessen und Kochen (für Mus, Pies und Im-Ofen-Backen) eignen sich u. a. Boskop, Jonathan, Gloster, Berlepsch, James Grieve und McIntosh.

Granny Smith

Der Granny Smith wurde ursprünglich im 19. Jahrhundert in Australien aus einem Kern gezogen. Der leuchtendgrüne Apfel hat festes, knackiges Fleisch und einen unverwechselbaren Geschmack. Er ist beliebt und leicht zu erkennen. Es gibt ihn weltweit, und er eignet sich zum Rohessen und zum Kochen.

Granny Smith

Bramley

Der Bramley ist der Kochapfel schlechthin in Großbritannien. Er ist groß und grün, manchmal etwa rotgesprenkelt, und hat herbes, saftiges Fruchtfleisch. Er wird kaum roh gegessen, sondern für Desserts (gebacken, Apfelpie) und Chutneys verwendet. Geschält, entkernt und in Butter sautiert wird er zu Schinken und Würstchen serviert.

Golden Delicious

Der Golden Delicious ist einer der wichtigsten Tafeläpfel in Amerika, Südafrika und England. Er ist fest und knackig, wenn die Schale grün ist, und süßer, aber weniger knakkig, wenn sie gelb ist. Er ist in Geschmack und Textur ein guter Kontrast zu Edelpilzkäse.

Golden Delicious

Bramle

Starking

Der Starking ist ein knackiger, französischer Tafelapfel. Er hat eine dunkelrote Schale, das Fruchtfleisch ist sehr weiß und süß. Frisch gepflückt eignet er sich am besten als Dessertapfel, oder man serviert ihn mit Käse am Ende einer Mahlzeit. Man verwendet ihn auch für Apfelbeignets.

Holzapfel

Den rot- oder gelbschaligen Holzapfel gibt es im Herbst nur eine kurze Zeit. Er ist klein und sauer. Aufgrund seines hohen Pektingehaltes wird er für Gelees und Marmeladen verwendet.

Red Delicious

Der amerikanische Red Delicious gehört zu den besten Tafeläpfeln der Welt. Er ist fest, süß und lagerfähig. Er sieht in der Obstschale und auch gebacken als Beilage zu Fleisch sehr attraktiv aus.

Starking

Holzapfel

Red Delicious

Spartan

Der feste, wohlschmeckende Spartan wurde von den Dänen gezüchtet. Er ist ein beliebter Eß- und Kochapfel. Er paßt gut in Salate mit Zwiebeln und geräuchertem Fleisch.

McIntosh

Der säuerliche kanadische McIntosh schmeckt am besten frisch gepflückt. Er schmeckt roh, in Salaten oder zu Fleisch. Er braucht eine kürzere Kochzeit als andere Apfelsorten.

Cox Orange

Der feste, knackige und saftige Cox Orange ist ein beliebter Eßapfel. Er eignet sich aber auch zum Kochen.

Spartan

McIntosh

Cox Orange

Trauben

Regina

Weintrauben *(Vitis vinifera)*

Von den weißen und blauen Trauben gibt es zahlreiche Varietäten, die in vielen Teilen der Welt kultiviert werden. Sie werden für den Frischverzehr, zur Weinherstellung und zum Trocknen angebaut. Die vermutlich aus Westasien stammende Weinrebe gehört zu den ältesten Kulturpflanzen. Die Trauben wachsen in Rispen, und man sagt ihnen nach, daß sie verdauungsfördernd wirken und andere therapeutische Eigenschaften haben, die andere Pflanzen kaum besitzen. Sie werden in Tafeltrauben und Keltertrauben (Pinot Noir, Chardonnay, Riesling und Cabernet Sauvignon – auch für den Frischverzehr geeignet) unterteilt. Alle hier abgebildeten Sorten sind Tafeltrauben. Es gibt das ganze Jahr über Trauben im Handel. Sie werden pur oder in Obstsalaten gegessen oder werden als Garnierung verwendet. Getrocknete Weinbeeren (Korinthen, Rosinen und Sultaninen, Seite 98) werden hauptsächlich in Amerika hergestellt.
Bei uns beliebte Sorten sind die weiße Regina-, Rozaki- oder Rosettitraube, die kernlose Sultana aus Zypern, die blaue Regina Nera und die Alphonse Lavallé.

Muskatellertraube

Kalifornische Red Emperor

Amerikanische Thompson

Alphonse Lavallé

Melonen

Es gibt sehr viele verschiedene Melonen, die nach Form und Farbe grob in drei Gruppen eingeteilt werden können. Zucker- oder Netzmelonen, deren Schale von einem Netzmuster überzogen ist; glattschalige Wintermelonen und Kantalupmelonen, deren Schale rauh und warzig ist. Es gibt auch noch Wassermelonen mit dunkelgrüner Schale und kräftigrotem Fleisch. Das Fleisch der Zuckermelonen ist gelb bis grünlich, bei den Wintermelonen – zu den bekanntesten gehören die Honigmelone und die Casaba – ist es grünlich. Das Fruchtfleisch der Kantalupmelonen ist orangefarben. Die in Israel gezüchtete Ogenmelone, die zu den Kantalupmelonen gehört, hat grünliches Fleisch. Melonen werden roh verzehrt, entweder als Vorspeise oder als Dessert.

Ogenmelone *(Cucumis melo)*

Die kleine, runde Kreuzung aus Netz- und Kantalupmelone wurde nach dem israelischen Kibbuz benannt, wo sie zuerst gezüchtet wurde. Sie ist sehr süß und saftig. Die Ogenmelone gibt es vom Frühjahr bis in den Winter hinein. Man rechnet eine Melone pro Person.

Wassermelone *(Cucumis citrullus)*

Die rot-, manchmal auch gelbfleischige Wassermelone stammt ursprünglich aus Afrika. Sie besteht zu 91 Prozent aus Wasser und ist sehr erfrischend. Sie wird in tropischen Ländern und wärmeren Teilen Amerikas und Europas angebaut und ist vom Sommer bis zum Frühherbst erhältlich. Die Melone kann rund oder oval sein und sollte, wenn sie ausgereift ist, eine dunkelgrüne oder grün-dunkelgrau gemusterte Schale haben. Manchmal ist sie auch gelblich auf der Unterseite. Sind sie an der Pflanze gereift, sollte das Stielende leicht eingesunken und verhärtet sein. Bei heißem Wetter löschen sie den Durst. Sie können in Obstsalate gegeben oder in Scheiben geschnitten mit einer Vinaigrette serviert werden.

Wassermelone

Ogenmelone

Charentais *(Cucumis melo)*

Sie ist aufgrund ihres orangefarbenen und süßen Fleisches sowohl als Vor- als auch als Nachspeise sehr beliebt. In vielen Gegenden ist sie das ganze Jahr über erhältlich. An einem kühlen und trockenen Ort aufbewahrt, ist sie lange lagerfähig. In warmen Räumen ist sie nach ein paar Tagen reif. Dann verströmt sie schon vor dem Aufschneiden einen feinen Duft. Sie schmeckt am besten frisch aufgeschnitten, kann aber im Kühlschrank in Plastikfolie verpackt bis zu zwei Tagen aufgehoben werden.

Charentais

Kantalupe *(Cucumis melo)*

Die Kantalupmelone kommt vermutlich aus Asien. Sie ist hauptsächlich im Sommer erhältlich. Wenn sie ganz reif ist, ist ihr Fleisch sehr süß und aromatisch. Sie kann mit Speiseeis serviert werden.

Kantalupe

Galia

Galia *(Cucumis melo)*

Die kleine, runde israelische Züchtung hat eine mit einem Netzmuster überzogene Schale, die sich gelb färbt, wenn die Frucht reif ist. Soll sie gekühlt serviert werden, dann nur kurz in den Kühlschrank legen, damit das Aroma erhalten bleibt.

Honigmelone *(Cucumis melo)*

Die ovale Melone gibt es fast überall das ganze Jahr hindurch. Ihr delikater Geschmack und ihr hellgrünes Fleisch sind ein guter Kontrast zu dünngeschnittenem rohen Schinken oder zu einem Glas süßen Weins.

Honigmelone

Exotische Früchte

Guave *(Psidium guajava)*

Der Guavenbaum stammt wahrscheinlich aus Haiti, ist jetzt aber in den meisten tropischen und subtropischen Ländern verbreitet. Die am meisten angebaute tropische Frucht ist walnuß- bis apfelgroß. Ist die Guave reif, sieht die Schale hellgelb aus. Das je nach Sorte weiße, gelbliche bis lachsfarbene Fruchtfleisch ist saftig und enthält kleine Kerne. Guaven gibt es im Frühjahr und Sommer. Die säuerliche Frucht wird gewöhnlich zu Kompott und Marmelade verarbeitet und für Obstkuchenbeläge verwendet. Sie ist frisch oder in Scheiben geschnitten in Dosen erhältlich. Guaven sind für ihren sehr hohen Vitamin-C-Gehalt bekannt, der bei einigen Varietäten höher ist als der von Zitrusfrüchten.

Papaya

Guave

Maracuja

Maracuja *(Passiflora edulis)*

Die Frucht der in Brasilien beheimateten Kletterpflanze kann roh verzehrt werden, wenn die Schale runzelig und die Frucht saftig ist. Die im Sommer erhältliche Maracuja, Passionsfrucht oder Purpurgrenadilla wird zu Marmelade und Speiseeis verarbeitet.

Kiwi

Kiwi *(Actinidia chinensis)*

Die aus China stammende Kiwi wird in vielen Ländern angebaut, vor allem in Neuseeland. Die Schale ist behaart und sollte vor dem Verzehr entfernt werden. Das Fruchtfleisch ist säuerlich. Meist wird die Kiwi roh gegessen. Sie kann auch gedünstet mit etwas Zitronensaft beträufelt serviert werden. Sie ist vom Hochsommer bis in den Winter erhältlich.

Papaya *(Carica papaya)*

Die Papaya (auch Pawpaw genannt) stammt aus Mittelamerika, wird jedoch in allen tropischen Ländern angebaut. Sie ist eine gelbschalige Beerenfrucht mit gelblichem bis orangefarbenem Fruchtfleisch. In der Mitte befindet sich ein Hohlraum mit vielen Kernen. Wenn die Papaya reif ist, ist sie sehr süß, und wie die Melone eignet sie sich als Dessert- und Frühstücksfrucht. Bevor sie reif ist, kann sie aber auch als Gemüse gekocht und für Marmeladen und Pickles verwendet werden. Essen Sie die Papaya roh, sollte sie gekühlt und mit Zitronensaft beträufelt serviert werden. Die Früchte sind im Frühjahr und in den Sommermonaten erhältlich.

Mango *(Mangifera indica)*

Die aus Indien stammende Frucht kann grün oder rötlich aussehen. Sie enthält einen Kern, der von süßem, klebrigem, an Pfirsich erinnerndem Fruchtfleisch umgeben ist. Die an Vitamin A reiche Mango ißt man pur und verwendet sie für Chutneys und Marmeladen. Sie ist von der Wintermitte bis in den Herbst frisch und auch als Konserve erhältlich. Obwohl Mangos in vielen tropischen Ländern angebaut werden, ist Indien der größte Lieferant.

Mango

Ananas

Feijoa

Feijoa *(Feijoa sellowiana)*

Die aus Brasilien und Uruguay stammende Feijoa wird jetzt hauptsächlich in Neuseeland angebaut. Das weiße Fruchtfleisch schmeckt nach Ananas und Erdbeere. Die Frucht ist köstlich in Obstsalaten, wird aber meist zu Marmelade und Konfitüre verarbeitet. Sie ist im späten Frühjahr und Sommer erhältlich.

Ananas *(Ananas comosus)*

Die Ananas ist keine Einzelfrucht, sondern ein »Beerenfruchtverband« der Ananasstaude. Sie stammt ursprünglich aus Südamerika, wird aber jetzt in den meisten tropischen und subtropischen Ländern angebaut. Sie hat einen hohen Zuckergehalt und ist eine der feinsten Tafel- und Dessertfrüchte. Die attraktive und schmackhafte Frucht ist das ganze Jahr erhältlich. Ananas gibt es frisch, kandiert (Seite 125) oder als Konserve (in Stükken und Scheiben).

ANDERE EXOTISCHE FRÜCHTE

Annonen
(Annona, ssp.)
Hierzu gehören Cherimoya, Rahmapfel, Stachel- und Netzannone (Ochsenherz). Die tropischen Früchte sieht man selten auf dem Markt gemäßigter Zonen. Die Cherimoya schmeckt nach Ananas. Der Rahmapfel hat süßes, sahnigweißes Fruchtfleisch. Das der Stachelannone ist weiß und süß-säuerlich. Das Fruchtfleisch der Netzannone ist fester und süß. Die herzförmige Frucht hat eine geschuppte, rötlichbraune Haut, daher der Name Ochsenherz.

Babaco
(Carica pentagona)
Sie stammt aus Mittel- und Südamerika und wird auch in Neuseeland angebaut. Sie sieht wie eine fünfeckige Schmorgurke aus und ist mit der Papaya verwandt. Sie hat ein feines, leicht säuerliches Aroma. Man ißt sie roh, in Salaten, als Kompott und macht daraus Pickles und Chutneys.

Baumtomate
(Cyphomandra betacea)
Die Baumtomate (oder Tamarillo) stammt aus Peru und ist mit der Tomate verwandt. Sie hat einen hohen Vitamin-C-Gehalt und ist bittersüß im Geschmack. Verwendung: als Frischobst, Kompott, Konfitüre und gegrillt als Beilage.

Durian
(Durio zibethinus)
Die Durian stammt aus Südostasien und ist dort sehr beliebt. Bei Vollreife ist die Haut mattgelb, und die Frucht entwickelt einen unangenehmen Geruch. Deshalb hat sie es wahrscheinlich zu keiner größeren Popularität gebracht. Das Fruchtfleisch ist jedoch zart und schmeckt nach Vanille und Mandeln.

Karambole
(Averrhoa carambola)
Die Karambole (oder Sternfrucht) kommt aus Südostasien, wird aber auch in Südamerika angebaut. Schneidet man die Frucht quer in Scheiben, bekommt man lauter Sterne. Daher der Name Sternfrucht. Sie schmeckt erfrischend säuerlichsüß, paßt in Obstsalate und Drinks und ist für Dekorationszwecke geeignet.

Mangostane
(Garcinia mangostana)
Die Mangostane ist die Beerenfrucht des aus Südostasien stammenden Mangostanenstrauches. Die Früchte sehen den Litschis ähnlich. Wird die dicke rotbraune Schale entfernt, kommt ein delikat duftendes, weißes Fruchtfleisch mit einem sehr feinen Aroma zum Vorschein. Als Frischfrucht für Desserts und Obstsalate verwendet.

Andere Früchte

Quitte *(Cydonia vulgaris/oblonga)*

Von dieser harten, sauren asiatischen Frucht gibt es viele Varietäten. Obwohl die Quitte zu den ältesten Früchten gehört, ist sie nicht sehr populär. Sie wird kaum roh verzehrt. Beim Kochen färbt sie sich rosa. Sie wird zu Gelee und Konfekt verarbeitet. Die japanische Quitte ist mit der Quitte eng verwandt und wird wie sie verwendet.

Kaktusfeige *(Opuntia ficus indica)*

Die aus Amerika stammende Kaktusfeige (oder Indische Feige) wird jetzt in vielen gemäßigten Gebieten angebaut. Sie ist vom Hochsommer bis in den Winter hinein erhältlich. Die stachelige Haut muß vor dem Verzehr entfernt werden. Für Frischverzehr, Kompott und Marmelade geeignet.

Feige *(Ficus carica)*

Von den vor allem in den Mittelmeerländern angebauten grünen und violetten Feigen gibt es mehrere Varietäten. Ihr rosa bis dunkelrotes Fruchtfleisch schmeckt roh sehr gut. Es gibt sie aber auch getrocknet (Seite 96) und in Dosen. Sie eignen sich zum Backen, für Desserts und als Kompott.

Japanische Quitte

Quitte

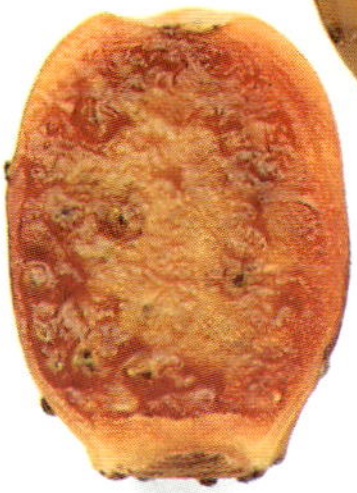

Kaktusfeige

Feige

Persimone *(Diospyros kaki)*

Von der aus China und Japan stammenden Persimone (oder Kaki) gibt es mehrere Varietäten. Sie kann frisch oder als Kompott verzehrt werden und ist auch kandiert im Handel. Sie ist von Sommer- bis Wintermitte erhältlich.

Banane *(Musa nana)*

Die aus tropischen Ländern stammenden Bananen schmecken süß und werden meist roh verzehrt oder in Obstsalate gegeben. Sie können auch gebacken oder mit braunem Zucker, Brandy oder Rum flambiert werden. Die Schale der unreifen Frucht ist grün und wird bei Eintritt der Genußreife gelb. Die nahrhaften, Vitamin-A-reichen Bananen sind das ganze Jahr erhältlich.

Persimone

Banane

Granatapfel *(Punica granatum)*

Der aus Persien stammende Granatapfel gehört zu den ältesten Kulturpflanzen. Er ist in den Wintermonaten erhältlich und wird meist als Frischobst verzehrt. Ausgepreßter Saft wird in Drinks gegeben. Im Nahen Osten kommt er in Suppen, auf den Westindischen Inseln wird er zum Kochen und für Marmeladen verwendet. Aus den Samenkörnern wird Grenadine (Seite 63) hergestellt.

Gemüse- oder **Mehlbanane** *(Musa paradisiaca)*

Die in den Tropen heimische Mehlbanane (auch Plante) ist eine Kochbanane. Sie ist größer als die Dessertbanane, enthält aber weniger Zucker als diese. Sie eignet sich nicht zum Frischverzehr. Auf den Westindischen Inseln und in Afrika ist sie sehr beliebt und wird für viele herzhafte Gerichte verwendet. Die Kochbananen sind das ganze Jahr erhältlich.

Rhabarber *(Rheum rhaponticum)*

Die Blattstiele der mehrjährigen vermutlich aus Tibet stammenden Rhabarberstaude sind ein Gemüse, werden jedoch als Frucht verwendet. Rhabarber gibt es von Januar bis Juli frisch oder als Konserve. Verwendung in Saucen, als Kuchenbelag, für Konfitüren und Wein.

Trockenfrüchte

Wird eine reife Frucht getrocknet, verliert sie den größten Teil ihrer Feuchtigkeit, ihr Zuckergehalt steigt an, und sie hält sich fast unbegrenzt. Dies war bereits vor 5000 Jahren im Nahen Osten bekannt. Dort wurden schon immer Datteln, Feigen und Aprikosen in der Sonne getrocknet. Heute werden Früchte aber auch künstlich gedörrt. Im Mittelalter legten die Europäer ihre Äpfel in den warmen Ofen, schälten und entkernten sie, fädelten sie auf und hängten sie in der Küche an die Decke. In den Klöstern wurden Pflaumen, Trauben und Äpfel auf strohbedeckten Steinböden zum Trocknen ausgelegt.
Siedler brachten Äpfel, Nektarinen, Trauben, Pfirsiche, Quitten und Aprikosen nach Amerika. Heute kommen die meisten Trockenfrüchte aus Kalifornien.

Trockenverfahren

Etwa zweieinhalb Kilo Frischobst ergeben nur ein Pfund Dörrobst. Das Obst wird handgepflückt, Stiele und Kerne werden entfernt. Dann wird es geschwefelt und sortiert, bevor es in der Sonne getrocknet wird. Dabei erhalten die Früchte eine goldene, durchsichtige Farbe, die bei mechanischen Trockenverfahren nicht erreicht werden kann. Das Sonnentrocknen hat auch viele Nachteile: Vor allem sind die Kosten sehr hoch. Deshalb wird gern auf die künstliche Trockenmethode zurückgegriffen. Meist werden die Früchte in reifem Zustand gepflückt (außer Birnen, die grün geerntet und auf Gestellen gereift werden). Je nach Obstsorte werden die Früchte dann mit Schwefelgasen behandelt oder in eine Lauge getaucht (ganze Früchte, wie Trauben und Pflaumen, kommen ins Laugenbad). Beide Methoden beschleunigen das Trocknen.

Verwendung von Trockenfrüchten

Trockenfrüchte sind süßer und nahrhafter als Frischobst, deshalb sind sie beim Backen und in Nachspeisen von unschätzbarem Wert. Sie kommen in Früchtekuchen und Gebäck. Gelegentlich sind sie Bestandteil von Füllungen. Sie können pur, mit Sahne oder Joghurt, kandiert als Konfekt oder im Frühstücksmüsli gegessen werden.
Dörrobstmischungen gibt es abgepackt im Supermarkt oder in Naturkost- und Reformläden. Natürlich kann man die verschiedenen Früchte auch getrennt kaufen. Korinthen, Rosinen und Sultaninen werden vorwiegend gewaschen und verzehrfertig verkauft. Andere Früchte müssen vielleicht gewaschen oder über Nacht eingeweicht werden. Die Einweichflüssigkeit kann zum Kochen des Dörrobstes verwendet werden.

Feigen

Kalifornien und die Mittelmeerländer (hauptsächlich die Türkei) sind die Hauptproduzenten von meist sonnengetrockneten Feigen. Sie können als Trockenobst oder eingeweicht als Kompott gegessen werden. Zerkleinert kommen sie in Back- und Süßwaren.

Birnen

Getrocknete Birnen gibt es in Reform- und Naturkostläden. Sie werden für Kompott und das berühmte Schweizer Birnenbrot verwendet.

Birnen

Feigen

Pfirsiche

Obwohl Pfirsiche meist in Dosen eingemacht werden, wird ein kleiner Teil der Ernte getrocknet. Die Trockenfrüchte verwendet man für Kompott, Backwaren und Marmeladen.

Pfirsiche

Pflaumen

Bei Pflaumen gibt es wie bei Datteln große Qualitätsunterschiede. Schon lange sind die getrockneten Pflaumen als Frühstücksobst mit verdauungsfördernden Eigenschaften beliebt. Sie können nicht nur so verzehrt, sondern auch für Kuchen, Puddings, Saucen, als Füllung für Knödel und Beignets verwendet werden. Sie sind in Dosen, in Branntwein oder in Essig eingelegt, mit oder ohne Stein erhältlich. Aus ihnen wird auch ein feiner Schnaps hergestellt.

Pflaumen

Aprikosen

Getrocknete Aprikosen sind frischen Früchten vorzuziehen, es sei denn, letztere sind sehr reif und süß. Getrocknete Aprikosen gibt es in unterschiedlichen Formen: von kleinen, schrumpeligen, gelben Stücken, die eingeweicht und mit Zucker gekocht werden müssen, bis zu prallen, sonnengetrockneten, süßen Früchten, die so wie sie sind verzehrt werden können.

Aprikosen

Datteln

Getrocknete Datteln gibt es in verschiedenen Formen und Qualitäten. Es gibt große Tafeldatteln. Datteln mit oder ohne Stein und gepreßte Datteln, die wesentlich preisgünstiger sind. Es gibt trockene, halbtrockene und weiche Sorten. Sie können als Trockenfrucht verzehrt oder für Back- und Süßwaren verwendet werden.

Bananen

Durch das Trocknen der Bananen wird ihr Geschmack intensiviert, und es entsteht eine etwas zähe und sehr nahrhafte Süßigkeit, die auch zum Backen verwendet wird. Die Früchte werden meist der Länge nach halbiert und in der Sonne getrocknet. Aus vakuumgetrocknetem Mus reifer Bananen wird eine Art Mehl hergestellt.

Datteln

Bananen

Korinthen

Korinthen sind die getrockneten Früchte der kleinen, kernlosen Weinbeeren aus Griechenland. Sie sind nach der griechischen Hafenstadt Korinth benannt und werden hauptsächlich zum Backen verwendet.

Rosinen

Die getrockneten Weinbeeren gehören zu den beliebtesten Trockenfrüchten. Sie kommen hauptsächlich aus Kalifornien und dem Nahen Osten. Mit Nüssen gemischt sind sie eine beliebte Knabberei. Sie sind für Backwaren aller Art geeignet.

Sultaninen

Sultaninen sind eine andere Art getrockneter Weinbeeren. Sie sind größer und süßer als Rosinen und werden verwendet, wenn die Säure der Rosinen und die Herbheit der Korinthen nicht erwünscht ist.

Korinthen

Rosinen

Sultaninen

Äpfel

Äpfel

Getrocknete Äpfel dienten in alten Zeiten der Landbevölkerung als Wintervorrat, als Kaltlagerung und andere moderne Konservierungsmethoden noch unbekannt waren. Sie ziehen jedoch Feuchtigkeit an und sind deshalb nicht so lange lagerfähig wie andere Trockenfrüchte. Sie werden so verzehrt oder zum Backen verwendet.

ANDERE TROCKENFRÜCHTE

Chinesische Datteln
Die chinesischen oder roten Datteln, auch Jujuben genannt, kommen aus China, werden aber auch im Mittelmeerraum angebaut. Meist werden sie in der Sonne getrocknet und in der orientalischen und indischen Küche zum Würzen süßer und herzhafter Gerichte verwendet.

Nüsse

Botanisch gesehen sind Nüsse einsamige, trokkene und hartschalige Früchte. Der Begriff »Nuß« wird aber auch für jeden Samen oder jede Frucht mit eßbarem Kern in einer harten Schale verwendet, so z. B. auch für Erdnüsse, die eigentlich ein Gemüse sind, oder für Mandeln, Walnüsse und Kokosnüsse. Seit Urzeiten sind Nüsse Nahrungsmittel und Öllieferant. Schon vor den Anfängen des Ackerbaus wurden sie von zahlreichen Völkern gesammelt und – etwa von den Griechen – viel in der Küche verwendet. Es gibt Beweise, daß die Römer Nüsse kultivierten.
Im Nahen Osten spielen Nüsse eine wichtige Rolle in der Küche. Im Mittelalter lernten die Europäer von den Arabern, daß Nüsse in Geflügelsaucen passen und zur Herstellung von Marzipan, Nougat und anderen Leckereien verwendet werden können. Spanien, das fast acht Jahrhunderte von den Mauren besetzt war, übernahm die Verwendung von Nüssen in der Küche und gab seine Rezepte an die von ihm eroberten Gebiete in Amerika weiter. Dort stellten die Eroberer fest, daß die Azteken schon Kürbiskerne und Erdnüsse in Gerichte gaben und wahrscheinlich Pecannüsse zum Eindicken von Geflügel-, Fisch- und Schaltiersaucen verwendeten. Mandeln sind in den Küchen Skandinaviens, Indonesiens, Afrikas und des Fernen Ostens beliebt. Nüsse sind vielseitig verwendbar und in der Küche von der Vorspeise bis zum Dessert nicht mehr wegzudenken.

Schälen von Nüssen
Manche Nüsse, etwa Pecan- und Paranüsse, lassen sich leichter schälen, wenn man sie 15 bis 20 Minuten in kochendes Wasser legt. Die dünne innere Haut von Mandeln, Pistazien und Walnüssen läßt sich gut abziehen, wenn man sie mit kochendem Wasser übergießt und dann sofort mit kaltem Wasser abschreckt. Lambertsnüsse können vor dem Schälen einige Minuten gegrillt werden. Warm und feucht lassen sich Nüsse leichter hacken. Durch Rösten entfalten sie ihr Aroma besser. Dazu können sie geschält und, falls gewünscht, abgezogen, zehn bis zwanzig Minuten bei 175° C im Ofen geröstet werden.

Aufbewahrung von Nüssen
Je nach Sorte halten sich Nüsse unterschiedlich lange. Ungeschält, vor Hitze, Luft, Licht und Feuchtigkeit geschützt, können Nüsse fast unbegrenzt gelagert werden. Geschälte Sorten halten sich nicht so gut und sollten fest verschlossen an einem kühlen, dunklen und trokkenen Ort oder im Kühlschrank aufbewahrt werden. Das gleiche gilt für gesalzene und ungesalzene Nüsse.

Walnuß *(Juglans regia)*

Walnüsse (auch Welsche Nüsse genannt) sind in der Schale, als Kerne, gemahlen oder gehackt im Handel erhältlich. Sie können reif oder unreif, getrocknet oder geröstet verwendet werden. Junge grüne Nüsse werden in Essig eingelegt (Seite 68). Unreife Nüsse sind eine wichtige Zutat bei dem mexikanischen Nationalgericht *Chilis en nogada* (Chillies in Walnußsauce). Reife Nüsse werden als Dessertobst verzehrt, für Füllungen, Süßwaren, Backwaren, Salate und in der vegetarischen Küche verwendet. Aus der grünen äußeren Schale wird ein Likör hergestellt. Walnußöl (Seite 75) hat ein ausgeprägtes Aroma und wird für Salatdressings verwendet.
Schwarznüsse *(Juglans nigra)* haben dicke, harte Schalen und sind meist größer und kräftiger im Geschmack als europäische Walnüsse. Sie werden für Süßwaren und Speiseeis verwendet.
Butternüsse *(Juglans cinera)*, auch als weiße Walnüsse bekannt, haben ein volles, angenehmes Aroma und werden oft für Süßwaren verwendet.

Walnußkern

Gemahlene Walnüsse

Gehackte Walnüsse

Paranuß *(Bertholletia excelsa)*

Die Steinfrüchte des südamerikanischen Paranußbaumes werden mit oder ohne Schalen verkauft. Sie können so verzehrt werden und werden für Süßwaren und Kuchen verwendet.

Paranuß ganz

Paranuß geschält

Pecannuß *(Carya illinoensis)*

Die in Nordamerika beheimatete Pecannuß ist mit der Walnuß verwandt. Sie wird in großen Mengen als gesalzene und ungesalzene Dessertfrucht verzehrt oder für Nußbrot, Süßwaren, Speiseeis und vegetarische Gerichte verwendet. In Amerika ist Pecan-Pie eine sehr beliebte Nachspeise.

Pecannuß ganz

gehackt

geschält

Cashewnuß *(Anacardium occidentale)*

Die Cashewnuß ist die Steinfrucht eines in Amerika beheimateten Baumes. Sie hängt am unteren Ende des birnenförmigen Cashewapfels. Die Nüsse werden für Cashewmark und Backwaren verwendet oder werden zu Cocktails gereicht. Sie werden meist geschält und gesalzen verkauft.

Cashewnußkern

Lambertsnuß *(Corylus maxima)*

Sowohl die Lamberts- als auch die Hasselnüsse *(Corylus avellana)* sind Früchte des Haselnußstrauches. Lambertsnüsse sind die kultivierte Varietät und die größeren und robusteren Nüsse. Sowohl die Lamberts- als auch die Haselnüsse haben einen hohen Fettgehalt. Sie können so geknabbert, zu Mark verarbeitet oder für Süßwaren und Desserts verwendet werden.

Lambertsnuß ganz

geschält

gehackt

gemahlen

Mandel *(Prunus dulcis)*

Mandeln sind die Früchte eines im Mittelmeergebiet heimischen Baumes. Sie wachsen in grünem, behaartem Fruchtfleisch, das entfernt wird. Von den weltweit beliebten Mandeln gibt es zwei Sorten: süße und bittere. Bittermandeln enthalten Blausäure und werden nie so gegessen. Sie enthalten ein Öl, das durch Wasserdampfdestillation gewonnen und als Aromastoff verwendet wird. Verwendung süßer Mandeln: ganz für Back- und Süßwaren; gemahlen für Mark, Pralinen, Füllungen und Nugat; gehackte, gewürfelte oder gehobelte Mandeln für Dekorationszwecke. Es gibt geröstete, gesalzene und gebrannte Mandeln.

gehackt

Mandel ganz

gemahlen

Erdnuß *(Arachis hypogaea)*

Die aus Südamerika stammende Erdnuß oder Arachisnuß ist eigentlich keine Nuß, sondern eine unter der Erde wachsende nahrhafte Hülsenfrucht. Die äußere »Schale« ist die getrocknete Hülse der Pflanze. Sie enthält die Samen oder »Nüsse«. Sie werden so oder geröstet verzehrt, hauptsächlich aber zu Erdnußmark (Seite 69) und Erdnußöl (Seite 75) verarbeitet.

Erdnuß ganz

geschält

Erdmandel *(Cyperus esculenta)*

Obwohl Erdmandeln zu den Nüssen gezählt werden, sind sie eigentlich stärkehaltige Wurzelknollen einer in Afrika beheimateten Pflanze. Die nach Mandeln schmeckenden Erdmandeln werden meist getrocknet verkauft. Sie munden roh und gekocht. Aus ihnen wird Mehl hergestellt.

Erdmandel

Bittermandel geschält

Mandel geschält

Süßmandel abgezogen

Mandelblättchen

Eßkastanie *(Castanea sativa)*

Die in Südeuropa beheimatete Eßkastanie wird schon seit Jahrhunderten angebaut. Sie findet Verwendung in Suppen, Eintöpfen, Getreidegerichten und Füllungen. Die Eßkastanie wird als Gemüse angesehen. Da sie mehr Stärke und weniger Öl als andere Nüsse enthält, kann sie anders zubereitet werden. Sie kann geröstet, gekocht oder gedünstet verzehrt werden. Geschälte Kastanien werden glasiert, gehackt in Füllungen oder Gemüse gegeben oder zu Mehl vermahlen.
Es gibt zwei Spielarten der Wasserkastanie. Die *Trapa natans* hat eßbare Samen, eine mehlige Konsistenz und wird in Mitteleuropa und Asien roh, geröstet (Maroni) oder gekocht gegessen. Die verwandte *Trapa bicornis* wird in China, Korea und Japan angebaut. Sie wird gekocht verzehrt, konserviert oder zur Mehlherstellung verwendet. Die chinesische Wasserkastanie ist ein Knollengewächs, das in Ostindien, China und Japan angebaut und in Scheiben geschnitten als Gemüse serviert wird. Außerhalb Asiens ist sie in Dosen erhältlich.

Eßkastanie geschält

Eßkastanie ganz

Pistazie *(Pistacia vera)*

Die Steinfrüchte des im Nahen Osten und Zentralasien beheimateten Pistazienstrauches werden wegen des angenehmen, milden Geschmacks und der dekorativen Farbe ihrer Kerne sehr geschätzt. Verwendung für Füllungen, Saucen, Speiseeis, Süß- und Backwaren. Meist werden sie jedoch gesalzen als Cocktail- oder Dessertnüsse verzehrt. Damit ihre Farbe erhalten bleibt, die Nüsse schälen, und ein paar Minuten in Wasser kochen, dann häuten.

Chufanuß *(Cyperus esculenta)*

Die Chufanüsse (auch Erdmandeln) sind in Europa sehr beliebt. Gemahlen werden sie in Spanien für Erdmandelmilch *(Horchata de chufa)* verwendet.

Chufanuß

Kokosnuß *(Cocos nucifera)*

Alle Teile der Frucht werden verwendet, als Nahrungsmittel aber nur die Milch und das Fruchtfleisch. Die Milch ist ein erfrischendes und nahrhaftes Getränk und wird auch in Currysaucen gegeben. Das Fruchtfleisch wird frisch oder getrocknet verzehrt oder getrocknet für Back- und Süßwaren verwendet. Meist wird das Fruchtfleisch jedoch für Kopra getrocknet, aus der Kokosöl gewonnen wird. Aus dem Saft der Kokospalme wird Arrak hergestellt.

Kokosnuß

Pistazie

Macadamianuß *(Macadamia ternifolia)*

Macadamianüsse stammen ursprünglich aus Australien, werden jetzt aber auch in Hawaii angebaut. In den Importländern sind sie meist geschält und geröstet im Handel.

Macadamianuß

Pinienkern *(Pinus pinea)*

Die stiftförmigen Samenkerne der im Mittelmeergebiet heimischen Pinie werden wie Erdnüsse roh oder geröstet und gesalzen gegessen. Sie können auch roh in Salate gegeben werden. In Italien kommen sie in Spinat, Suppen und Saucen *(Pesto)*, im Nahen Osten werden sie für *Dolmas* verwendet.

Pinienkern

Getreide und Getreideprodukte

Getreide (oder auch Ceralien – nach Ceres, der römischen Göttin der Feldfrucht benannt) sind eßbare Körner wie Weizen, Hafer, Reis, Gerste, Roggen, Hirse und Mais. Als etwa 7000 v. Chr. im Nahen Osten, in Mittel- und Südamerika mit dem Ackerbau begonnen wurde, spielte Getreide eine große Rolle. Weizen und Gerste stammen aus dem Nahen Osten, Mais aus Mexiko.

Stärke und die anderen stärkehaltigen Kohlehydrate aus dem Getreide sind für die menschliche Ernährung unentbehrlich. Reis ist Grundnahrungsmittel für 50 Prozent der Weltbevölkerung. Für die restlichen 50 Prozent ist es, je nach Boden und Klima, Weizen, Hafer, Mais, Gerste oder Hirse.

Jede Küche der Welt hat ihre speziellen stärkehaltigen Gerichte. Die Mexikaner essen Tortillas, die Italiener sind für ihre Pasta weltberühmt, die Brasilianer bieten Farofas (Beilagen aus geröstetem Maniokmehl) an.

Getreidekörner stammen von Getreidepflanzen wie Weizen, Mais, Reis, Hafer, Gerste und Roggen, die zu den kultivierten Gräsern gehören. Andere Stärkelieferanten sind Tapioka und Cassava- oder Maniokmehl aus der Maniokpflanze und Sago von der Sagopalme. Stärkemehl oder Mehlprodukte werden auch aus den Wurzeln der Lotospflanze, des Aronstabes, des Adlerfarns, der Kartoffel und anderen Knollengewächsen gewonnen. Wie wir die wertvollen Körner der Getreidepflanzen verwenden, hängt von der individuellen Kornstruktur und ihrem Verhalten als Nahrungsmittel ab.

REIS

Reis stammt wahrscheinlich aus Indien und Indochina. Es gibt ungefähr 7000 Reissorten. Beim braunen Reis (oder Naturreis) wurden das Silberhäutchen und der Reiskeimling nicht entfernt. Wird Reis geschliffen, d. h., von Silberhäutchen und Keim befreit, erhält man den bekannten polierten weißen Reis. Naturreis enthält mehr Eiweiß, Spuren von Eisen, Kalzium und Vitamin B, muß aber länger gekocht werden. Nicht alle polierten Reissorten sind weiß: Karolinareis und einige italienische Reissorten sind gelblich.

Reis läßt sich in drei Gruppen aufteilen: Langkorn, Rundkorn- und Mittelkornreis. Langkornreis ist vier bis fünf Mal so lang wie dick. Er klebt nicht beim Kochen und wird schön locker, trocken und körnig. Er wird als Beilage oder für Salate, Curry-, Eintopf-, Huhn- oder Fleischgerichte verwendet. Rundkorn- und Mittelkornreis haben kurze, dicke Körner. Sie kochen breiig, weich und klebrig. Jede Reissorte eignet sich für bestimmte nationale und regionale Gerichte. Indische Köche nehmen für Pilaws gerne einen trockenen Reis. In Japan und China wird Rundkornreis bevorzugt, weil er sich gut mit den Fingern formen und mit Stäbchen essen läßt.

Zur Gruppe des Langkornreises gehören auch der amerikanische Karolinareis und der delikate Basmatireis aus Pakistan. Der japanische Kome und die kurzen dicken italienischen Reissorten sind bei der Gruppe Rundkornreis einzuordnen. Wildreis ist kein Getreide, sondern ein langkörniges, graubraunes Wassergras *(Zizania aquatica)*, das nußartig schmeckt. Wildreis wird vorwiegend für Geflügel- und Wildfüllungen verwendet. Parboiled Reis ist nach dem Parboiling-Verfahren in der Hülse unter Druck mit Dampf behandelter und erst dann geschälter Reis. Vitamine und Mineralstoffe, die sonst beim Schälen verlorengehen, bleiben zu einem guten Teil erhalten und wandern ins Innere des Reiskorns. Parboiled Reis gelingt immer.

Die Zubereitung von Reis

Reis ist fast unbegrenzt haltbar, was allerdings nur in der westlichen Welt, wo Reis nicht zu den Grundnahrungsmitteln gehört, von Bedeutung ist. Beim Kochen nimmt Langkornreis je nach Sorte das Anderthalbfache seines Volumens an Flüssigkeit auf. Basmati absorbiert weniger Wasser als Patna- oder Karolinareis. Rundkornreis nimmt dagegen mehr als das Vierfache seines Volumens an Flüssigkeit auf. Reis dient als Beilage, kann aber auch zu Mehl und Flocken verarbeitet oder gemahlen werden (für Puddings und Kuchen, zum Andicken von Saucen, Suppen und Eintöpfen). Fermentierter Reis ist Grundlage chinesischer Spirituosen und des berühmten japanischen Reisweins.

WEIZEN UND MEHL

Weizen wurde wahrscheinlich zuerst in Mesopotamien angebaut. Die wichtigsten Arten sind Saatweizen (auch Weich- oder Brotweizen genannt) *(Triticum aestivum)* und Hartweizen *(Triticum durum)* für Teigwaren und Grieß. Saatweizen ist das wichtigste Getreide der Welt. Seine einzigartige Qualität verdankt er seinem hohen Glutengehalt. Gluten ist eine zähe und sehr elastische Substanz, die die Zellstruktur von Brot stärkt. Wenn die Hefe beim »Gehen« des Teiges Kohlendioxyd abgibt und Wasser beim Backen verdampft, hilft Gluten dem Teig aufzugehen. Ohne Gluten bliebe das Brot flach und schwer.

Weizensorte und Mahlverfahren bestimmen Art und Type des Mehles. Das Weizenkorn besteht aus der äußeren Hülle oder Kleie, dem Endosperm, das die meiste Stärke enthält, und dem Weizenkeim. Werden Weizenkörner im ganzen gemahlen, erhalten wir Vollkornmehl, das viele Proteine und Nährstoffe enthält. Die Farbe des Mehls hängt vom Kleiegehalt ab. Weißes Mehl wird nur aus dem Endosperm gewonnen.

Hart- oder Brotmehl stammt von bestimmten Brotweizenarten, Allzweckmehl und Backmehl enthalten weniger Gluten und stammen von weichen Mehlsorten.

Mehl in der Küche

Mehlsorte, Mehltype und Triebmittel bestimmen die Struktur von Brot, Kuchen, Eierkuchenteig und Gebäck. Brotmehl braucht Hefe zum Aufgehen, Vollkornmehl Hefe oder Backpulver. Brotteig muß geknetet werden, damit das Gluten aktiviert wird. Weiches Kuchenmehl geht durch Backpulver oder geschlagene Eier auf. Bei im Ofen gebackenen Eierkuchenteigen entweicht Dampf aus den schaumig geschlagenen Eiern. Gebäck verdankt seine Struktur der Plastizität von Fett und – je nach Gebäck – dem Entweichen von Wasserdampf aus dem Teig. Weichere Mehle ergeben eine lockerere Struktur. Man kann durch Schlagen des Teiges keine lockernde Luft in Brot einbringen. Weichmehle dagegen gehen leichter auf, wenn sie abgeschlagen werden, weil dies die Gasbildung fördert.

Getreide

Roggen *(Secale cereale)*

Roggen stammt vermutlich aus Südwestasien. In seiner Zusammensetzung gleicht er dem Weizen. In Europa wird er meist zur Herstellung von Brot und Knäckebrot (in Skandinavien) verwendet. Man braucht ihn aber auch zur Herstellung von alkoholischen Getränken: Whiskey (Amerika), Gin (Holland) und Bier (Rußland).

Roggen

Hirse *(Panicum miliaceum)*

Die aus Asien stammende Hirse war einst neben der Gerste das wichtigste Getreide in Europa. Sie ist die Saat eines einjährigen Grases, die in Afrika und Asien viel gegessen wird. In Rußland ist sie als Stärkelieferant beliebt. Hirse hat – wie Weizen – einen hohen Eiweißgehalt. Da sie kein Gluten enthält, ist sie zum Backen ungeeignet. Hirsemehl nimmt man für Fladenbrote und Pfannkuchen. Das Getreide kann mit Hülsenfrüchten und Gemüsen gekocht und auch in Suppen und Eintöpfe gegeben werden.

Hirse

Mais *(Zea mays)*

Der aus Mexiko stammende Mais (auch Welschkorn genannt) wird schon seit Jahrtausenden als Gemüse (Seite 36) und als Mehlgetreide angebaut. Mais ist einer der wichtigsten Lieferanten für Körner, Schrot und Mehl. Er kommt in vielen amerikanischen Gerichten vor (z. B. in Maisbrot und Maisbrei). Aus Mais wird Stärke, Sirup und Kochöl hergestellt. Aus fermentierten Maiskörnern wird Bourbon gebrannt.

Mais

Getreide und Getreideprodukte

Buchweizen
(Fagopyrum esculentum)

Das einjährige Knöterichgewächs stammt vermutlich aus China. Die Samen werden geröstet und zu Mehl vermahlen, das für Pfannkuchen, dünne Kuchen und in Japan zu Soba-Nudeln verwendet wird. Buchweizengrütze wird in Suppen gegeben,

Buchweizen

Hafer *(Avena sativa)*

Der in Europa heimische Hafer ist in Schottland ein Grundnahrungsmittel. Er wird zu Grütze in verschiedenen Korngrößen (Vorprodukt für Kleinblatthaferflocken und Hafermark), Flocken (für Müsli, Brei und Gebäck) und Mehl verarbeitet.

Hafer

Basmatireis *(Oryza sativa, ssp.)*

Der schmale, in den Ausläufern des Himalaya angebaute Langkornreis gehört zu den feinsten seiner Art. Er sollte vor dem Kochen gewaschen und eingeweicht werden. Er paßt am besten zu indischen Gerichten.

Gerste *(Hordeum vulgare)*

Gerste stammt aus Mesopotamien. Dort wurde sie gemahlen und zu Brot verbacken sowie fermentiert zur Bierherstellung verwendet. Braugerste wird zur Whiskey-, Gin- und Bierherstellung benötigt. In den Gersteanbauländern gibt es Gerstenbrei und Gerstenbrot. Gerste wird jedoch normalerweise nicht für Brotmehl verwendet.

Gerste

Weizen *(Triticum aestivum, durum)*

Weizen, von dem es verschiedene Varietäten gibt, wurde vermutlich zuerst am Nil angebaut. Weizen ergibt das hochwertigste Brot und Backmehl. Hartweizen ist für die Teigwaren und Grießherstellung bekannt.

Weizen

Basmatireis

Süßer Reis *(Oryza sativa, ssp.)*

Der in der chinesischen Küche viel verwendete kurzkörnige Reis enthält kein Gluten. Gekocht wird er süß und klebrig und wird hauptsächlich für Back- und Süßwaren und zur Herstellung von Bier verwendet. Der schwarze und der weiße (geschälte und polierte) süße Reis sind abgebildet.

Schwarzer süßer Reis

Weißer süßer Reis

Parboiled Reis
(Oryza sativa, ssp.)

Der nach dem Parboiling-Verfahren behandelte Reis enthält im Korn alle wichtigen Nährstoffe und Vitamine aus der Silberhaut. Das macht ihn so wertvoll wie Vollkornreis, er hat aber den Vorzug, daß er nicht so lange gekocht werden braucht.

Parboiled Reis

Italienischer Reis
(Oryza sativa, ssp.*)*

Der groß- und rundkörnige Reis (Avorio-Reis), von dem es braune und weiße Sorten gibt, ist ideal für italienische Risottogerichte.

Italienischer Naturreis

Weißer italienischer Reis

Langkornreis *(Oryza sativa,* ssp.*)*

Der überall auf der ganzen Welt angebaute Langkorn-, Karolina- oder Patnareis ist die vielseitigste aller Reissorten. Der geschälte und polierte Reis bleibt beim Kochen körnig, locker und klebt nicht.

Langkornreis

Perlgraupen

Die geschälten und polierten Gerstenkörner können in Suppen gegeben werden und eignen sich zur Herstellung von Heilgetränken. Verwendung in Pilaw anstelle von Reis.

Perlgraupen

Naturreis *(Oryza sativa,* ssp.*)*

Natur- oder Vollreis besteht aus naturbelassenen Reiskörnern. Er braucht mehr Wasser zum Kochen und eine längere Garzeit.

Naturreis

Milchreis *(Oryza sativa,* ssp.*)*

Der weiße, polierte Rundkornreis kocht breiig, weich und klebrig und wird hauptsächlich für Süßspeisen verwendet.

Milchreis

Grieß

Grieß ist das körnige Mühlenprodukt aus Hartweizen (das Mittel zwischen Mehl und Graupen), das für Teigwaren und Süßspeisen verwendet wird.

Grieß

Couscous

Couscous besteht aus kleinen aus Weizengrieß hergestellten Kügelchen. Sie finden Verwendung im traditionellen nordafrikanischen Gericht gleichen Namens.

Couscous

ANDERE GETREIDE

Sorghumhirse
(Sorghum vulgare, ssp.*)*

Die in Afrika und Asien kultivierte Sorghum- oder Mohrenhirse wird gemahlen zu Brot, Brei, flachen Kuchen und in Suppen verwendet. Aus einer anderen Hirseart, der Zuckerhirse, wird Sirup für die Süßwarenindustrie hergestellt.

Wilder Reis
(Zizania aquatica)

Wilder Reis stammt aus Nordamerika. Obwohl er wie Reis aussieht und auch so verwendet wird, ist er keine Reissorte, sondern eine wildwachsende Grasart. Die dunkelbraunen Körner sind länger und dünner als beim Reis und sehen nach dem Kochen leicht purpurfarben aus.

Getreideprodukte

Matzemehl

Gemahlenes Matzenbrot (ungesäuertes Fladenbrot aus Weizenmehl und Wasser) wird während des jüdischen Osterfestes anstelle von gesäuerten Bröseln verwendet.

Matzemehl

Maisgrieß

Aus Zuckermais oder Mais hergestellter Maisgrieß wird allein als Brei gegessen oder als Polenta zu Fleisch- und Fischgerichten gereicht.

Maisgrieß

Tapioka

Stärke aus den Wurzeln der Maniok- oder Cassavastaude *(Manihot esculenta)* wird zu Kügelchen gepreßt. Tapioka ist Hauptbestandteil in Babybrei und kann als Bindemittel für Saucen, Suppen und Eintöpfe verwendet werden.

Tapioka

Sago

Die stärkehaltigen Körnchen werden aus dem Pflanzenmark der im Fernen Osten angebauten Sagopalme *(Metroxylon sagu)* gewonnen. Sago hat als Krankenkost Bedeutung und kommt in Milchsüßspeisen, in skandinavische Gerichte, vor allem in die dänische Sagosuppe.

Sago

Bulgur

Bulgur ist gekochter, getrockneter, geschälter und geschroteter Weizen, der im östlichen Mittelmeergebiet und im Nahen Osten sehr beliebt ist. Er wird ins Pilaw gegeben, eingeweicht und als Salat zubereitet (liban. *Tabbouleh*) oder zu einer Paste verarbeitet und mit Lammfleisch (liban. *Kibbé*) serviert.

Bulgur

Hafermehl

Geschälte Haferkörner werden zu Hafermehl verschiedener Korngröße (siehe Abbildung) vermahlen oder zu Haferflocken flachgewalzt.

Haferschrot

Weizenkeime

Der Keim, aus dem neue Weizenpflanzen entstehen können, wird bei der Mehlherstellung aus den Weizenkörnern entfernt. Obwohl er nur ein kleiner Teil des Korns ist, hat er einen sehr hohen Nährwert. Weizenkeime können so verzehrt oder zur Mehlherstellung verwendet werden. Weizenkeime kommen in Suppen und Eintöpfe und eignen sich als Bindemittel.

Weizenkeime

Gerstenmehl

Gerstenmehl war einstmals Hauptbestandteil von Brot. Jetzt wird es meist mit Weizenmehl gemischt, um den Glutengehalt zu erhöhen. (Reines Gerstenbrot wird sehr schnell trocken).

Gerstenmehl

Grobes Hafermehl

Maismehl

Das glutenfreie Mehl muß zum Brotbacken mit Weizenmehl gemischt werden. Es eignet sich auch zum Kuchenbacken.

Maismehl

Lotoswurzelmehl

Getrocknete und gemahlene Lotoswurzel wird zu einem glutenfreien Mehl vermahlen, das in China und Japan als Saucenbinder verwendet wird.

Lotoswurzelmehl

Reismehl

Ein glutenfreies, aus polierten weißen und braunen Reiskörnern gewonnenes Mehl. Es wird meist als Bindemittel, allein oder mit anderen Mehlsorten zusammen, zum Backen und in der chinesischen Küche zur Herstellung von *Fun*-Nudeln verwendet.

Reismehl

Roggenmehl

Aufgrund seines unbefriedigenden Glutengehaltes wird Roggenmehl meist mit Weizenmehl gemischt. Roggenmehl wird für die in Nord- und Osteuropa typischen Schwarzbrote verwendet.

Roggenmehl

Kleie

Die gewöhnlich bei der Mehlherstellung vom Getreidekorn getrennte braune äußere Schicht ist ein wertvoller Ballaststofflieferant. Kleie kann auch zu Mehl vermahlen werden.

Kleie

Weizenvollkornmehl

Weizenvollkornmehl wird aus dem ganzen Korn hergestellt und enthält noch Keime und Kleie, die bei anderen Mehlsorten entfernt werden.

Weizenvollkornmehl

Sojamehl

Sojamehl ist kein Mehl im herkömmlichen Sinn, sondern ein überaus wertvoller Zusatz für Suppen und Kuchen.

Sojamehl

Weizenmehl

Es gibt verschiedene Weizenmehlarten, die vom Allzweckmehl bis zum feinen Kuchenmehl reichen.

Weizenmehl

Kartoffelmehl

Kartoffelmehl wird aus Kartoffeln hergestellt und wird meist als feines Bindemittel verwendet.

Kartoffelmehl

Buchweizenmehl

In Amerika, Frankreich und Osteuropa wird es gerne für Pfannkuchen verwendet.

Buchweizenmehl

Pasta, Nudeln und Klösse

Pasta – oder genauer *Pasta alimentari* – gehören in Italien zu den Grundnahrungsmitteln. Sie sind beliebter als Brot, Polenta und Reis.
Bei den italienischen Teigwaren unterscheidet man zwei Arten: *pasta secca* (trockene Pasta) und *pasta all'uovo* (Eierteigwaren). *Pasta secca* sind industriell hergestellte Nudeln aus Mehl und Wasser, die abgepackt verkauft werden. *Pasta all'uovo* – oder hausgemachte Teigwaren – werden mit Mehl und Eiern zubereitet.
Der elastische *Pasta-secca*-Teig besteht aus Mehl, Salz und Wasser. Er wird geschnitten und in eine Vielzahl verschiedenartiger Formen gepreßt. So entstehen Röhren, Bandnudeln, Spiralen, Muscheln, Schleifen und Räder, die die vielseitige Grundlage für eine ebenso erstaunliche Anzahl von Saucen bilden. Selbst für Italiener ist es schwierig, die Pastaformen auseinanderzuhalten, da sich Namen und Formen von Provinz zu Provinz ändern.
Für Pasta wird gewöhnlich gemahlener Hartweizen *(Triticum durum)* verwendet. Es gibt auch Pasta aus Buchweizen. Hartweizen ergibt feinkörniges, bernsteinfarbenes Grießmehl (Seite 105), das haltbarer ist als Brotmehl. Der mit Wasser bereitete, nahrhafte Teig kann getrocknet und unbegrenzt lange aufbewahrt werden. Guter Pastateig faßt sich seidig glatt und geschmeidig an.
Strenggenommen sollten hausgemachte Eierteigwaren ebenfalls mit Hartweizenmehl zubereitet werden. Es kann aber durch ein Allzweckmehl ersetzt werden. Mit Eiern, Salz und eventuell etwas Wasser oder Öl erhält man eine schöne *sfoglia*, wie der ausgerollte Teig genannt wird. In der Emilia Romagna werden Teigwaren gern mit püriertem Spinat gefärbt. So kommen *Lasagne verdi* und *Tagliatelle verdi* zustande. Natürlich gibt es auch Vollkorn-Pasta.

Ursprung und Entwicklung der Pasta
Geschichtsforscher werden sich immer über die Herkunft der Pasta streiten. Wahrscheinlich hat sie ihren Ursprung in Italien, da die Etrusker sie aus einem griechischen Teigkuchen entwickelt haben, der in Streifen geschnitten wurde. Das Gericht wurde *laganon* genannt, von dem sich später die *Lasagne* ableitete. Es gibt aber auch Hinweise auf eine arabische Herkunft, denn eine der ersten Bezeichnungen für Pasta war *tri*, das dem arabischen Wort *itriyah* entnommen ist.
Itriyah heißt auf deutsch »Schnur« und ist die Beschreibung von Spaghetti.
Im 15. Jahrhundert war Pasta als *Vermicelli* (»kleine Würmer«) und in Sizilien als *Maccheroni* bekannt, ein Wort, dessen Herkunft ungeklärt ist. Unter Makkaroni verstehen wir heute lange, dickwandige Hohlnudeln. Insgesamt gibt es an die 600 verschiedene Pastaformen und noch viel mehr Pastarezepte und -saucen. Die Italiener – Künstler in der Küche – fanden heraus, daß manche Pastaformen besonders gut zu bestimmten Saucen paßten. Bologneser Sauce ist für Spaghetti wie gemacht, *Fettucine* schmecken am besten mit Sahne- oder Pilzsauce. Ligurische *Pesto*-Sauce aus Basilikum, Pinienkernen, Knoblauch, Parmesankäse und Öl ist die ideale Begleitung für *Trenette*.
Die meisten Teigwaren sind jedoch mit jeder der unendlich vielen Saucen kombinierbar. Spiralen, *Fusilli* oder *Archimede* genannt, sind mit einer Muschelsauce genauso deliziös wie die traditionell dazu servierten *Spaghettini*.
Manche Teigwaren eignen sich besonders gut zum Füllen oder zum Überbacken im Ofen. Dazu gehören *Cannelloni* und *Rigatoni*, die mit Fleisch oder zerkleinertem Gemüse gefüllt und mit einer mit Käse vermengten Béchamelsauce bedeckt im Ofen überbacken werden.
Lasagne besteht aus Teigplatten, die mit einer Hackfleischfüllung abwechselnd geschichtet und mit einer Béchamelsauce überbacken werden. *Ravioli, Cappelletti* oder *Tortellini* sind gefüllte Teigtaschen, die in Brühe oder Wasser gekocht werden.

Verwendung von Pasta
Die trockene oder frische Pasta läßt sich je nach ihrer Verwendung in Gruppen aufteilen: *Pasta asciutta, Pasta in brodo* und *Pastina*. Unter *Pasta asciutta* versteht man alltägliche Gerichte wie die bekannten Spaghetti oder Makkaroni, die mit einer Sauce serviert werden, die mit Fleisch, Käse oder Gemüse gefüllten *Ravioli, Cannelloni, Pasta ripieni* (ripieni – gefüllt) und die im Ofen überbackenen Gerichte wie *Lasagne*.
Zur Gruppe der *Pasta in brodo* gehören kleinere Teigwaren, deren natürliches Element die Suppe *(brodo)* ist, wie Räder *(ruote)*, Muscheln

conchiglie), Schmetterlinge *(farfalle)* und viele ndere Motive. Sparsame Köche verwenden ogar abgebrochene *Pasta-secca*-Stückchen, die ich am Boden von Gefäßen und Säcken befinlen, in denen der Lebensmittelhändler die Teigvaren aufbewahrt. Sie bereiten daraus mit Tomaten und Käse ein Gericht, das *Tuoni e ampo* (Blitz und Donner) genannt wird. Während man sich darüber streiten kann, welhe Sauce am besten zu welcher Pasta chmeckt, ist man sich einig, wie Pasta zubereiet werden sollte. *Pasta asciutta* benötigt viel ochendes, gesalzenes Wasser. Man rechnet ,5 l Wasser und 30 g Salz für ein Pfund Nudeln, sonst werden sie klebrig, weil das Wasser nicht so viel Stärke aufnehmen kann. inige Experten sind der Meinung, daß Salz rst nach den Teigwaren ins Wasser gegeben verden sollte, da sonst angeblich ein leichter henolgeschmack entsteht. Die meisten Köche doch ignorieren das und bestehen nur darauf, aß die Kochzeit bei Teigwaren auf die Minute ingehalten wird.
ie Kochzeit richtet sich nach der Pasta, die an zubereiten möchte. Das Endergebnis sollte doch immer dasselbe sein: Teigwaren sollten *dente* sein, das heißt, sie sollten noch Biß aben. Manche mögen ihre Nudeln etwas härr oder sogar hart.
eigwaren, besonders *Lasagne*, sollte man nicht lange abtropfen lassen, da sie sonst zusamenkleben. Manche Köche geben einen Teelöfl Öl ins Kochwasser, um das Zusammenkleen zu verhindern.

NUDELN UND KLÖSSE

ie Chinesen müssen schon früh den Wert ärkehaltiger Teigwaren entdeckt haben, denn arco Polos Berichte über die chinesischen udeln nach seinem Besuch in China (im Jahr 270) sind berühmt. Es ist jedoch anzunehmen, aß Pasta eine eigenständige Erfindung der Itaner war, denn in Italien gehörten *Vermicelli* hon lange vor dem 13. Jahrhundert zu den rundnahrungsmitteln.
a Getreide seit über 8000 Jahren angebaut ird, geht vermutlich auch die Herstellung von udeln weit zurück. Es war bekannt, daß Körr sich zu Mehl vermahlen lassen; Mehl und asser ergeben einen geschmeidigen Teig, der h schneiden, trocknen und aufbewahren läßt. nter Nudeln versteht man bei uns nicht nur Teigwaren, sondern auch im Ofen gebackene Hefeteigklöße (Rohrnudeln und Dampfnudeln). Klöße scheinen entstanden zu sein, indem man Stücke von einem Teig abzwickte und sie in Suppen oder Eintöpfe gab. Dies war in ganz Europa Brauch.

Nudelarten

Bei uns lassen sich Teigwaren in folgende Gruppen einteilen: a) Eierteigwaren, b) eifreie Teigwaren – beide hauptsächlich aus Durum-Weizengrieß oder -mehl und c) Teigwaren besonderer Art (z. B. Milch-, Gemüse-, Kräuter-, eiweißangereicherte Teigwaren, Vollkorn-, Hirse- und Roggenteigwaren).
Handelsübliche italienische Pasta enthält meist keine Eier und ist aus Durum-Weizengrieß oder -mehl hergestellt. Nudeln werden auch einfach *Vermicelli* genannt, egal ob sie aus Italien oder Hongkong kommen. Die meisten Nudeln werden in Mitteleuropa, Amerika und im Fernen Osten hergestellt.
Man sagt, daß Eierteigwaren, insbesondere die mit der bekannten Bandform, eine deutsche Erfindung sind. Die Eierbandnudeln sind ebenfalls in Italien und China beliebt.
In Asien werden Nudeln – mit oder ohne Eier – auch mit anderen Mehlsorten hergestellt. Dort wird Mehl von Mungbohnen, Sojabohnen, Buchweizen, Tang, Mais, Kichererbsen, Reis und Hartweizen verwendet. Die feinen und langen Nudeln werden dann aufgewickelt und strangweise verkauft. Japan hat eine große Auswahl an Weizen- und Buchweizennudeln *(Soba, Somen, Udon)* zu bieten. Japaner und Chinesen haben eine Vorliebe für Glasnudeln. In Japan sind besonders *Harusame,* Glasnudeln aus Mungbohnenmehl, und *Shirataki* aus *Konnyaku* (»Teufelszunge« – aus der Familie der Aronstabgewächse) beliebt.

Aufbewahrung und Zubereitung

Handelsübliche Teigwaren halten sich fast unbegrenzt an einem kühlen, luftigen Platz. Sie sollten wie im Rezept oder auf der Packung angegeben zubereitet werden. Eingeweichte Nudeln brauchen nicht so lange gekocht zu werden wie Teigwaren aus dem Paket, und in Pfannengerichten sind sie von Vorteil. Meist genügt eine Einweichzeit von fünf Minuten. *Harusame*-Nudeln und chinesische Glasnudeln sollten etwa 30 Minuten in Wasser gelegt werden. Kommen sie direkt aus der Packung, müssen *Soba*-Nudeln sieben Minuten, *Somen*-Nudeln ebenfalls sieben Minuten und *Udon*-Nudeln 20 Minuten gekocht werden. Sie werden im Gegensatz zu italienischen Pasta nicht *al dente,* sondern weich gekocht.

Pasta

Capellini

Capellini *(pasta asciutta: secca)*

Die Capellini gehören zu den feinsten Bandnudeln. Sie können selbst hergestellt oder fertig gekauft werden. *Capelli d'angelo* (Engelshaar) sind die dünnsten dieser Art.

Fedeli

Fedeli *(pasta asciutta: secca)*

Eine dünne, zylindrische, den *Vermicelli* ähnliche Pasta. Es gibt sie frisch oder getrocknet. *Fedelini* sin[d] noch dünner.

Lasagnette *(pasta asciutta: secca)*

Die Miniausgabe der *Lasagne* ist eine flache, etwa 18 mm breite Bandnudel mit gewellten Rändern.

Lasagnette

Spaghetti *(pasta asciutta: secca)*

Spaghetti heißt wörtlich übersetzt »kleine Fäden«. In Süditalien sind sie als *Vermicelli* bekannt. Sie sind die beliebtesten Pasta und sind frisch oder getrocknet erhältlich.

Buchweizenspaghetti

Vollkornspaghetti

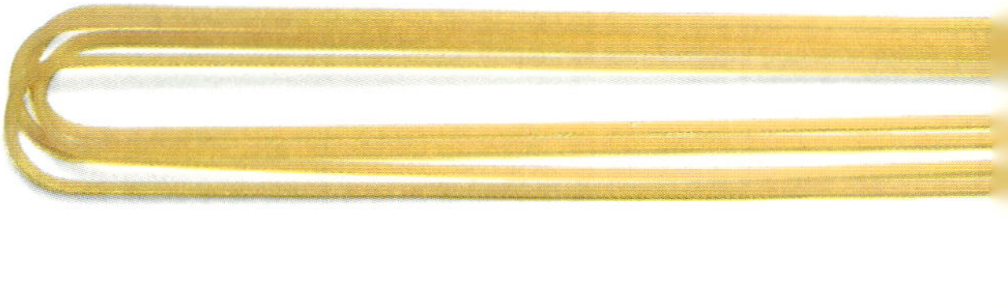

Extralange Spaghetti

Tagliatelle verdi

Tagliarini verdi

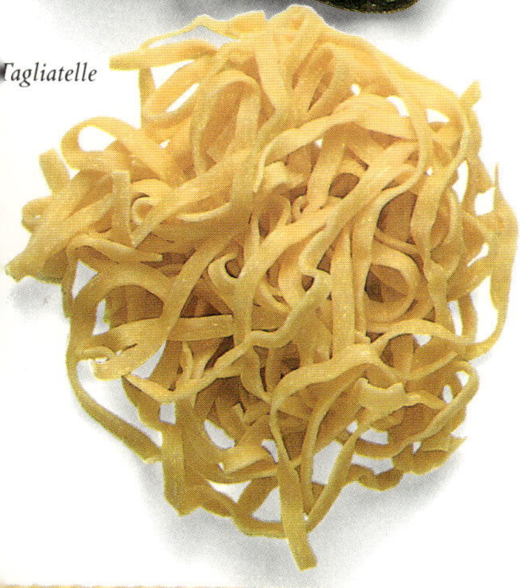

Tagliatelle

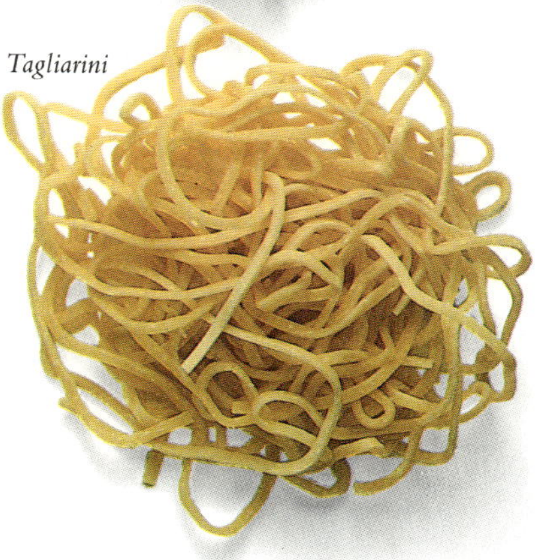

Tagliarini

Tagliatelle *(pasta asciutta: all'uovo)*

Tagliatelle oder *Fettucine* ist die Nudelspezialität von Bologna. Die flachen, etwa 6 mm breiten Bandnudeln werden wie alle Teigwaren aus Hartweizen hergestellt. Sie können leicht selbst gemacht und frisch oder getrocknet gekauft werden. Man serviert sie mit verschiedenen Saucen, die von einer einfachen Milch- und Buttersauce bis zu einer reichhaltigen Fleisch-, Fisch- oder Geflügelsauce reichen. Dem Teig für *Tagliatelle verdi* (siehe Abbildung oben) wird pürierter Spinat zugefügt.

Tagliarini *(pasta asciutta: all'uovo)*

Eine flache, bandnudelartige, den *Tagliatelle* ähnliche, aber nicht so breite Pasta. *Tagliarini* kann man selbst herstellen oder in Feinkostläden fertig kaufen. Es gibt auch *grüne Tagliarini* (siehe Abbildung oben). Zu ihnen passen dieselben Saucen wie zu *Tagliatelle*.

Spaghetti

Casareccia *(pasta asciutta: secca)*

Gerollte Pastastreifen, mit einer Drehung an einem Ende.

Casareccia

Bozzoli *(pasta asciutta: secca)*

Die Pasta wurde nach ihrer kokonartigen Form benannt.

Bozzoli

Cresti di gallo *(pasta asciutta: secca)*

Diese Pasta wurde nach dem Hahnenkamm benannt.

Cresti di gallo

Lungo-Vermicelli coupés *(pasta asciutta: secca)*

Der Name beschreibt die Pasta zutreffend als lange, in Stücke geschnittene *Vermicelli*.

Lungo-Vermicelli coupés

Riccini *(pasta asciutta: secca)*

Die gerillte, muschelförmige Pasta hat ihren Namen vom italienischen *riccio* (Locke) bekommen.

Riccini

Gramigna *(pasta asciutta: secca)*

Kurze, grasähnliche Form. Gramigna heißt wörtlich übersetzt »Unkraut«.

Gramigna

Festonati *(pasta asciutta: secca)*

Wörtlich übersetzt heißt *Festonati* »Girlanden«.

Festonati

Cavatappi *(pasta asciutta: secca)*

Gerillte und gewundene Pasta.

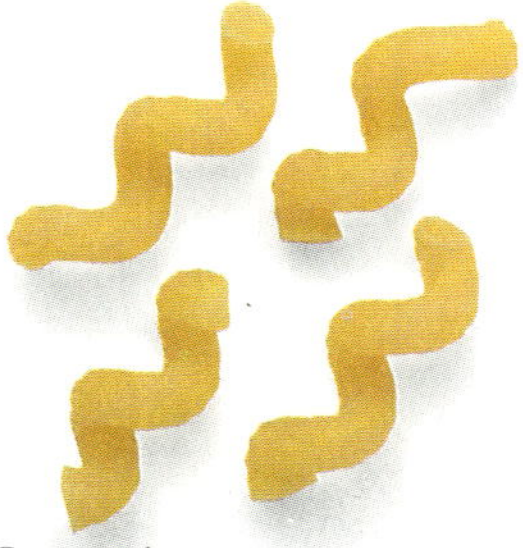

Cavatappi

Fusilli bucati *(pasta asciutta: secca)*

Diese Nudeln sehen aus wie kleine Spiralfedern.

Fusilli bucati

Gnocchi *(pasta asciutta: secca)*

Die kleinen Klößchen gibt es aus Hartweizen (Abbildung), Kartoffeln oder Grieß.

Gnocchi

Orecchiette *(pasta asciutta: secca)*

Die ohrenförmigen Pasta haben ihren Namen von dem italienischen Wort für Ohr, *orecchio*.

Orecchiette

Gnocchetti sardi
(pasta in brodo: secca)

Eine kleine, sardinenförmige Ausgabe der Gnocchi.

Gnocchetti sardi

Pipe rigate *(pasta asciutta: secca)*

Eine gerillte Pasta in Pfeifenform.

Pipe rigate

Spirale *(pasta asciutta: secca)*

Zwei spiralenförmig zusammengedrehte Pastastücke.

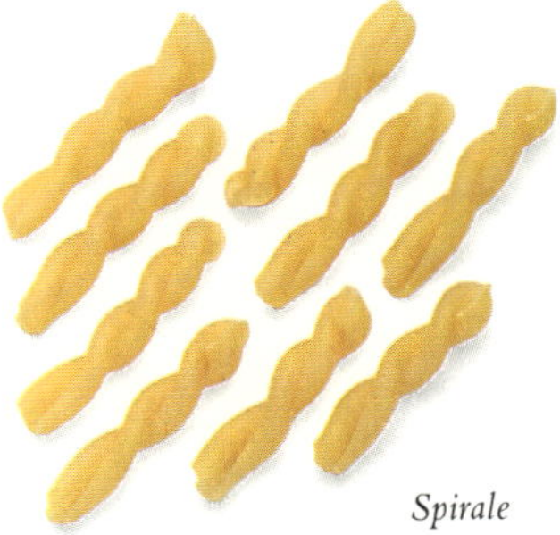

Spirale

Anelli *(pasta asciutta: secca)*

Der Name *Anelli* (Ringe) trifft ausgezeichnet die Form dieser Pasta. Die hier abgebildeten braunen *Anelli* sind aus Weizenvollkornmehl, die hellen aus Hartweizen.

Vollkorn-Anelli

Hartweizen-Anelli

Lumache medie
(pasta asciutta: secca)

Die an Schneckenhäuser erinnernden Pasta heißen nach dem italienischen Wort für Schnecke, *Lumache*.

Lumache medie

Gefärbte Makkaroni
(pasta in brodo: secca)

Die grünen Hartweizenmakkaroni sind mit Spinat, die roten mit Tomate gefärbt.

Gefärbte Makkaroni

Farfalle *(pasta asciutta: secca)*

Farfalle heißt Schmetterlinge. *Farfallini (pasta in brodo)* sehen auch so aus, sind nur kleiner.

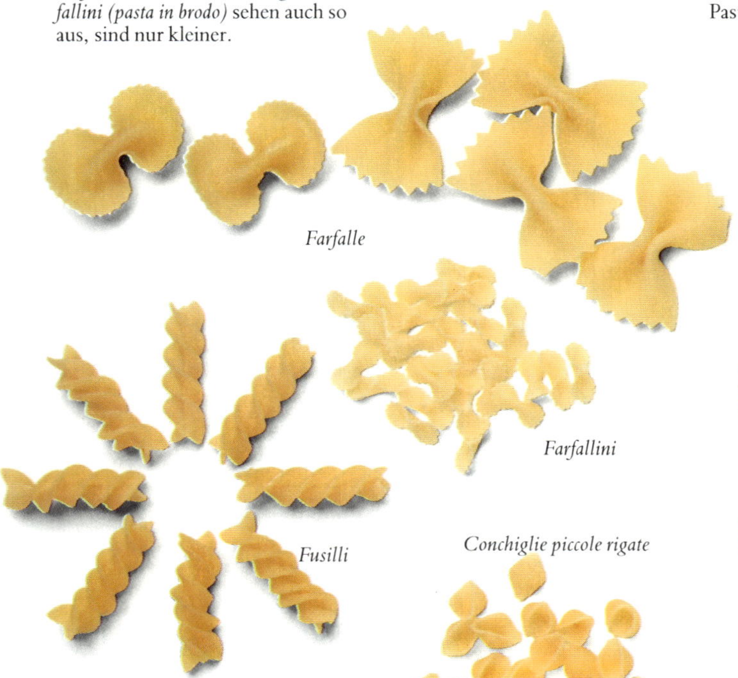

Farfalle

Farfallini

Fusilli

Cappelletti *(pasta asciutta: secca)*

Kleine, aus Hartweizen hergestellte Pasta-Hüte.

Cappelletti

Fusilli *(pasta asciutta: secca)*

Fusilli sind korkenzieherähnliche Nudeln.

Conchiglie rigate
(pasta asciutta: secca)

Die gerillte Pasta sieht Muscheln ähnlich. *Conchiglie piccole rigate* sind die Miniaturausgaben davon.

Conchiglie piccole rigate

Chonchiglie rigate

Ruoti *(pasta asciutta: secca)*

Die wagenradförmigen *Ruoti* gibt es aus Weizenvollkorn- und Hartweizenmehl.

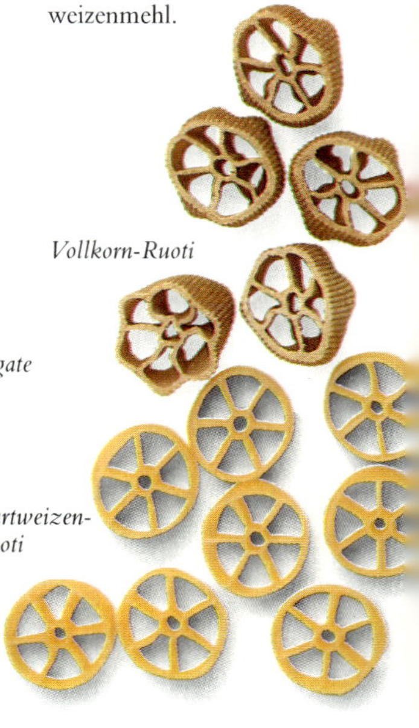

Vollkorn-Ruoti

Hartweizen-Ruoti

Tubetti lunghi
(pasta asciutta: secca)

Kurze, leicht gebogene, an Ellenbogen erinnernde Nudeln. Die Versionen aus Weizenvollkorn (oben) und Hartweizenmehl (unten) sind abgebildet.

Vollkorn-Tubetti lunghi

Hartweizen-Tubetti lunghi

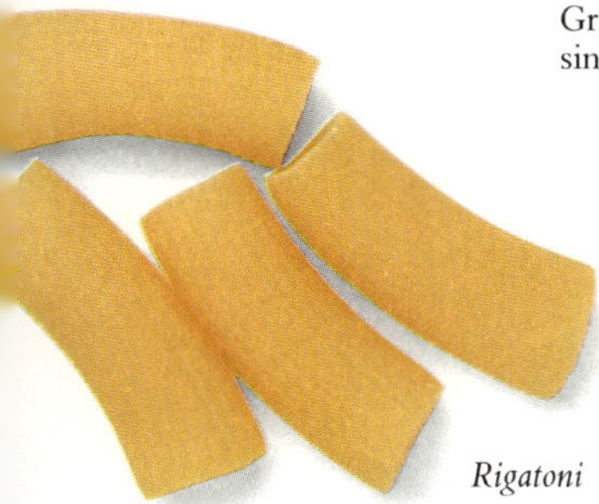

Rigatoni

Rigatoni *(pasta asciutta: secca)*

Der Name ist vom italienischen »riga« (Linie) abgeleitet.

Ziti

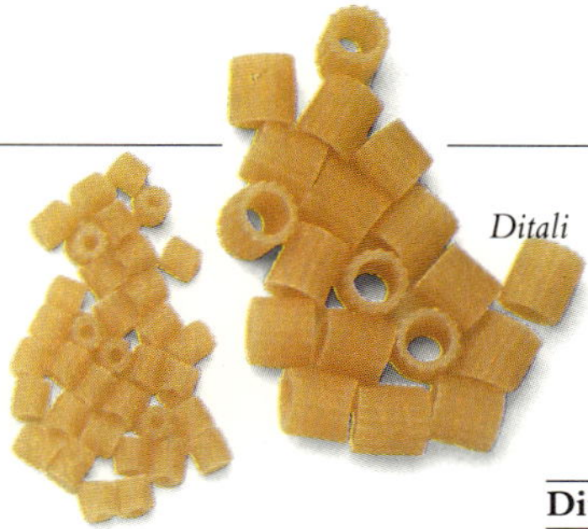

Ditali

Ditalini

Makkaroni *(pasta asciutta: secca)*

Makkaroni ist der Oberbegriff für alle Arten *Pasta secca*. Meist versteht man unter Makkaroni jedoch die langen, röhrenförmigen Nudeln.

Dünne Makkaroni
(pasta asciutta: secca)

Sie sind auch unter dem Namen *Bucatini* bekannt.

Penne *(pasta asciutta: secca)*

Penne gibt es in verschiedenen Größen und glatt oder gerippt. Sie sind leicht erhältlich.

Elicoidali

Elicoidali *(pasta asciutta: secca)*

Sie sind den *Rigatoni* ähnlich, jedoch etwas kleiner, und die Rillen verlaufen spiralförmig.

Ziti *(pasta asciutta: secca)*

Eine Art in kurze Stücke geschnittene Makkaroni.

Ditali *(pasta asciutta: secca)*

Ditali heißt zu deutsch Fingerhüte oder Fingerlinge. *Ditalini (pasta in brodo)* sind kleinere Ausgaben der *Ditali*.

Makkaroni

Penne

Dünne Makkaroni (Bucatini)

Lasagne *(pasta asciutta)*

Die oft selbst hergestellte, aber überall im Handel erhältliche *Lasagne* ist die breiteste unter den Bandnudeln. Es gibt sie mit glatten, gewellten und gezackten Rändern, aus Vollkorn und mit Spinat grün gefärbt.

Pasta secca

Pasta all'uovo

Pasta secca

Pasta secca

Vollkorn-Lasagne

Tortellini *(pasta asciutta: all'uovo)*

Kleine, gefüllte Teigtaschen, die angeblich dem Nabel der Venus nachgeformt sind. Es gibt sie mit folgenden Füllungen: feingehackte Hühnerbrust, Schweinefleisch, Mortadella oder andere Wurst, Käse und Muskat. *Tortellini* gibt es überall frisch oder getrocknet im Handel.

Ravioli *(pasta asciutta: all'uovo)*

Ravioli sind die bekanntesten Teigtaschen. Sie sind viereckig und werden mit einer Fleischfarce, Spinat und Ricottakäse oder Kräutern gefüllt. Sie werden in kochendem Wasser gegart und mit einer Sauce serviert. Kleine *Ravioli* können in Brühe gekocht werden. *Ravioli* werden meist frisch zubereitet, können aber auch fertig gekocht in Dosen gekauft werden.

Cannelloni *(pasta asciutta: secca)*

Der Name *Cannelloni* (zu deutsch große Rohre) beschreibt ganz richtig die Teigröhrchen, die gefüllt im Ofen gebacken werden.

Tortellini

Ravioli

Pastina *(pasta in brodo: secca)*

Mit *Pastina* wird eine Vielzahl kleiner Pastaformen bezeichnet, die meist *in brodo* gegart werden.

Pastina

Cannelloni

Eierteigwaren und Klöße

Eierteigwaren
Zur Herstellung von Eierteigwaren werden Eier und Mehl verwendet. Je dunkler die Nudeln aussehen, desto mehr Eier enthalten sie. Sie werden normalerweise in zusammengepreßten Bündeln unterschiedlicher Größe verkauft. Meist sind sie im Dampf vorgekocht und zu Hause dann ganz schnell zubereitet. Der Hauptunterschied zwischen Nudeln und italienischer Pasta liegt in der Zubereitungsweise und nicht in Substanz und Form. Die meisten der abgebildeten Nudeln sind getrocknet. Handelsübliche Nudeln enthalten 5,5 kg Frischeier auf 44 kg Hartweizenmehl. Der Teig wird maschinell gemischt, geknetet, gerollt, gewalzt, geschnitten und getrocknet.
Europäische Nudeln gehen wahrscheinlich auf die schwäbischen Spätzle zurück, die durch eine Presse direkt ins heiße Wasser oder direkt von einem Brett in den Kochtopf »geschabt« werden.

Frischeinudeln

Getrocknete Eierteigwaren

Getrocknete Eierteigwaren

Chinesische Nudeln

Chinesische Nudeln

Davon gibt es viele verschiedene Sorten, aber die typischen Vertreter sind 3 mm breit, getrocknet, und werden wie lose gewickelte Wollknäuel verkauft. Nudeln heißen auf chinesisch *mein* und *mee* und sind zusammen mit Fleisch und Gemüsen Bestandteil von *Chow-mein*-Gerichten.

Getrocknete Eiernudeln

Getrocknete Eiernudeln

Getrocknete Eiernudeln

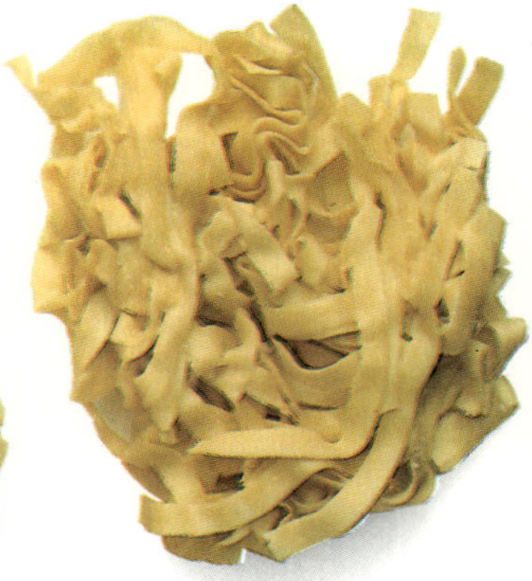

ANDERE TEIGWAREN

Csipetke
In Ungarn werden aus einem Eierteig hergestellte Nockerl in siedendem Wasser gegart und zu Suppen und Gulasch serviert.

Kasnudeln
Kärntner Spezialität aus Nudelteig, der mit Topfen, Rahm, Semmelbröseln und Gewürzen gefüllt wird.

Uszka
Uszka (Öhrchen) sind eine Art Ravioli aus Polen. Die ohrenförmigen Eierteigtaschen werden mit Pilzen gefüllt und dann in Suppe gegart.

Reis-, Bohnen- und Weizennudeln

Reisnudeln

In China sind Nudeln ein Symbol für langes Leben. Deshalb kommen sie oft bei Geburtstagsfeiern auf den Tisch, um dem Jubilar ein langes Leben zu wünschen. Reisnudeln werden strangweise gefaltet und verpackt.

Reisnudeln

Reisstabnudeln

Die flachen, fadenähnlichen Reisnudeln werden in langen Strängen hergestellt und oft Reisstabnudeln genannt.

Reisstabnudeln

Reisvermicellinudeln

Reisnudeln werden häufiger in Südchina gegessen, wo mehr Reis angebaut wird. Die geringelten Nudeln sind allgemein als »Reisvermicelli« bekannt.

Reisvermicelli

Weizennudeln

Die flachen, stäbchenförmigen Weizennudeln gibt es in verschiedenen Breiten. Man kann sie nach Belieben durch Reisnudeln ersetzen.

Glasnudeln

In China und Japan werden die Glasnudeln aus Mungbohnenpaste (diese sind hier abgebildet), Erbsenstärke oder Weizenmehl hergestellt. In Japan sind sie als *Harusame* (»Frühlingsregen«) bekannt und sind Bestandteil des Fisch-Chop-Sueys *Yosenabe* und einer Gemüsesuppe. In Indien werden die Glasnudeln *Sevian* oder Chinagras genannt und für süße Gerichte verwendet.

Weizennudeln

Glasnudeln

ANDERE NUDELN UND KLÖSSE

Bijon
Diese Nudelart wird in Südostasien kommerziell aus Maiskörnern hergestellt. Die Körner werden vier bis sieben Tage in Wasser eingeweicht, um die Gärung von Buttersäure zu fördern. Dann werden sie zu Brei zerdrückt und mit Maisstärke zu Klößen geformt. Der Teig wird zu langen Strängen gezogen, zwei Minuten gekocht, dann etwa vier Stunden getrocknet.
Kantonnudeln kommen aus der gleichen Gegend und enthalten Weizenmehl, Enteneier, Salz und Pflanzenöl. *Miki* bestehen aus Weizenmehl, Eiern, Soda und Asche. *Misua* sind wie die japanischen Glasnudeln *Udon sotanghon* feine Weizennudeln. Sie werden zu *Laksa,* einer Fisch-Milch-Suppe, serviert.

Knödel und Klöße
Die zu Kugeln geformten Klöße oder Knödel aus Kartoffeln, Mehl, Grieß, Semmeln oder Hefeteig werden meist als Beilage zu Braten und Pilzen gereicht. Es gibt auch köstliche Klößchen aus Fleisch, Wild, Fisch und Geflügel und Knödel mit diversen Füllungen (z. B. Zwetschgen und Marillen). Im Handel sind sie tiefgekühlt, vakuumverpackt oder als Halbfertigprodukt erhältlich.

Shirataki
Shirataki werden aus der Stärke der in Japan und China kultivierten »Teufelszunge« *(Amorphophallus rivieri)* hergestellt. Die Knollengewächse werden getrocknet und zu *Konnyaku*-Mehl verarbeitet, aus dem die *Shirataki* (»weißer Wasserfall«) gemacht werden. Sie sind Bestandteil des bekannten *Sukiyaki*-Gerichtes.

Soba
Soba-Nudeln sind die beliebtesten Nudeln in Japan. Sie bestehen aus Buchweizen und stehen in den vielen *Sobo-va*-Restaurants auf der Speisekarte. Die Nudeln können in *Zaru*-Schüsseln mit *Nori* (Seetang) und Meerrettich serviert werden.

Somen
Sehr dünne, feine, weiße Weizennudeln, die oft kalt serviert werden.

Udon
Die schmalen, bandartigen, weißen Weizennudeln werden in Suppen gegeben und zu gemischten Fleisch-Gemüse-Gerichten serviert.

Backzutaten

Einige unscheinbare Zutaten spielen beim Backen eine wichtige Rolle, andere haben eine mehr dekorative Funktion. Zu den ersteren gehören Trieb- und Dickungsmittel. Sie sind beim Backen für die sich im Inneren des Teiges abspielenden chemischen Vorgänge zuständig. Zu den zweiten gehören Lebensmittelfarben und Backverzierungen.

Verwendung in der Küche

Mit Hefe wird das glutenhaltige Mehl von Brotteigen zum Gehen gebracht. Backpulver wird für viele Kuchen und einige Brotsorten verwendet. Frischhefe sollte graubraun aussehen und sich leicht zerkrümeln lassen. Ist sie alt, wird das Braun dunkler. Sie sollte in lauwarmer Milch aufgelöst werden, bevor sie zu den anderen Zutaten gegeben wird. Trockenhefe wie auf der Packung beschrieben verwenden.

Viele Dickungsmittel, wie z. B. Maisstärke und Arrowroot, die als Bindemittel für Saucen bekannt sind, werden auch zum Backen verwendet. Dagegen wird die auch zu dieser Gruppe gehörende Gelatine nicht beim Backen eingesetzt, sondern eher für Desserts und Aspik verwendet. Trockenhefe, Backpulver, und Maisstärke halten sich fast unbegrenzt an einem kühlen und trockenen Ort.

Der Konditor kann auf eine ganze Reihe von Backverzierungen und Farben zurückgreifen. Viele der herkömmlichen Farbstoffe wie Chlorophyll und Cochenille werden von synthetischen Farben ersetzt, und die Farbpalette wird ständig erweitert. Backverzierungen und kandierte Früchte gibt es als Fertigprodukte im Handel.

Frischhefe

Hefe ist ein Pilz mit lebenden, sich von Zucker ernährenden Zellen. Sie produzieren Alkohol und Kohlendioxyd. Hefe ist das wichtigste Treibmittel für Brote. Es sollten immer nur kleine Mengen gekauft werden, da sie schnell ihre Wirkung verliert, wenn sie einmal angebrochen ist.

Frischhefe

Hefekugeln

Die zu Kugeln geformte Frischhefe ist in den meisten auf orientalische Nahrungsmittel spezialisierten Läden erhältlich.

Hefekugeln

Bier-, Weinhefe

Bier- und Weinhefe werden zum Bierbrauen bzw. zur Weinherstellung verwendet. Es gibt sie getrocknet, in Pulver- oder Tablettenform.

Getrocknete Bierhefe

Bierhefe in Pulverform

Rote Hefe

Die rote Hefe ist eine Art wilde Hefe. Sie ist in getrockneter Form erhältlich und wird zur Herstellung von orientalischem Essig verwendet.

Rote Hefe

Trockenhefe

Trockenhefe wird in Fabriken hergestellt. Sie basiert auf einer Lösung aus Melasse und Wasser. Sie dient den gleichen Verwendungszwecken wie die Frischhefe, ist jedoch länger haltbar. Trockenhefe ist als Instanthefepulver erhältlich.

Trockenhe

Pektin

Pektin ist ein Kohlehydrat, das in natürlicher Form in bestimmten Früchten vorkommt. Das pflanzliche Geliermittel wird für Marmeladen und Gelees verwendet. Pektinextrakte sind als Fertigprodukt (als Pulver oder flüssig) erhältlich.

Pektin

Natriumbikarbonat

Natriumbikarbonat (auch als Natron und Backsoda bekannt) ist kein Teiglockerungsmittel. Es wird nur in Verbindung mit einer Säure (wie z. B. Sauermilch) als Backtriebmittel verwendet.

Natriumbikarbonat

Weinstein

Weinstein findet sich im Traubensaft, nachdem die Beeren für die Weinherstellung fermentiert wurden. Mit Natriumbikarbonat zusammen produziert er Kohlendioxyd und lockert so Ausbackteige.

Weinsteinpulver

Backpulver

Von diesem Backtriebmittel gibt es mehrere Arten: Es besteht aber hauptsächlich aus Natriumbikarbonat und verschiedenen Säuren oder Säuresalzen. Es kann fertig gekauft werden oder selbst aus Weinstein, Natriumbikarbonat und Salz hergestellt werden. Wird dem Backpulver Wasser zugesetzt, entsteht Kohlendioxyd, das den Teig, dem es zugesetzt wurde, lockert. Richten Sie sich beim Backen nach der angegebenen Menge, denn zuviel Backpulver kann die Konsistenz und den Geschmack des Kuchens verderben.

Backpulver

Maisstärke

Das feine, aus Mais gewonnene Mehl wird als Dickungs- und Bindemittel und zum Kuchenbacken verwendet.

Maisstärke

Arrowroot, Pfeilwurz

Die nahrhafte Stärke stammt hauptsächlich von der westindischen Pflanze *Maranta arundinacea* und wird meist als Dickungs- und Bindemittel verwendet.

Arrowroot

Kuzu

Die Wurzeln der Kuzupflanze *(Pueraria thunbergii)* schmecken ziemlich bitter. Gekocht und püriert werden sie in Japan und China gern als Dickungsmittel verwendet.

Kuzu

Agar-Agar

Agar-Agar ist ein geschmacksneutrales Hydrokolloid, das aus verschiedenen fernöstlichen Algen gewonnen wird. Es ist auch unter den Namen Ceylontang oder japanische Gelatine bekannt. Es wird meist zur Herstellung von Götterspeise und gelatineähnlichen Desserts verwendet. Es ist in Faden-, Flocken- und Pulverform erhältlich. Es löst sich nur in kochendem Wasser vollständig.

Agar-Agar

Gelatine

Gelatine ist ein Extrakt aus gekochten Rinderknochen und Sehnen. Sie ist in Pulver- oder Blätterform erhältlich. Das Geliermittel wird für Desserts, Aspik, Pastetenfüllungen und Fleischgelee verwendet.

Gelatinepulver

Blattgelatine

ANDERE BACKZUTATEN

Ammoniumbikarbonat
Hauptvertreter der unter der Bezeichnung Hirschhornsalz zusammengefaßten Backtriebmittel.

Gummiarabikum
Gummiarabikum wird aus dem Gummiarabikumbaum *(Acacia senegal)* gewonnen. Er verhindert die Zuckerkristallisation und wird zum Glasieren von Marzipanfrüchten verwendet.

Tragant
Das gummiartige Bindemittel wird zur Herstellung von Zukkerblümchen- und Kuchendekorationsmasse verwendet. Tragant stammt von Sträuchern orientalischer *Astragalus*-Arten.

Back- und Speisefarben, Zuckerwerk

Marzipanfrüchte

Marzipanrohmasse wird zu Früchten geformt, die mit Lebensmittelfarbe bemalt werden. Die Früchte werden zum Verzieren von Kuchen verwendet oder als Konfekt abgepackt.

Kokosnuß

Aus getrocknetem Kokosnußfleisch hergestellte Kokosraspeln und -flocken werden natur oder geröstet als Garnierung oder als Backzutat (Kokosmakronen) verwendet.

Geleerauten

Mit den weichen, als Geleerauten bekannten Zuckerdekorationen lassen sich besonders schöne Muster auf Kuchen und Desserts zaubern.

Nonpareilles und Liebesperlen

Die harten, bunten Zuckerwaren zum Bestreuen von Schokoladenerzeugnissen, Desserts und Backwaren gibt es in Form von winzigen Röhrchen (Nonpareilles) und Perlen.

Lebensmittelfarben

Lebensmittelfarben sind als Pulver oder (häufiger) als Flüssigkeit im Handel. Sie können künstlich hergestellt oder natürlichen Ursprungs sein und sollten sehr sparsam verwendet werden, damit die Farben nicht zu kräftig geraten. Zu den natürlichen Farbstoffen gehören: Alkanna (ein Rot- oder Blauton) von der Alkannawurzel *(Anchusa tinctoria)*; Annatto (orange Farbe aus den Samen des westindischen Strauches *Bixa orellana)*, Carotin (ein gelbes, mit Vitamin A verbundenes und in Karotten vorkommendes Pigment), Chlorophyll (grünes Pigment von Blättern wie z. B. von Spinat und Brennessel) und Cochenille (ein rosafarbenes Pigment aus den Weibchen der in Mexiko und dem Iran vorkommenden Cochenille-Schildläuse *(Dactylopius cacti)*.

Marshmallow

Die weiche Süßigkeit wird so oder geröstet verzehrt. Marshmallows bestehen aus Zucker, Eiweiß und Gelatine und sind mit Puderzucker überzogen. Ursprünglich wurden sie aus den Wurzeln der Marshmallowpflanze hergestellt.

Eßkastanienpüree

Geschälte und gekochte Eßkastanien werden püriert (manchmal mit Sahne), zu feinen Desserts gereicht oder als Geflügelfüllung verwendet.

Garnierperlen

Die glänzenden Zuckerperlen findet man oft als Dekoration auf Kuchen für besondere Anlässe.

Zuckerstreusel

Die in verschiedenen Farben erhältlichen Zuckerstreusel sind zum Verzieren von Kuchen und Kleingebäck.

Zuckerveilchen und Rosenblätter

Die als Kuchendekoration beliebten Zuckerblümchen gibt es in verschiedenen Farben und Größen.

Gezuckerte Veilchen, Rosen- und Minzeblätter

Mit den in Eiweiß und Zucker getauchten Blüten und Blättern werden Kuchen, Törtchen, Plätzchen und Eiscremes verziert.

Marrons glacés

Die oft als Konfekt in Geschenkpackungen angebotenen Eßkastanien werden zunächst konserviert und dann mit Sirup glasiert.

Marrons glacés

Glasierte Kirsche

Mit einem Zucker-Glukosesirup-Gemisch überzogene Kirschen, die als Zutat in Kuchen, in Schokolade und als Dekoration Verwendung finden.

Orangeat und Zitronat

Kandierte und glasierte Fruchtschalen von Zitrusfrüchten. Backzutat für Kuchen, Stollen, Weihnachtsgebäck, englischen Christmas-Pudding.

Kandierte Ananas

Kandierte Ananas wird als Konfekt gegessen oder zerkleinert als Dekoration verwendet.

Geleefrüchte

Aus Zucker und Gelatine hergestellte Geleefrüchte sind das I-Tüpfelchen für Desserts und Kuchen.

Blockschokolade

Gepreßte Kakaomasse wird abgekühlt und zu Blöcken geformt, der sogenannten Blockschokolade, die auch als ungesüßte Schokolade oder Kochschokolade bekannt ist. Es gibt auch süße und halbbittere Varianten, die mehr Zucker und Kakaobutter enthalten. Ebenfalls zum Backen und für Saucen geeignet.

Marzipanrohmasse

Mit Vanille parfümierte Masse aus blanchierten und zerkleinerten Mandeln mit Zucker. Mit ausgewellter Marzipanrohmasse lassen sich Kuchen bedecken, bevor sie mit Glasur überzogen werden. Marzipan ist vermutlich im Nahen Osten entstanden.

Borkenschokolade

Die lockeren, borkenähnlichen Röllchen werden im ganzen oder in Stücken zu Vanilleeis gereicht.

Angelika

Die kandierten Stengel der Heilpflanze (Seite 55) werden zerkleinert oder in Spanform als Kuchendekoration verwendet.

Glasierte Kirsche

Überzuckerte Kreuzkümmelsamen und Mimosen

Zitronat und Orangeat

Erdbeer- und Schokoladenstreusel

Schokoladentröpfchen

Kandierte Ananas

Kandierter Ingwer

Geleefrüchte

Blockschokolade

Marzipanrohmasse

Borkenschokolade

Angelika

Überzuckerte Kreuzkümmelsamen und Mimosen

Die Samen sind mit gefärbtem Zucker überzogen. Das harte und knusprige Zuckerwerk ist ein guter Kontrast zu Cremespeisen.

Erdbeer- und Schokoladenstreusel

Zum Verzieren von Eis und Kuchen.

Schokoladentröpfchen

Kleine Schokoladentröpfchen für Kuchen, Gebäck und zum Verzieren.

Kandierter Ingwer

Überzuckerte Ingwerstücke, die als Konfekt verzehrt oder zerkleinert zum Verzieren verwendet werden.

Reispapier

Das dünne Reispapier wird als Unterlage für Konfekt verwendet.

Reispapier

ANDERES ZUCKERWERK

Gummipaste
Die aus Puderzucker und Tragant oder Gelatine und Maisstärke hergestellte farbige Gummipaste wird für Kuchendekorationen verwendet.

Nougat
Nougat ist eine europäische Erfindung. Die Rohmasse ist aus geschälten Nußkernen, Zucker und Kakaoerzeugnissen hergestellt.

Kaffee

Kaffee stammt aus Äthiopien, wo *Coffea arabica,* eine der drei wichtigsten Sorten, wild wächst. Die anderen beiden, *Coffea robusta* und *Coffea liberica*, kommen aus dem Kongogebiet und Liberia. Der Kaffeebaum braucht heißes, feuchtes Klima und fruchtbaren Boden.
Die Bezeichnung Kaffee kommt vom arabischen »qahwa« (Aussprache qahwä). *Coffea arabica* wurde erstmals 575 n. Chr. kultiviert, aber erst im 15. Jahrhundert in größerem Stil in Südarabien angebaut. Von da gelangte die Pflanze in die Mittelmeerländer und in die Anrainerstaaten des Indischen Ozeans. Mitte des 17. Jahrhunderts war sie in ganz Europa verbreitet, und unzählige Kaffeehäuser (in England Vorläufer der Clubs) wurden eröffnet. Im Jahre 1668 wurde Kaffee nach Amerika gebracht. Anfang des 18. Jahrhunderts gelangte er auf die französischen Westindischen Inseln, nach Brasilien, Süd- und Zentralamerika. Die Kaffeeanbauländer sind heute die Westindischen Inseln, Mexiko, Mittelamerika, das tropische Südamerika, Afrika, Indien und Indonesien. Angebaut werden Arabica-, Robusta- und Liberiakaffee und ihre Varietäten.
Grüne Kaffeebohnen werden aus den reifen Kaffeekirschen, von denen jede zwei Bohnen enthält, herausgeschält. Ungefähr 4000 Bohnen ergeben ein Kilogramm Kaffee.

Rösten und Instantkaffee
Kaffeebohnen werden in drei Hauptarten unterteilt. Der feinste Kaffee ist der Arabicakaffee. Er hat einen niedrigen Coffeingehalt. Robustakaffee ist stark, enthält viel Coffein, ist aber von minderer Qualität. Liberiakaffee ist sehr ergiebig, aber mittelmäßig im Geschmack.
Geschmack und Aroma erhalten die Bohnen erst beim Rösten. Bei etwa 100° C werden sie hellgelb; bei 230° C verdoppeln sie fast ihr Volumen, werden dunkelbraun und schwitzen Öl aus, das ihnen Glanz verleiht.
Es gibt vier Röstgrade: dunkle Röstungen, die stark und bitter schmecken und schwarz getrunken werden sollten. Volle Röstungen, die etwas bitter schmecken, aber nicht den »verbrannten« Geschmack der dunklen Röstungen haben. Mittelhelle Röstungen, die kräftig, aber nicht bitter schmecken, und sehr helle Röstungen, die einen vollmundigen, delikaten Kaffee ergeben, der mit Milch gut schmeckt.
Starke, schwarze Kaffees von der Robusta-Art sind aufgrund ihres Coffeingehaltes anregend.
Entcoffeinierter Kaffee wird durch Auswaschen des Coffeinalkaloids mit Hilfe eines Lösungsmittels oder mit Kohlendioxyd hergestellt.
Getrocknete Löwenzahnwurzeln kann man zum Aromatisieren von Kaffee oder als Kaffee-Ersatz verwenden.
Instantkaffee in Pulver- oder Granulatform gibt es seit den dreißiger Jahren, und sie leiteten die Ära der Fertigprodukte ein. Sie werden aus frisch geröstetem, gemahlenem und aufgebrühtem Kaffeekonzentrat hergestellt, das durch einen Zerstäuber in einen heißen Luftstrom gesprüht wird, wo das Wasser verdampft. Zurück bleibt ein feiner, pulvriger Rückstand – der Instantkaffee.
Gefriertrocknung ist das erfolgreichste Verfahren zur Herstellung eines aromatischen Kaffees. Kaffee wird aufgebrüht und zu Blöcken gefroren. Diese werden zermahlen und in einem Vakuum erhitzt. Das Eis verdunstet, und übrig bleibt das trockene und gebrauchsfertige Kaffeegranulat.

Aufbewahrung und Zubereitung
Ungeröstete Bohnen halten sich an einem kühlen, trockenen Platz fast unbegrenzt lange. Sind die Bohnen geröstet und gemahlen, sollte der Kaffee baldmöglichst aufgebraucht werden. Je feiner das Kaffeemehl ist, desto schneller verliert es sein Aroma.
Es gibt sehr viele Methoden, einen guten Kaffee zuzubereiten, und jeder schwört auf sein Rezept. Einigkeit bei den Rezepten herrscht nur darin, daß pro Tasse ein gutgehäufter Teelöffel Kaffeemehl zu nehmen ist. Kaffee kann man in einer vorgewärmten Kanne aufgießen; man filtert ihn oder verwendet eine Kaffeemaschine; man kocht ihn auf (türkischer Kaffee) oder preßt Wasserdampf durch das Pulver (Espresso).
Kaffee, der für Kochrezepte gebraucht wird, sollte stark und konzentriert sein. Dafür eignet sich Instantkaffee bestens. Kaffee findet man auch in alkoholischen Getränken wie in Irish Coffee und in Likören wie Tía Maria, Kahlua, Crème de Café, Crème de mokka und Bahia.

Dunkelgerösteter Kaffee
Hier abgebildet ist die algerische Arabicabohne. Wie bei allen dunkelgerösteten Bohnen ergibt sie einen bitteren Kaffee, da das Öl, das für die Milde eines Kaffees verantwortlich ist, ausgetreten ist.

Grobgemahlener Kaffee
Grobgemahlener Kaffee eignet sich für Kaffeemaschinen. Dunkle Röstungen nach dem Abendessen, helle Röstungen zum Frühstück servieren.

Mittelfein gemahlener Kaffee
Mittelfein gemahlener Kaffee hält am besten den Geschmack und das Aroma. Für Kaffeemaschinen, zum Filtern und Aufbrühen.

Feingemahlener Kaffee
Er ist ideal zum Aufgießen, für Espressomaschinen und für Papierfilter.

Löwenzahnkaffee
Er wird aus der Wurzel gewonnen und kann als coffeinfreier Kaffeeersatz aufgebrüht werden.

Entkoffeinierter Kaffee
Gemahlenen Bohnen wird mit Hilfe eines Lösungsmittels fast das ganze Coffein entzogen.

Gefriergetrockneter Instantkaffee
Ein guter Aufguß wird gefroren und gemahlen, dann wird das Wasser unter Vakuum entzogen.

Dunkelgeröstete Bohnen

Hellgeröstete Bohnen

Grobgemahlener dunkler Kaffee

Vollgeröstete Bohnen

Mittelfein gemahlener dunkler Kaffee

Mittelhell geröstete Bohnen

Feingemahlener dunkler Kaffee

Ungeröstete Costa-Rica-Bohnen

Löwenzahnkaffee

Geröstete Costa-Rica-Bohnen

Entkoffeinierter Kaffee

Gefriergetrockneter Instantkaffee

Instantkaffee

Hellgerösteter Kaffee
Hier abgebildet ist die Arabicabohne aus Kenia. Helle Röstungen haben einen delikaten Geschmack und können mit Milch getrunken werden.

Vollgeröstete Bohnen
Die hier abgebildete Mokkabohne mit dem charakteristischen Geschmack wird sehr geschätzt und paßt gut in Mischungen aus milden Bohnen.

Mittelhell geröstete Bohnen
Die abgebildeten Bohnen stammen aus der Türkei, wo die Wiege des starken türkischen Kaffees (aus staubfein gemahlenen Bohnen) stand.

Ungeröstete Costa-Rica-Bohnen
Kaffeebohnen können vor dem Rösten zwei bis drei Jahre gelagert werden. Erst beim Rösten erhalten sie ihr typisches Aroma. Jeder Kaffee schmeckt am besten frisch geröstet.

Geröstete Costa-Rica-Bohnen
Die feine, milde vollmundige Arabica-Bohne hat einen etwas säuerlichen Geschmack. Die Kaffeebohnen werden leicht oder mittelhell geröstet.

Instantkaffee
Er wird meist aus billigeren Kaffeesorten hergestellt und schmeckt etwas bitter. Er ist bequem in der Zubereitung.

ANDERE KAFFEESORTEN

Jamaikakaffee
Eine große gelbe Arabicabohne mit feinem Aroma.

Keniakaffee
Die hellgrüne afrikanische Arabicabohne ergibt nach dem Rösten einen Kaffee mit kräftig-würzigem Geschmack.

Kolumbianischer Kaffee
Eine vollmundige Kaffeebohne mit geringem Säuregehalt.

Mokka
Die ursprünglich aus dem alten Hafenort Mokka im Jemen stammende Arabicabohne gehört zu den feinsten Kaffees der Welt.

Mysorekaffee
Die ostindischen, blaugrauen Arabicabohnen ergeben einen feinen, starken Kaffee.

Santoskaffee
Die brasilianischen Kaffees Santos und Rio haben grünlichgelbe Bohnen und ergeben einen weichen, kräftigen Kaffee.

Tee

Tee ist das beliebteste Getränk der Welt. Tee ist der Name für die vom immergrünen Teestrauch *(Thea sinensis)* stammenden Blätter. Er wächst in feuchten tropischen und subtropischen Gebieten bis in 3000 m Höhe. Die Pflanze stammt wahrscheinlich aus Indien. In China war sie bereits 2700 v. Chr. bekannt. Nach Japan gelangte sie erst im 8. Jahrhundert. Holländer brachten das Getränk im Jahre 1610 nach Europa. 1644 kam es nach England, und in Amerika wurde es Anfang des 18. Jahrhunderts eingeführt. Danach breitete es sich in der ganzen Welt aus. Die Hauptanbaugebiete von Tee sind China, Taiwan, Japan, Indien, Sri Lanka, Südostasien und Afrika.

Schwarzer und grüner Tee sind die beiden Hauptarten. Ihre Farbe hängt von der unterschiedlichen Behandlung der gepflückten Blätter ab. Für schwarzen Tee, der in der Tasse bernsteinfarben ist und kräftig schmeckt, werden die Blätter fermentiert. Für grünen Tee, in der Tasse grünlichgelb und bitter im Geschmack, wird dieser Schritt ausgelassen. Es gibt auch noch eine andere Gruppe von Tee, nämlich halbfermentierten Tee (Oolong). Der in China, Taiwan und Japan angebaute Oolong schmeckt subtil und hat alle Charakteristika von schwarzem und grünem Tee. Er wird oft mit Jasminblüten aromatisiert.

Das Beste am Teestrauch ist die Knospe, die von zwei fein behaarten Blättern umschlossen wird. Früher war die chinesische Bezeichnung für diese Blätter »pekoe« (weißer Flaum). Heute bezieht sich »pekoe« auf den Blattgrad (kurzes, grobes, unregelmäßig gerolltes Blatt). Geerntet (handgepflückt) werden jeweils nur die jüngsten Triebe, d. h. die ungeöffnete Knospe mit zwei Blättern. Über zwei Kilo Blätter müssen für ein Pfund schwarzen Tee gepflückt werden.

Verarbeitung der Blätter

Die geernteten Blätter werden schnell zur Fabrik gebracht, wo sie auf Welktrögen zum Trocknen ausgebreitet werden. Dabei verlieren sie ungefähr 50 Prozent ihres Feuchtigkeitsgehaltes. Nach dem Welken werden die Blätter maschinell gerollt, um die Zellstruktur aufzubrechen. Dabei werden Gärungsenzyme freigesetzt, die die Aufnahme von Sauerstoff fördern. Die Rolltechnik wird auch angewandt, damit die Blätter ähnlich dekorativ aussehen wie die früher handgerollten Blätter aus China. Nach dem Rollen werden die Blätter bei etwa 27° C fermentiert. Dabei nehmen sie allmählich einen kupfernen Farbton an, und der Tee erhält seinen charakteristischen Geschmack und seine Stärke. Bei der Fermentation wird etwa 30 Minuten lang sorgfältig regulierte Heißluft über die Blätter geleitet.

Nach dem Trocknen laufen die schwarzen Blätter über Rüttelsiebe und werden zunächst in Broken-Tee und Blatt-Tee sortiert. Je größer das Blatt, desto besser der Tee. Broken-Teesorten ergeben einen starken und dunklen Aufguß. Broken-Tee wird dann weiter sortiert in: Broken Orange Pekoe (kleines, regelmäßiges, oft offenes Blatt), Flowery Broken Orange Pekoe (kleines, gutgerolltes Blatt aus ganz jungen und zarten Trieben mit heller Spitze), Broken Pekoe (kleines, unregelmäßiges, oft offenes Blatt), Fannings (winzige Blatt-Teilchen, die bei der Verarbeitung abbrechen und später ausgesiebt werden) und Dust (allerkleinste Blattstückchen). Fannings und Dust kommen in Aufgußbeutel und ergeben einen kräftigen Aufguß. Blatt-Tee wird weiter sortiert in Pekoe (kurzes, grobes, unregelmäßig gerolltes Blatt), Orange Pekoe (langes, drahtiges Blatt) und Flowery Orange Pekoe (nur ganz junge Blättchen mit goldenen Spitzen werden dünn und drahtig gerollt).

Verwendung von Tee

Tee trinkt man heiß, eisgekühlt oder im Punsch. Da Ceylontee nicht trüb wird, eignet er sich am besten für Eistee oder als Punschzutat. Schwarzer Tee wird mit Zitrone und Zukker oder mit Milch serviert. Grünen Tee kann man mit Zitrone und Zucker oder pur trinken. Tee wird in der Küche fast immer nur als Getränk verwendet. Ausnahmen sind z. B. Tee-Eis und Teesoufflé. Auf der ganzen Welt ist es Brauch, beruhigende oder anregende Getränke wie Tee, Kaffee und Matetee zu trinken, die Tannin, Thein und Coffein enthalten. Kräutertees sind dagegen frei von Reizstoffen. Tee sollte in luftdichten Behältern aufbewahrt werden.

Ceemun

Ein schwarzer, großblättriger Tee ıus China. Er ist hell im Aufguß, chmeckt rauchig und hat ein spe-ielles Aroma – »den Duft einer)rchidee«. Er paßt gut zum Essen ınd schmeckt am besten ohne Milch.

)range Pekoe

)er feinste schwarze Tee aus In-lien. Dafür werden nur die Blatt-nospen und die beiden jüngsten 3lätter gepflückt. Es gibt ihn auch nit Jasmin aromatisiert. Er wird elten für Mischungen verwendet.

.apsang Souchong

Ein schwarzer, großblättriger Tee us China, der einen rauchigen Ge-chmack hat. Er schmeckt am be-ten ohne Zitrone und ohne Milch. Er wird oft für Mischungen ver-vendet.

Assam, Neue Ernte

Ein hochwertiger, würziger All-wecktee aus Nordostindien. Er vird meist nicht für Mischungen erwendet. Er ergibt einen rötli-hen Aufguß und schmeckt kräftig nd malzig. Er kann mit und ohne Milch getrunken werden.

Grüner Tee

)er in China, Taiwan und Japan ergestellte grüne oder Gunpow-er-Tee hat ein kugeliges Blatt.)er unfermentierte Tee hat ein de-kates und feines Aroma. Er sollte m besten ohne Milch, Zitrone der Zucker getrunken werden.

an Yong

)ieser Tee ist nicht aromatisiert.)ie schwarzen Blätter ergeben nen milden Aufguß mit niedri-em Tanningehalt. Er schmeckt m besten ohne Milch und gut zum ssen.

asmintee

)er grüne Tee aus China hat einen harakteristischen Duft. Er ist mit asminblüten angereichert. Der Tee ollte auf alle Fälle ohne Milch ge-unken werden.

Keemun

Kanoy

Orange Pekoe

Formosa Oolong

Lapsang Souchong

Darjeeling

Hibiskustee

Assam

Hagebuttentee

Bambustee

Grüner Tee

Fan Yong

Jasmintee

Kanoy

Der kleinblättrige, schwarze, nicht aromatisierte Tee stammt aus Sri Lanka (ehemals Ceylon). Er ergibt einen goldgelben Aufguß.

Formosa Oolong

Der schwarze, halbfermentierte Tee aus Taiwan hat das größte Blatt. Er ergibt einen leichten, nach reifen Pfirsichen schmeckenden Aufguß.

Darjeeling

Der schwarze, vollblumige Tee stammt aus der Gegend um Darjeeling in Nordostindien. Er gehört zu den besten und delikatesten indischen Tees.

Hibiskustee

Der rote Tee wird aus Hibiskusblüten hergestellt und schmeckt fruchtig herb.

Hagebuttentee

Der aus den Früchten des Hundsrosenstrauches hergestellte Tee ergibt einen herben Aufguß.

Bambustee

Der starke, bittere, schwarze Tee aus China wird wegen seiner Bambusblattverpackung so genannt.

ANDERE TEES

Ceylontee
Die in über 1200 m Höhe angebauten aromatischen Ceylontees sind von hoher Qualität.

Earl Grey
Eine bekannte und feine Teemischung, die mit Bergamotteöl aromatisiert ist.

Kamillentee
Der aus Blüten der *Matricaria chamomilla* hergestellte Kräutertee hat ein feines Aroma. Der aus Blättern der *Mentha piperita* gewonnene Pfefferminztee schmeckt sehr gut und ist als Kräutertee beliebt.

Zucker, Sirup, Honig

Bis zum 16. Jahrhundert wurde auf der ganzen Welt hauptsächlich mit Honig gesüßt. Dann war Rohrzucker von den Westindischen Inseln leicht erhältlich und zudem erschwinglich. Zuckerrohr ist, wie Honig auch, sehr alt. Es wurde erstmals in Indien vor 2500 Jahren kultiviert und hieß im Sanskrit *karkara.* Unser Wort Zucker ist vom arabischen *sakkara* abgeleitet. Rohrzucker wurde erstmals 325 v. Chr. von einem Mitglied der Armeen Alexanders des Großen erwähnt. In China war Zuckerrohr um 100 v. Chr. bekannt, bei den Japanern jedoch erst um 700 n. Chr. Im Nahen Osten wurde es um 400 n. Chr. angebaut. Plinius der Ältere nannte den Rohrzucker eine Art Honig, der aus »Schilfrohr« gewonnen wird. Kreuzfahrer brachten ihn im 11. Jahrhundert mit nach Europa. Er war ein teures Nahrungsmittel, bis Kolumbus das Zuckerrohr im Jahr 1492 nach Hispaniola (heute Haiti/Dom. Republik) brachte. Zuckerrohr wurde bald auf allen Westindischen Inseln angebaut, und so wurde Rohrzucker zum meistverwendeten Süßungsmittel. Bei uns wurden die ersten Zuckerraffinerien Ende des 16. Jahrhunderts in Augsburg und Dresden errichtet, die vor allem importierten amerikanischen Rohrzucker verarbeiteten. Dennoch blieb Zucker Luxusware, bis seine Gewinnung aus Rüben im 19. Jahrhundert industrielle Ausmaße erreichte.

Es gibt verschiedene Zuckersorten. Die weißen Kristalle, die wir in der Küche als Zucker verwenden oder auf den Tisch stellen, sind ein gereinigtes, chemisches Produkt, ein Kohlehydrat, das aus fast reiner Saccharose (Rohrzukker) besteht. Rohrzucker setzt sich wiederum aus Glucose (auch Dextrose oder Traubenzukker genannt) und Fructose (Fruchtzucker) zusammen.

Zucker entsteht in Grünpflanzen durch Photosynthese. Unter Einwirkung von Licht verwandeln Pflanzen Kohlendioxyd und Wasser in Kohlehydrate. Die Kohlehydrate werden in den Blättern synthetisiert und in Zucker umgewandelt. Zucker ist die Hauptenergiequelle der Pflanze und für ihren Stoffwechsel von großer Bedeutung. Einige Pflanzen besitzen einen zusätzlichen Saccharosevorrat. Diese zuckerreichen Arten werden von der Zuckerindustrie verwendet. Dazu gehören Zuckerrohr, Zuckerrübe, Zuckerahorn und verschiedene Palmenarten.

Rohrzucker

Zuckerrohr *(Saccharum officinarum)* ist die wichtigste Zuckerquelle der Welt. Es wird meist mechanisch geerntet. Nur an wenigen Orten wird es noch von Hand geschnitten. Das geerntete Zuckerrohr kommt in eine Rohrmühle, w der Saft ausgepreßt wird. Dem Rohsaft wird Kalk zugesetzt, der den größten Teil der Nichtzuckerstoffe ausfällt. Anschließend wird er gekocht, bis eine gesättigte Lösung entsteht. Dieser Sirup muß weiterverarbeitet werden, damit sich Zuckerkristalle bilden. Aus dem übrigbleibenden Muttersirup, der als Melasse bezeichnet wird, können nochmals Kristalle gewonnen werden.

Brauner Zucker und Melasse entstehen beim ersten Einkochen von Zuckerrohrsaft. Die Kristalle sind braun, da sie mit flüssiger Melasse umgeben sind.

Beim Kristallisierungsprozeß in der Raffinerie werden Zuckerkristalle gebildet, wobei sich ei Siruprückstand bildet. Dieser ist von unterschiedlicher Qualität und Farbe und kann ganz hell- bis ganz dunkelbraun oder fast schwarz sein. Der zweite Sirup ist konzentrierter als de erste. Der letzte Sirup enthält 50 Prozent Zukker, Mineralien und organische Stoffe. Melass ist entweder eine Mischung verschiedener Zukkerrohrsirupe, die in Güteklassen eingeteilt in den Handel kommen, oder eine Mischung der verschiedenen Sirupsorten, die beim Raffinieren von weißem Zucker anfallen.

Rübenzucker und Baumzucker

Saccharose aus Zuckerrüben *(Beta vulgaris)* ist was Qualität und Stärke angeht, mit dem Zukker aus Zuckerrohr identisch. Die Rüben werden gewaschen, geschnitzelt und mit Wasser ausgelaugt. Der Rohsaft wird wie der Zuckerrohrrohsaft weiterverarbeitet. Aus Zuckerrüben kann man keinen braunen Zucker gewinnen, und die Melasse schmeckt bitter.

Amerikanische Siedler lernten von den Indianern, Ahornbäume anzuzapfen. Der Baumsaf ist süß, aber farb- und geschmacklos. Er muß eingedickt werden, damit der dunkle Sirup m dem charakteristischen Ahorngeschmack entsteht.

Palmzucker wird aus Dattel-, Kokos-, Buri-, Brenn-, Nipa- und Palmyrapalmen gewonnen. Die Baumstämme werden angezapft, der herauslaufende Saft wird aufgefangen und zu Sirup eingedickt. Den klaren und transparenten Dicksaft läßt man kristallisieren.

Verwendung von Zucker

Brauner Zucker wird wegen seines charakteristischen Geschmacks verwendet und weil er Feuchtigkeit abgibt. Deshalb wird er gern zum Brot- und Kuchenbacken genommen. Puderzucker ist ideal für Zuckergüsse, Glasuren, Konditoreierzeugnisse, Süß- und Zuckerwaren. In manchen Küchenrezepten ersetzt er den Kastorzucker. Rübensirup, Melasse, Maisstärkesirup und Ahornsirup haben ihre spezielle Verwendung in der Küche. Sie werden beim Backen, für Süß- und Konditoreiwaren und zum Überziehen von Kuchen eingesetzt.

Wenn Glasuren und Sirupe gekocht werden müssen, können sie Temperaturen erreichen, die das Gelingen des Rezeptes gefährden könnten. Temperatur und Zuckergehalt können mit einem entsprechenden Thermometer oder Zuckergehaltsmesser kontrolliert werden.

Kochende Zuckersirupe neigen zum Kristallisieren, wenn nicht alle Kristalle vor Erreichen des Siedepunktes aufgelöst sind. Schon vereinzelte Kristalle am Topfrand können das Kristallisieren auslösen. Deshalb sollten sie mit einem in Wasser getauchten Pinsel in den Sirup befördert werden. Fügt man etwas Weinstein und Glucose zu, kristallisiert der Sirup nicht, und es bildet sich auch kein Schaum.

HONIG

Honig ist das älteste Süßungsmittel und war schon lange vor dem Zucker bekannt. Früher wurde aus Honig Met hergestellt, an dem sich schon der Sagenheld Beowulf labte. Es war üblich, Honig zum Backen zu nehmen. Die alten Griechen verwendeten ihn zum Backen von Brot, das sie *melitutes* nannten. Die Römer übernahmen später das Rezept und tauften es *panis melitus.* Der bei den Römern bekannte Opferkuchen mit Honig hieß *libum.*

Durch das Süßen von Brot mit Honig wurde eine ganze Anzahl von Rezepten für Gewürzkuchen erfunden – etwa das französische *Pain d'épices,* der deutsche Lebkuchen und das englische *Gingerbread.* Zuckerbäcker aus östlichen Ländern entdeckten, daß sich Mandeln und Honig gut ergänzen, und ihre Rezepte verbreiteten sich in der ganzen Welt: Die Italiener schufen *Torrone* (Mandel-Honig-Gebäck), Nougat wurde in Frankreich und in Spanien hergestellt. Die Mayas benötigten Honig zur Herstellung ihres Likörs *Ixtalseutun,* und die Azteken süßten ihre Schokolade mit Honig.

Honig kann künstlich hergestellt werden, aber normalerweise verwenden wir das Naturprodukt der Honigbienen. Die Honigwaben werden maschinell aufgeschnitten, und der Honig wird ausgeschleudert oder vorsichtig erwärmt und abgepreßt. Nach dem Filtern wird er abgepackt.

Honigsorten

Honigbienen produzieren Honig aus Nektar, Pollen und Blütenstaub verschiedenster Blumen, Blüten und Bäume. Jede Pflanze ergibt einen Honig mit charakteristischem Geschmack. Der bekannte griechische Hymettoshonig kommt von Bienen, die Nektar bei Salbei, Majoran, Thymian und Bohnenkraut gesammelt haben. Orangen-, Zitronen- und Limonenblüten ergeben einen nach Zitrusfrüchten schmeckenden Honig.

Die meisten Honigsorten unterscheiden sich in Geschmack, Farbe und Konsistenz. Die Konsistenz reicht von dünn- oder zähflüssig bis fest, die Farbe von Weiß über Goldgelb, bernsteinfarben und Lackbraun bis Schwarz.

Die unterschiedliche Konsistenz geht auf mehrere Faktoren zurück: Pflanzenart, Wassergehalt und die Temperatur bei der Gewinnung. Die Geschmacksrichtungen sind leicht auseinanderzuhalten. Es ist aber unbekannt, warum ein Honig eine bestimmte Farbe hat.

Verwendung von Honig

Honig schmeckt pur, als Brotbelag sowie im Tee. Er wird auch als Zutat verwendet, vor allem zum Backen. Bekannte Beispiele sind arabische Kuchen, türkisches *Baklava,* griechisches *Pasteli* und das berühmte *Halva.* Honig wird zum Haltbarmachen von Schinken verwendet, für Honigbutter und Frühstücksmüsli. Bei Huhn mit Mandeln darf er nicht fehlen.

Benutzt man Honig zum Kochen, sollte man nicht vergessen, daß der in ihm enthaltene Zukker beim Erhitzen karmelisiert und dabei etwas von seinem delikaten Aroma verliert. Alle Honigsorten neigen zum Kristallisieren und werden mit zunehmendem Alter fest.

Zucker und Sirup

Kastorzucker

Der feinkörnige Kristallzucker wird im allgemeinen zum Backen von Kuchen und Gebäck verwendet. Da er sich schnell auflöst, ist er als Süßungsmittel für Obst und Frühstücksflocken sehr beliebt.

Kastor-zucker

Kristallzucker

Der raffinierte Weißzucker ist in unterschiedlichen Korngrößen im Handel erhältlich. Kristallzucker mittlerer Korngröße ist der am meisten verwendete Allzweckzucker.

Kristall-zucker

Einmachzucker

Er wird in der Raffinerie gekocht, damit er ein gröberes Korn erhält. Dadurch wird die Schaumbildung beim Einkochen von Früchten verhindert.

Einmach-zucker

Puderzucker

Staubfein gemahlener Zucker, dem Tricalciumphosphat oder Maisstärke zugesetzt wurde, damit er nicht klumpt oder fest wird. Er wird für Baisers, Kuchen, Glasuren und für Konditoreierzeugnisse verwendet.

Puderzucker

Glucose

Glucose (oder Traubenzucker) kommt in größeren Mengen in Trauben und Honig vor. Kommerziell hergestellte Glucose gibt es in Pulver-, Sirup- und Tablettenform. Sie wird für Marmelade und Süßwaren verwendet und ist für Sportler eine schnelle Energiequelle.

Glucose

Bunter Zucker

Weißzucker wird mit Lebensmittelfarben in verschiedenen Pastelltönen eingefärbt. Bunter Zucker sieht sehr dekorativ aus und kann zu Kaffee gereicht oder zum Verzieren von Kuchen, Backwaren und Konfekt verwendet werden.

Bunter Zucker

Kandiszucker

Der durch langsame Kristallisation aus konzentrierten, reinen Zuckerlösungen gewonnene Kandiszucker löst sich in Getränken nur langsam auf und ist deshalb bei Kaffee- und Teetrinkern sehr beliebt.

Kandiszucker

Demerarazucker

Demerarazucker ist einer von mehreren braunen Rohzuckern, die in ihrem Herstellungsland einer ersten Reinigung unterzogen wurden. Sie werden abgepackt exportiert, sind in Aussehen und Geschmack unterschiedlich und werden meist für dunkle Früchtekuchen verwendet.

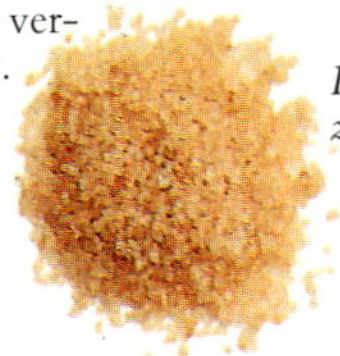

Demerara-zucker

Brauner Zucker

Es gibt eine Vielfalt von braunen Zuckern, die sich in Farbe und Konsistenz unterscheiden. Sie sind raffiniert, und ihnen wurde Melasse zugesetzt, wobei die Melasse die Kristalle nur umhüllt. Bei braunen Rohzuckern befindet sich die Melasse dagegen in den Zuckerkristallen. Die hier abgebildeten hell- und dunkelbraunen Sorten werden zu Kaffee und Frühstücksflocken gereicht und für Früchte- und Gewürzkuchen verwendet. Es gibt noch andere braune Zucker im Handel, die keine Zuckerrohrmelasse enthalten. Sie bestehen aus Weißzucker, der mit auf der Packung vermerkten Lebensmittelfarben gefärbt wurde.

Dunkel-brauner Zucker

Hellbrauner Zucker

Würfelzucker

Raffinierter Kristallzucker wird befeuchtet und zu quadratischen oder rechteckigen Würfeln geformt. Es gibt auch braunen Würfelzucker im Handel. Die Würfel werden gern zum Süßen von heißen Getränken verwendet.

Würfelzucker

Melassezucker

Je dunkler der Zucker, desto mehr Melasse enthält er. Der nur wenig verarbeitete braune Zucker ist feucht und weich. Er wird für Früchtekuchen verwendet.

Melassezucker

Muscovadozucker

Der zentrifugierte, aber nicht raffinierte Rohrzucker ist auch feucht und weich, aber heller als Melassezucker. Für Früchtekuchen und einige indische Gerichte.

Muscovadozucker

Palmzucker

Der grobe Rohrzucker wird aus dem Saft verschiedener Palmarten und aus Zuckerrohrsaft hergestellt. Er wird in Klumpen oder Platten verkauft und ist in China und Indien für viele Gerichte beliebt.

Golden Syrup

Gereinigter Melassenrückstand. Er wird einem besonderen Verfahren unterworfen, damit er so goldgelb aussieht. Er wird hydrolisiert, um ihm Wasser zu entziehen, und mikrobiologisch stabilisiert, damit er in der Verpackung nicht gärt. Ein englisches Erzeugnis.

Golden Syrup

Ahornsirup

Der aus dem Saft des Zuckerahorns hergestellte Sirup hat einen charakteristischen Geschmack. Er wird über Waffeln und Pfannkuchen gegeben und u. a. für Ahornbutter, Kuchen, Gebäck, Glasuren, Eiscreme, gebackenen Schinken und kandierte Süßkartoffeln verwendet. Feinschmecker behaupten, daß er durch nichts zu ersetzen ist.

Ahornsirup

Rohrzuckersirup

Der konzentrierte Rohrzuckersaft wird manchmal anstelle von Melasse verwendet.

Rohrzuckersirup

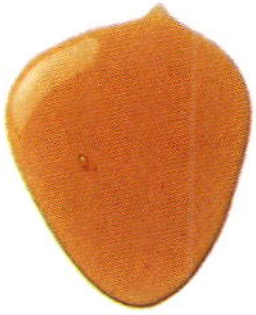

Palmzucker in Klumpen

Palmzucker in Platten

Fruchtsirup

Die einfachen, aus Weißzucker, Früchten und Wasser hergestellten Sirupe sind besonders im Nahen Osten beliebt. Man verwendet dafür Fruchtfleisch von z. B. Hagebutten oder schwarzen Johannisbeeren oder Blütenblätter, die mit einem Pektinenzym (das natürliche Hefen vernichtet) behandelt sind. Die Masse wird gekocht, abgefüllt und sterilisiert. Sie werden in der Getränkeindustrie und als Saucen zu Eiscremes und Desserts verwendet.

Schwarzer Johannisbeersirup

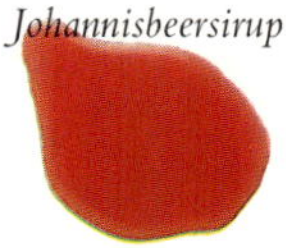

Hagebuttensirup

Treacle

Die dunklere und konzentriertere Version des Golden Syrup wird für Früchtekuchen und Saucen verwendet.

Melasse

Treacle

Melasse

Melasse ist ein sirupartiger Rückstand der Zuckergewinnung aus Zuckerrohr oder Zuckerrüben. Der eisenhaltige Sirup verbessert die Haltbarkeit von Broten und Kuchen. Die hellere und mildere Melasse wird als Tafelsirup verwendet.

ANDERE SIRUPE

Maisstärkesirup
Der aus der Stärke des Zuckermais *(Zea mays)* gewonnene Maisstärkesirup wird in der Getränke- und Konservenindustrie, bei der Speiseeis-, Kindernahrungs- und Marmeladenherstellung verwendet.

Zuckersirup
In heißem oder kaltem Wasser aufgelöster Kristallzucker.

Honig

Wabenhonig

Wabenhonig wird so, wie er vorkommt – gleich mit Wachs –, gegessen. Gewöhnlich werden die Waben von Hand aufgeschnitten, um an den Honig heranzukommen. Wird er kommerziell verarbeitet, werden die Waben maschinell geöffnet.

Honig mit Wabenteilen

Der Luxushonig enthält ein oder mehrere Stücke Wabenhonig.

Englischer Honig

Die Mischung aus verschiedenen englischen Blütenhonigen ist auch in kandierter Form erhältlich. Er wird als wesentlicher Bestandteil eines »richtigen« Tees am Nachmittag betrachtet.

Orangenblütenhonig

Der Orangenblütenhonig stammt von den Blüten der Pomeranze *(Citrus aurantium)*. Er schmeckt leicht, delikat und nach Zitrusfrüchten. Er ist Exportartikel in Spanien, Kalifornien, Mexiko, Südafrika und Israel. Gut für Eiercremes.

Manukahonig

Der dunkle Honig mit kräftigem Geschmack stammt von den Blüten eines neuseeländischen Myrtengewächses *(Leptospermum scoparium)*. Er wird gerne zum Kochen genommen.

Jamaikahonig

Der klare, dunkle, nach exotischen Blüten schmeckende Honig wird gerne zum Kochen verwendet.

Akazienhonig

Ein dünnflüssiger, heller Honig von der Scheinakazie *(Robinia pseudoacacia)* aus Rumänien, Frankreich, Ungarn und Italien. Der Honig bleibt immer flüssig.

ANDERE HONIGSORTEN

Alcahualhonig
Der bernsteinfarbene, wohlschmeckende Honig kommt aus Mexiko. Ebenfalls aus Mexiko stammen die Sorten Campanilla, Morning Glory und Aguinaldo.

Basilikumhonig
Der helle Honig mit seinem charakteristischen Kräutergeschmack ist in Europa beliebt.

Berberitzenhonig
Der bernsteinfarbene Honig stammt von den Blüten der Berberitzengewächse.

Blauholzhonig
Der in Jamaika hauptsächlich für den Export produzierte Honig ist meist hell in der Farbe.

Buchweizenhonig
Honig von wildwachsendem Buchweizen wird unter der Bezeichnung »Kalifornischer Salbeihonig« verkauft. Honig von kultiviertem Buchweizen ist dunkelbraun und kräftig im Geschmack. Er wird für Honigkuchen und jüdischen Honigwein verwendet.

Heidehonig

Aus Heidegebieten stammt der geleeartige Heidehonig, der durch Umrühren flüssig wird. Der besonders in Europa beliebte Honig stammt von den Blüten des Heidekrauts *(Calluna vulgaris)* und der Grauheide *(Erica cinera)*.

Lavendelhonig
Der besonders in Südfrankreich beliebte Honig ist bernsteinfarben und hat eine butterweiche Konsistenz.

Mangohonig
Der bernsteinfarbene Honig hat eine relativ feste Konsistenz.

Pohutakawahonig
Der seltene Honig aus Neuseeland stammt von dem Myrtengewächs *Metrosideros excelsa* und hat einen einzigartigen, salzigen Geschmack.

Stechpalmenhonig
Der milde, helle Honig stammt von der Stechpalme *(Ilex)* und ist in Europa sehr beliebt.

Tulpenbaumhonig
Der Honig ist dunkelbraun und schmeckt angenehm nach Quitten.

Eukalyptushonig

Es gibt etwa 500 Sorten Eukalyptushonig aller Farbschattierungen, die alle aus Australien stammen. Der Honig vom *Eucalyptus albaros* ist wohlschmeckend, der vom *Eucalyptus melliodora* sehr hell und süß. Der vom *Eucalyptus tereticornis* stammende Honig ist dunkel und schmeckt kräftig.

Hymettoshonig

Der von Thymian, Majoran und anderen Kräutern vom Hymettosbergzug in Griechenland stammende Honig ist dunkel, klar, etwas dickflüssig und aromatisch. Er wird als eine der besten Honigsorten der Welt angesehen. Er paßt zu Naturjoghurt und wird zur Herstellung von *Baklava* verwendet.

Kleehonig

Der in Europa und Amerika wohl bekannteste und beliebteste Honig stammt vom roten oder weißen Klee. Er ist dickflüssig, hell bernsteinfarben und schmeckt mild. Er ist auch klar erhältlich. Er ist in der Küche vielseitig einsetzbar.

Sonnenblumenhonig

Der meist aus Griechenland, Südrußland, Argentinien und der Türkei stammende Honig verliert beim Kochen seinen Wohlgeruch.

Tasmanischer Lederholzhonig

Der kräftige, kandierte australische Honig hat einen charakteristischen Geschmack und enthält viel Glucose. Stellt man ihn 30 Minuten in warmes Wasser, wird er klar. In der Küche vielseitig verwendbar.

Rosmarinhonig

Der dunkle, kräftige und aromatisch schmeckende Kräuterhonig wird in den Mittelmeerländern produziert und stammt von den kleinen blauen Blüten des Rosmarins *(Rosmarinus officinalis)*.

Eier

Eier sind vielseitig verwendbar und gehören seit den Anfängen der Zivilisation zu den Grundnahrungsmitteln. Sie galten als Symbol für Leben und Fruchtbarkeit, für die Welt und die vier Elemente. Die Schale repräsentierte die Erde, das Eiweiß das Wasser, das Eigelb das Feuer. Die Luft fand sich unter der Schale am runden Ende des Eis. Die ersten Christen sahen im Ei ein Sinnbild für Wiedergeburt. Sie verschenkten zu Ostern verzierte hartgekochte Eier.
Die meistverzehrten Eier stammen von Haushühnern, die entweder auf dem Bauernhof Auslauf haben oder in Legebatterien gehalten werden. Hinsichtlich des Nährwertes gibt es zwischen Freiland- und Batterieeiern sowie zwischen braunen und weißen Eiern keinen Unterschied. Die Farbe des Eis hängt von der Hühnerrasse ab.

Zusammensetzung
Das Ei besteht aus der äußeren Schale (etwa 12 Prozent des Gesamtgewichts), dem Eiweiß (etwa 58 Prozent des Gesamtgewichts) und dem Eigelb (etwa 30 Prozent des Gesamtgewichts). Das Eigelb wird von Hagelschnüren gehalten. Am runden Ende des Eis befindet sich eine Luftkammer, die sich mit zunehmendem Alter des Eis ausdehnt.
Wird Eiweiß geschlagen, spalten sich die Proteine und dehnen sich aus. Dabei bilden sich Zellen mit elastischen Wänden, die Luft aufnehmen. Die Luft wiederum dehnt sich unter Hitzeeinwirkung (z. B. im Backofen) aus. Dadurch ist Eiweiß ein wertvolles Lockerungsmittel. Die Proteine aus dem Eigelb binden und dicken ein. Sie sind jedoch nicht so stabil wie die Proteine des Eiweißes, denn wenn sie zu stark erhitzt werden, gerinnen sie.

Einkauf von Eiern
Eier sind in verschiedenen Qualitäts- und Gewichtsklassen im Handel. Nach EG-Vorschriften gibt es sieben Klassen. Die Gewichtsklasse 1 umfaßt die größten Eier mit etwa 70 g. Die kleinsten Eier der Klasse 7 wiegen weniger als 45 g. Die Güteklassen A, B und C sind ebenso wie das Verpackungsdatum auf dem Karton vermerkt. Zur Güteklasse A gehören die frischen Eier. B sind weniger frische Eier, und C-Eier dürfen nur in der Lebensmittelindustrie verarbeitet werden.
Ein frisches Ei hat einen hochgewölbten Dotter mit einem festen, dicken Eiweißring. Mit steigendem Alter flacht der Dotter ab und läuft leicht aus; das Eiweiß wird flüssiger.

Die Verwendung von Eiern in der Küche
Eier sind für sehr viele Gerichte, zum Backen, zum Eindicken, Emulgieren, Bestreichen, Binden und Glasieren von Speisen geeignet. Sie können gekocht, pochiert, gebacken, gebraten oder eingelegt werden. Verwenden Sie, wenn nichts anderes im Rezept angegeben ist, ein großes Ei (oder statt dessen zwei kleine Eier). Eiklar läßt sich leichter zu Schnee schlagen, wenn es Zimmertemperatur hat und von einem mindestens drei Tage alten Ei stammt. Befindet sich nur die geringste Spur Fett am Rührgerät oder an der Schüssel, dann wird das Eiweiß nicht steif. Dasselbe passiert, wenn etwas Eigelb oder Salz ins Eiklar kommt. Fügt man dem Eiweiß ein bißchen Säure zu, beispielsweise Weinstein, bekommt man mehr und festeren Eischnee. Zucker hält das Eiweiß geschmeidig. Zucker und Säure gibt man erst zu, wenn das Eiweiß anfängt, schaumig zu werden. Eiweiß sollte nicht zu lange geschlagen werden, da es sonst trocken wird und Luft verliert.

Aufbewahrung
Eier sollten in der Speisekammer oder bei Zimmertemperatur aufbewahrt werden. Sie sollten nicht in den Kühlschrank gestellt werden, da die Schalen feucht werden und dadurch möglicherweise Bakterien ins Ei eindringen können. Es ist auch schwieriger, die Kochzeit genau abzuschätzen, wenn die Eier aus dem Kühlschrank kommen. Die Eier sollten mit dem spitzen Ende nach unten aufbewahrt werden, damit der Dotter eher auf dem Eiklar als auf der Luftkammer liegt. Ganze Eier eignen sich nicht zum Einfrieren, da die Schalen platzen würden. Eiklar und Dotter können jedoch getrennt bis zu neun Monaten eingefroren werden. Man sollte sie vor der Verwendung in den geschlossenen Gefrierbehältern auftauhen lassen.

Hühnerei

Braune und weiße Eier haben denselben Nährwert. Welche man kauft, ist eine Frage des persönlichen Geschmacks. Hühnereier sind die einzigen Vogeleier, die in großem Umfang kommerziell produziert werden. Sie sind das Richtmaß, an dem andere Eier gemessen werden. Ein Ei wiegt durchschnittlich 50 g. Eier sind in der Küche vielseitig verwendbar.

Hühnereier

Chinesisches Ei

Rohe Enteneier werden 50–100 Tage in einen Brei aus Kalk, Asche und Salz eingelegt. Danach sind sie durchsichtig, blau und grün und sehen viel älter aus, als sie sind (daher der Name Tausendjährige Eier). Die chinesische, leicht fischig schmeckende Delikatesse wird geschält, in Scheiben geschnitten, gedünstet und kalt serviert.

Chinesisches Ei

Gänseei

Gänseeier schmecken leicht ölig und sollten immer frisch und kurz gekocht serviert werden. Ein Ei wiegt 225–280 g, das ist vier- bis fünfmal soviel wie ein Hühnerei.

Gänseei

Entenei

Enteneier schmecken öliger als Hühnereier und können Bakterien enthalten, da sie meist an einem schmutzigen Ort gelegt worden sind. Sie können jedoch verzehrt werden, wenn sie 15 Minuten gekocht wurden. Nach dem Kochen ist das Eiweiß bläulich und das Eigelb rötlich-orange. Sie sollten frisch gegessen werden. Sie eignen sich auch zum Backen, jedoch nicht für Baisers.

Enteneier

Wachtelei

Die kleinen Eier gelten als Delikatesse. Sie werden meist hartgekocht und geschält in Salate gegeben, werden aber auch eingelegt oder pochiert und in Aspik verzehrt.

Wachtelei

Fasanen- und Rebhuhnei

Die Eier sind meist weiß, leder- oder olivfarben. Die Eier der in der offenen Landschaft brütenden Tiere sind jedoch zum Schutz vor Räubern braun- oder schwarzgefleckt. Sie werden meist hartgekocht und geschält in Salate gegeben, können aber auch eingelegt oder als Vorspeise in Aspik serviert werden.

Fasanenei

Rebhuhnei

Perlhuhnei

Die bräunlich gesprenkelten Perlhuhneier sind schmackhafter als Hühnereier. Sie schmecken am besten drei bis fünf Minuten gekocht, kalt, geschält und in einem grünen Salat.

Perlhuhnei

Möwenei

Möwenei

Die Größe des Eis hängt von der jeweiligen Möwenart ab. Doch alle sind zur Tarnung dunkelbraun gefleckt. Möweneier schmecken nicht so streng nach Fisch wie die Eier vieler anderer Seevögel. Sie werden meist fünf Minuten gekocht, abgekühlt und mit etwas Selleriesalz bestreut verzehrt.

Straußenei

Straußeneier sind selten erhältlich. Sie sind eßbar, wenn sie nicht zu lange in der Sonne gelegen haben oder schon halb ausgebrütet sind. Ein Ei ist bis zu zwanzigmal größer als ein Hühnerei, hat eine dickere Schale und reicht für vier Personen.

Zwerghuhnei

Die Eier der Zwerghühner schmecken ähnlich wie Hühnereier, sind aber nur halb so groß. Die Verwendung ist dieselbe. Die unterschiedliche Farbe der Eierschale hat keine Auswirkung auf den Geschmack.

Zwerghuhneier

Junghuhnei

Eier von Junghennen in deren erstem Legejahr.

Junghuhnei

ANDERE EIER

Kiebitzei
Wie die Wachteleier gelten auch die Kiebitzeier als Delikatesse. Sie werden meist kurz gekocht serviert.

Putenei
Die cremefarbenen, braungesprenkelten Eier sind bis zu doppelt so groß wie Hühnereier. Sie sind ähnlich im Geschmack und können anstelle von Hühnereiern verwendet werden.

Schildkrötenei
Eier von Seeschildkröten werden aus Südamerika, Afrika, Australien und der Karibik importiert, obwohl sie einem internationalen Handelsverbot unterliegen, da die Art vom Aussterben bedroht ist. Die weichschalige Delikatesse ist bei Feinschmeckern wegen ihres kräftigen, leicht öligen Geschmacks geschätzt.

Straußene

Fette und Milchprodukte

Seit Tiere domestiziert wurden, liefern sie nicht nur Fleisch, sondern auch Fett- und Milchprodukte. In der westlichen Welt werden vorwiegend Rinder gehalten, während in anderen Teilen der Welt Kamel-, Schafs-, Ziegen- und Yakmilch zur Herstellung von Milchprodukten verwendet wird.
Zu den Fett- und Milchprodukten gehören Milch, verschiedene Sahne- und Joghurtsorten, Butter, Margarine, Koch- und Backfette.
Milch besteht aus Wasser, Kalzium, Albumin, Milcheiweiß (Kasein), Milchzucker (Lactose), Milchfett und Vitaminen. Das Endprodukt hängt von der Verarbeitung und von der Behandlung ab, die ein oder mehrere Hauptbestandteile der Milch erfahren.
In vielen Ländern hat der Gesetzgeber bestimmt, daß Milch vor dem Verkauf pasteurisiert, d. h., von Bakterien befreit werden muß. Gewöhnlich wird die Milch ein paar Sekunden lang auf maximal 90° C erhitzt, dann sofort wieder gekühlt. Beim Abkühlen der Milch sammelt sich das Fett an der Oberfläche. Es wird abgeschöpft und zur Herstellung von Sahne und Butter verwendet. Der Fettgehalt von Sahne ist von Land zu Land verschieden. Die bei uns handelsüblichen Sorten sind Kaffeesahne (mindestens 10 Prozent Fett), süße Sahne (mindestens 30 Prozent Fett), Crème double (42–45 Prozent Fett), saure Sahne (mindestens 10 Prozent Fett), Schmand (20–24 Prozent Fett) und Crème fraîche (30–40 Prozent Fett).
Joghurt wird aus Frischmilch hergestellt, die mit einer Milchsäurebakterienkultur (es gibt verschiedene) geimpft wurde. Saure Milch entsteht, wenn Milchsäure- und Alkoholgärung stattfinden. Saure Sahne erhält man, wenn fettarme, homogenisierte Milch mit einer Milchsäurebakterienkultur versetzt wird.
Rahm kann abgeschöpft und zu Butter verarbeitet werden, die einen Fettgehalt von 80 Prozent haben sollte. Zur Butterherstellung kann frischer oder saurer Rahm verwendet werden. Meist besteht Butter jedoch aus frischer Sahne. Beim Buttern bleibt Buttermilch übrig. Sie wird heute jedoch oft »künstlich« aus pasteurisierter und entrahmter Milch hergestellt.
Margarine wurde einst als preisgünstige Alternative zu Butter von einem französischen Chemiker »erfunden«. Heute besteht Margarine aus raffinierten, gereinigten und gehärteten Speisefetten wie z. B. Sonnenblumen-, Palmen-, Soja- und Kokosöl. In einem kostspieligen technischen Verfahren werden Öl und Wasser zu einem kalorienarmen Brotaufstrich mit mehrfach ungesättigten Fettsäuren verarbeitet. Margarine kann aber auch aus tierischen Rohstoffen hergestellt werden.

Verwendung von Fetten und Milchprodukten

Milch ist vielseitig verwendbar: als Getränk, zum Backen, für Suppen, Speiseeis und Puddings. Pasteurisierte Milch sollte sich vier bis fünf Tage im Kühlschrank halten. Sie verdirbt, wird aber nicht sauer und ist deshalb für Rezepte, bei denen Sauermilch verlangt wird, nicht geeignet. Statt dessen wird gewöhnlich Buttermilch genommen. Gezuckerte Kondensmilch wird bei der Herstellung von Süßigkeiten gebraucht und Trockenmilch beim Backen.
Sahne kann zwei oder drei Tage (abgedeckt, sonst wird sie fest) im Kühlschrank aufbewahrt werden. Sahne verfeinert und dekoriert viele Gerichte, Suppen und Saucen. Schlägt man Schlagsahne zu lange, wird sie butterähnlich.
Margarine und Butter gehören ebenfalls in den Kühlschrank. Sie können für sechs Monate und langer eingefroren werden. Schweineschmalz und Rindertalg können mehrere Monate in einem geeigneten Gefäß oder vakuumverpackt im Kühlschrank lagern. Butter ist zum Braten ungeeignet, außer sie wird mit einem Pflanzenöl kombiniert, das bei der zum Braten notwendigen Temperatur nicht verbrennt. Butterschmalz dagegen können Sie unbesorgt zum Braten verwenden. Mit Butter läßt sich gut backen. Man kann sie auch mit frischen Kräutern oder anderen Zutaten wie Kaviar, Sardinen, Knoblauch oder Paprika mischen.
Einige Margarinesorten können anstelle von Butter beim Backen eingesetzt werden. Butter und Margarine sind aufgrund ihres hohen Wassergehalts zum Fritieren ungeeignet.
In vielen Ländern ist man der Meinung, daß Joghurt vor Krankheit schützt. Joghurt wird nicht nur getrunken, sondern auch beim Kochen verwendet. Saure Sahne verleiht Saucen einen leicht säuerlichen Geschmack. Nicht mitkochen, da sie sonst gerinnt.

Vollmilch

Milch ist das Ausgangsprodukt für Milcherzeugnisse. Die hier abgebildete Milch ist pasteurisiert, d. h., sie wurde schonend erhitzt, um Krankheitserreger abzutöten. Sie ist 4–5 Tage im Kühlschrank haltbar. Vollmilch hat einen Fettanteil von mindestens 3,5 Prozent und ist meist auch homogenisiert. Für Milchgetränke, Süßspeisen und zum Backen.

Buttermilch

Ursprünglich war Buttermilch ein Abfallprodukt aus der Butterherstellung. Heute wird sie aus pasteurisierter Magermilch hergestellt, der Milchsäurebakterien zugesetzt werden. Als Getränk, zum Backen, für Gebäck und als Sauermilchersatz.

Trockenmilch

Trockenmilch kann Frischmilch ersetzen. Sie besteht aus pasteurisierten, getrockneten Milchpartikeln und sollte vor der Verwendung mit Wasser angerührt werden. Beim Backen kann das Milchpulver auch so zugegeben werden.

Sahne

Sahne bildet sich auf der Oberfläche der Milch, wenn diese stehengelassen wird. Sahne ist vielseitig verwendbar. Es gibt viele Sahneerzeugnisse. Hier abgebildet ist die Kaffeesahne, die zu Kaffee gereicht oder zum Verfeinern von Desserts verwendet wird.

Clotted Cream

Eine Spezialität aus Südwestengland. Von abgekochter Milch wird der Rahm abgeschöpft, bei niedriger Temperatur erhitzt und abgekühlt.

Schlagrahm

Vom Fettgehalt her liegt Schlagsahne zwischen Kaffeesahne und Crème double. Zum Schlagen geeignet und in der Küche vielseitig verwendbar.

Ghee

Eine Art geklärter Butter, die in Indien verwendet wird. Sie wird durch Erhitzen normaler Butter hergestellt, wobei die Unreinheiten beseitigt werden. Sie ist hervorragend zum Braten und Sautieren geeignet. Sie kann als Sauce zu Hummer gereicht oder für Buttersauce verwendet werden.

Joghurt

Die Bezeichnung Joghurt kommt vom türkischen »yogurt«. Er ist ein Produkt aus saurer Milch, dem Joghurtkulturen zugesetzt wurden. Er wird natur, mit Früchten oder mit Honig gegessen. Handelsüblicher Joghurt ist ein aus Milch oder Sahne mit spezifischen Milchsäurebakterienkulturen hergestelltes Sauermilchprodukt, das oft Früchte enthält. Joghurt wird für bestimmte herzhafte Gerichte und in Salatsaucen (für Gurkensalat) verwendet.

Ghee

Butter

Das Ausgangsprodukt für Butter ist Sahne. Sie ist gesalzen oder ungesalzen im Handel. Die hier abgebildete gesalzene Butter hält sich länger als ungesalzene. Zum Sautieren und Herstellen von Kräuterbutter geeignet.

Milch

Trockenmilch

Joghurt

Clotted Cream

Buttermilch

Kaffeesahne

Schlagrahm

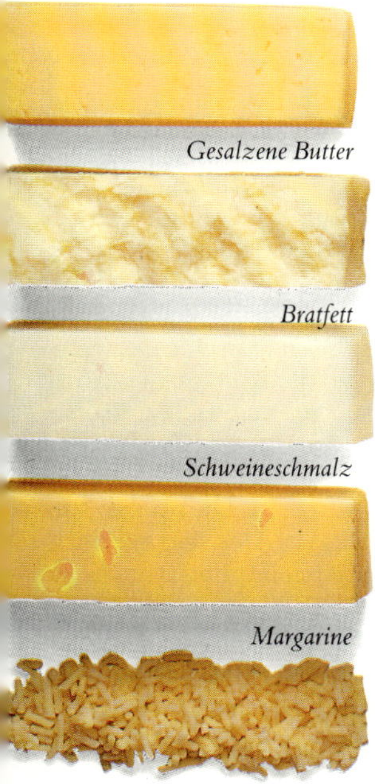

Gesalzene Butter

Bratfett

Schweineschmalz

Margarine

Nierenfett

Bratfett

Fett, das beim Zubereiten von Fleisch austritt, wird durchgeseiht oder geklärt und als Kochfett verwendet.

Schweineschmalz

Schweineschmalz ist ausgeschmolzenes, geklärtes und gereinigtes Schweinefett. Zum Fritieren, Braten und Backen.

Haushaltmargarine

Ein Buttersersatz aus tierischen, pflanzlichen oder beiden Fetten. Sie ist in Blöcken und in Bechern erhältlich.

Nierenfett

Das Fett, das die Nieren von Rindern oder Schafen umgibt. Es wird frisch zum Raspeln oder schon geraspelt abgepackt zur sofortigen Verwendung verkauft. Nierenfett wird hauptsächlich in England für Puddings verwendet.

MILCH- UND BUTTERERSATZ

Pflanzenmargarine
Pflanzenmargarine besteht aus raffinierten gereinigten Pflanzenfetten und enthält mehrfach ungesättigte Fettsäuren und Emulgatoren. Sie läßt sich leichter streichen als Blockmargarine.

Sojamilch
Die aus Sojabohnen hergestellte Milch ist leicht verdaulich und kann anstelle von Kuhmilch verwendet werden.

Tofu
Tofu oder Sojabohnenquark ist weich in der Konsistenz, geschmacksneutral, aber reich an hochwertigem Eiweiß. Das japanische Grundnahrungsmittel ist in verschiedenen Formen erhältlich. Man kann Tofu so essen oder in Suppen, Saucen und Dressings geben. Fermentierter, fritierter und gewürzter Tofu ist in China ein beliebter Imbiß.

ANDERE MILCHPRODUKTE

Gezuckerte Kondensmilch
Die durch Wasserentzug eingedickte, gezuckerte Milch kann statt Sahne über Obstsalate gegeben werden. Man kann sie verdünnt und auch zum Backen verwenden.

Crème double
Ihr Fettgehalt beträgt mindestens 42 Prozent. Sie kann für Kuchen und Desserts wie Schlagsahne aufgeschlagen, gesüßt und aromatisiert werden.

Ungezuckerte Kondensmilch
Durch Wasserentzug eingedickte Dosenmilch. Sie ist der gezuckerten Kondensmilch sehr ähnlich, nur enthält sie keinen Zukker und ist nicht so lange haltbar. Sie sollte im Kühlschrank aufbewahrt werden.

Sauermilchgetränke
Jedes Land hat sein Sauermilchgetränk. Im Iran wird Dough getrunken, in Norwegen Kaeldermilch, Kefir in Osteuropa, Kumyß in Rußland, Laban und Lassi im Nahen Osten, Mazoum in Armenien und Skyr in Island.

Vitaminisierte Milch
Sie hat weniger als ein Prozent Fett, enthält aber fettlösliche Vitamine, die nach dem Entrahmen zugesetzt wurden.

Homogenisierte Milch
Die Fettkügelchen in dieser Milch sind sehr fein zerkleinert worden, d. h., der Rahm setzt sich nicht ab. Für Milchgetränke, Nachspeisen, Suppen und zum Backen.

H-Milch
Ultrahocherhitzte, vakuumverpackte, lang haltbare Milch.

Magermilch
Der Fettgehalt beträgt weniger als ein Prozent. Eiweiß- und Mineraliengehalt (die fettlöslichen Vitamine ausgenommen) sind wie bei der Vollmilch.

Sauerrahm
Der mit Milchsäurebakterien gesäuerte Rahm wird u. a. für Dressings und Saucen verwendet.

Sterilisierte Sahne
Fettgehalt mindestens 23 Prozent. Sie wird homogenisiert, erhitzt, abgekühlt und in Dosen abgepackt.

Käse

Es ist nicht genau bekannt, wann und wo Käse erstmals hergestellt wurde. Man weiß aber, daß Bauern in Mesopotamien vor 10 000 Jahren Schafe und Ziegen, 2000 Jahre später auch Rinder züchteten. Wahrscheinlich produzierten sie aus der Milch Käse, oder sie verzehrten Käse, der zufällig entstanden war. Im Mittelalter trieben Mönche die Weiterentwicklung des Käses voran, den sie als Fleischersatz benötigten.
Jede Familie hatte ihr eigenes Käseherstellungsverfahren, das von Generation zu Generation weitergegeben wurde. Deshalb gibt es heute weniger Käsesorten als in früheren Zeiten, wo Käse lokal hergestellt wurde und jeder Bauer nur für seinen eigenen Bedarf produzierte.
Milchkühe decken den größten Teil des Weltbedarfes an Milch und Käse. In Europa und im Nahen Osten wird aber auch viel Ziegen- und Schafskäse hergestellt. In Lappland wird Rentiermilch zur Käseproduktion verwendet, in China und Tibet Yak- und Zebumilch, Büffelmilch auf den Philippinen, in Indien und Italien. In Afghanistan und im Iran soll dafür sogar Pferde- und Eselsmilch genommen werden.

Käsegruppen

Es gibt Frischkäse, Weichkäse, halbfesten Schnittkäse und Hartkäse. Frischkäse ist ungereifter Käse, der bald nach der Herstellung verzehrt wird. Weichkäse ist kurz gereift, enthält viel Feuchtigkeit und Fett und läßt sich gut streichen. Halbfester Schnittkäse ist gereift, enthält weniger Feuchtigkeit und ist schneidfähig. Hartkäse wird lange gereift, hat einen geringen Feuchtigkeitsgehalt, bis zu 50 Prozent Fett und ist zum Reiben ideal.
Käsesorten lassen sich auch an der Rinde erkennen. Die Rinde schützt das Innere des Käses und ermöglicht ihm, richtig zu reifen. Außer den Käsesorten, die mit einer künstlichen Wachsschicht bedeckt sind, gibt es Sorten mit einer trockenen natürlichen Rinde oder mit einer gefärbten Naturrinde. Einige Sorten werden in Salzlake gelegt. Das härtet die Rinde und verfeinert den Geschmack des Teiges. Weißschimmelkäse sind mit einem Schimmelrasen bedeckt. Käse mit gewaschener Rinde, bei dem die Rinde regelmäßig mit Salzlake und Reifungskulturen abgerieben, gewaschen oder besprüht wird, schmecken kräftiger und schärfer. Frischkäse bildet keine Rinde.
Käse läßt sich auch aufgrund seines Teiges einordnen. Bei der Käseherstellung entsteht zunächst Käsebruch, der weiß und geschmacklos ist. Für Weichkäse läßt man den Käsebruch lediglich abtropfen. Will man einen festeren Käse herstellen, wird der Käsebruch gekocht und dann in Formen gepreßt. Einige Käsesorten sind schnittfest und weisen Löcher verschiedener Größe auf, die durch Gasbildung während der Reifung entstehen. Die blauen Adern von Blauschimmelkäse bilden sich natürlich oder aufgrund von eingeimpften Bakterienkulturen.
Es gibt verschiedene Grundtechniken bei der Käseherstellung. Erhitzen und Behandlung des Käsebruchs bestimmen Konsistenz und Geschmack des Teiges. Cheddar wird auf 29,5° C erhitzt, geschnitten, gerührt und wieder erhitzt (auf 32,5° C). Der Käsebruch wird dann aufeinandergeschichtet, damit sich Säure bildet. Anschließend wird er geschnitzelt, gesalzen und gepreßt. Dann kommt der Käse in ein Salzbad. Caciocavallo-Käsebruch wird durch Eintauchen in heiße Molke und Wasser gehärtet, anschließend geknetet und geformt.
Ebenso wichtig wie diese Grundtechniken der Käseherstellung sind die unendlich vielfältigen traditionellen Rezepte, nach denen bestimmte Reifungs- und Schimmelkulturen oder Kräuter zugesetzt oder der Käse in Kastanien- oder Weinblätter gehüllt wird.
Schließlich wird Käse auch nach dem Tier, von dem die Milch stammt, sowie nach der Form des Endproduktes kategorisiert. Bekannte Käseformen sind: Räder, Laibe, Pyramiden, Herzen, Zylinder und Quadrate.

Verwendung von Käse

Käse hat zwei verschiedene Funktionen. Erstens ist er ein Nahrungsmittel, das pur genossen werden kann. Zweitens ist er eine wichtige Grundzutat für viele Gerichte: Suppen, Soufflés, Gebäck, belegte Brote, Salate, Pies, Pizzen, Torten, Toasts und für viele andere. Die Wahl des Käses hängt vom Rezept, aber auch von den Kocheigenschaften des Käse ab. Emmentaler beispielsweise zieht Fäden,

Gruyère und Sbrinz tun dies nicht. Geriebener Emmentaler ist hervorragend geeignet für Aufläufe und Gratins. Käse wird auch aufgrund seiner Schmelzeigenschaften oder seiner Streichfähigkeit ausgewählt. Cheddar oder Dunlop sind ideal für überbackenen Toast. Gruyère wird für *Fonduta* genommen. Feta, Cheshire und Roquefort kommen in Salate oder ins Dressing. Vielseitig verwendbar ist eine Mischung aus geriebenem Parmesan und Gruyère. Der kräftige Geschmack des Parmesans und die guten Bindeeigenschaften des Gruyère stellen eine perfekte Kombination dar. Verwendung in Käsesaucen, für Soufflés und Quiches.

Aufbewahrung von Käse

Käse längere Zeit aufzubewahren, kann problematisch sein. Ein kühler Raum oder Keller ist ideal. Der Käse sollte jedoch in perforierte Alufolie oder in Wachspapier eingewickelt werden, damit er nicht austrocknet. Käse kann auch einzeln in Alufolie verpackt und in einem Plastikbeutel im Gemüsefach des Kühlschranks gelagert werden. Mindestens eine Stunde (je nach Sorte und Größe des Stücks) vor dem Servieren sollte der Käse aus dem Kühlschrank genommen werden. Parmesan schmeckt am besten frisch gerieben und sollte sofort verbraucht werden. Geriebener Käse ist ansonsten wie oben beschrieben aufzubewahren.

Frisch- und Weichkäse

Rahmfrischkäse

Von dem aus Vollmilch hergestellten Kuhmilchkäse, der fast so wie Hüttenkäse zubereitet wird, gibt es verschiedene Fettstufen (Rahm- und Doppelrahmfrischkäse). Auf der ganzen Welt gibt es Rahmfrischkäse-Varianten. Amerikanischer Rahmfrischkäse wird aus einer Mischung aus warmer Sahne und Milch hergestellt. Die kleinen französischen Petit-suisse-Frischkäserollen sind individuell verpackt. Demisel ist, wie der Name schon sagt, gesalzen. Der auf den Philippinen hergestellte Kesong Puti und der indische Surati Paneer sind aus Büffelmilch. Im Nahen Osten werden Rahmfrischkäsesorten aus Schafs- und Ziegenmilch als Jupneh (Saudi-Arabien) und Labneh verkauft. In Südamerika gibt es Queso blanco aus Kuh- oder Ziegenmilch.

Rahmfrischkäse

Hüttenkäse

Curd Cheese

Der in Großbritannien erhältliche Curd Cheese ist ein Zwischenprodukt bei der Frischkäseherstellung und wird frisch, wie er ist, verzehrt. Er hat einen leicht säuerlichen Geschmack und wird für Käsekuchen, süße und herzhafte Füllungen, in Dips und als Brotaufstrich verwendet.

Curd Cheese

Hüttenkäse

Ein körniger, milder und feuchter Frischkäse, der meist in Bechern angeboten wird. Es gibt auch mit Sahne angereicherte Varianten. Er ist in fast allen Ländern erhältlich und wird für Käsekuchen und Salate verwendet. In Indien gibt es gepreßten und in Würfel geschnittenen Frischkäse als Mattha Paneer.

Brie

Brie wird seit dem 8. Jahrhundert von Bauern aus der gleichnamigen französischen Landschaft der Île-de-France aus Kuhmilch hergestellt. Der Weichkäse schmeckt cremig und fruchtig und ist delikat als Imbiß oder als Füllung für Brioche. Von dem in Tortenform angebotenen Käse gibt es viele Varianten. Die wie beim Camembert erzeugte dünne Weißschimmelflora ist eßbar. Brie reift etwa vier Wochen bei einer kontrollierten Temperatur auf Plastikmatten.

Brie

Camembert

Camembert

Von dem weltbekannten französischen Kuhmilchkäse gibt es viele Varianten. Er hat einen unverwechselbaren Geschmack, der je nach Reife von mild bis kräftig-würzig reicht. Der ausgezeichnete Dessert- und Imbißkäse wird in kleinen Zylinder- oder Halbmondformen angeboten. Der Käse wird mit *Penicillium candidum* besprüht, wodurch er eine Weißschimmelflora erhält. Der Käse reift nach einem Salzbad etwa drei Wochen.

Coulommiers

Der französische Kuhmilchkäse hat wie Brie und Camembert eine Weißschimmelflora und einen weichen Teig. Er schmeckt kräftig und cremig. Der meist in kleinen Laiben angebotene Käse kann als Imbiß oder Dessert gereicht werden.

Boursin aux fines herbes

Ein weicher, französischer Doppelrahmkäse mit 75 Prozent Fettgehalt, der Kräuter enthält. Der hier abgebildete Käse ist mit Rosmarin, Fenchel und Schnittlauch gewürzt. Er wird meist mit salzigen Keksen serviert.

Coulommiers

Boursin aux fines herbes

Neufchâtel

eufchâtel

)er milde französische Kuhmilch-
äse wird in Europa gereift mit
Veißschimmelflora gegessen. In
merika wird er dagegen oft als
ngereifter Frischkäse verzehrt.
)er in verschiedenen Größen und
ormen angebotene Neufchâtel ist
in vorzüglicher Dessert- und Im-
ißkäse.

*oursin au
oivre*

oursin au poivre

ine andere Variante des französi-
hen Doppelrahmkäses ist der mit
rstoßenem schwarzem Pfeffer
berzogene Boursin. Der würzige
feffer rundet den milden Käse ab.
Vie der Boursin mit Kräutern ist
ch dieser individuell verpackt.

Munster

Der aus dem Elsaß stammende Munster wird aus Kuhmilch in Laiben verschiedener Größe hergestellt. Hier abgebildet ist der kleine Munster. Er hat eine orangefarbene Rinde und einen sehr weichen Teig. Sein unverwechselbarer Geschmack macht ihn zu einem beliebten und viel imitierten Käse (deutsche, Schweizer und amerikanische Sorten).

Munster

Tomme au raisin

Der französische Weichkäse besteht aus Kuhmilch und ist mit einer Mischung aus Fruchtfleisch, Haut und Kernen von Trauben überzogen. »Tomme« heißt im Savoyer Dialekt Käse. Es gibt mehrere Varianten von diesem zylinderförmigen Käse mit dem ausgeprägten Geschmack, der sich vorzüglich als Dessertkäse eignet.

Tomme au raisin

Mozzarella

Der italienische, ursprünglich aus Büffelmilch hergestellte ungereifte Frischkäse wird jetzt meist aus Kuhmilch hergestellt. Er wird in runden Formen, im Block oder geschnitzelt abgepackt angeboten. Der Weichkäse hat eine feuchte Konsistenz und ist mild und cremig im Geschmack. Er wird viel zum Kochen, für Pizza, Lasagne und überbackenen Toast verwendet.

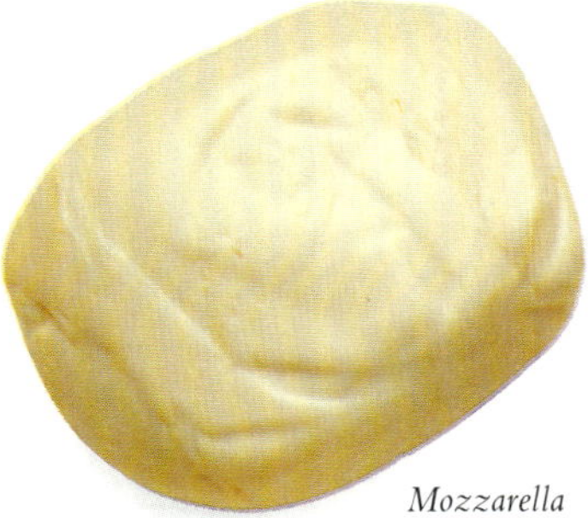

Mozzarella

Ricotta

Von dem ungereiften italienischen Frischkäse gibt es mehrere Varianten. Ricotta piemontese und Ricotta vaccina sind aus Kuhmilchmolke, und Ricotta romana, sarda und siciliana sind aus Schafsmilch hergestellt. Ricotta ist weich, schmeckt nach Milch und wird für süße und herzhafte Gerichte wie z. B. für Pizza, als Füllung für Ravioli, Cannelloni und Pfannkuchen verwendet. Ricotta ist in unterschiedlichen Formen und Größen abgepackt. Der auf Malta produzierte Ricotta besteht aus Kuhmilch und Meerwasser.

Ricotta

Caboc

Colwick

Ein traditioneller, zylinderförmiger englischer Kuhmilchkäse. Der hier abgebildete Laib hat in der Mitte eine Vertiefung, die mit Sahne und Früchten gefüllt werden kann. Der ungesalzene Käse eignet sich gut als Nachspeise, kann aber auch gesalzen und herzhaft angerichtet werden.

Colwick

Caboc

Der schottische Doppelrahmkäse (60 Prozent Fettgehalt) wird aus Kuhmilch hergestellt und in grobem Hafermehl gerollt. Er schmeckt süßlich und paßt gut zu Früchten. Er wird in Rollen- oder Zylinderformen angeboten.

Feta

Der griechische Käse wird aus Ziegen- oder Schafsmilch oder aus einer Mischung beider hergestellt. Der grobgeschnittene und gepreßt Bruch wird gesalzen und in der Molke gereift. Feta wird in vielen griechischen Rezepten verwendet. Griechenland hat den höchsten Pro-Kopf-Verbrauch (15 kg) an Käse.

Feta

ANDERE FRISCH- UND WEICHKÄSE

Barberey
Der französische Barberey (auch Fromage de Troyes genannt) wird gesalzen und drei Wochen gereift. Er wird auch ungereift als Frischkäse verkauft. Gereifte Laibe sehen aus wie Camembert.

Bel Paese
Der relativ neue, erst 1929 in Italien erfundene Käse ist ein schnellreifender Dessertkäse. Bel Paese (»schönes Land«) wird in flachen, runden Laiben mit einer leichten Käserotflora angeboten.

Beli Sir
Der säuerliche jugoslawische Käse wird sowohl von Bauern als auch in der Fabrik hergestellt. Er wird einen Monat lang in Lake gereift und dann in rechteckige Formen gepreßt.

Bryndza
Der weiche, butterartige Bryndza ist manchmal das Ausgangsprodukt für Liptauer. Bryndza (Ungarn) oder Brinza (Rumänien) wird aus Ziegen- oder Schafsmilch hergestellt.

Chabichou
Der französische Ziegenmilchkäse aus dem Poitou hat eine natürliche trockene Rinde und wird in der Zylinderform hergestellt.

Chaource
Der aromatische und leicht säuerliche französische Käse hat eine Weißschimmelrinde und wird in zylindrischen Laiben mit 6,5 cm Höhe angeboten.

Chaumes
Der aus den französischen atlantischen Pyrenäen stammende milde und weiche Chaumes wird in Fabriken aus Kuhmilch hergestellt. Sein Fettgehalt beträgt 50 Prozent. Saint Albray ist ein ähnlicher Käse. Die runden Laibe mit gewaschener Rinde wiegen 2 kg. Er ist ein guter Dessertkäse und kann zum Überbacken von Toasts verwendet werden.

Epoisses
Der kleine, zylinderförmige französische Käse ist eine Spezialität aus Burgund. Die gewaschene Rinde entwickelt Rotschmierebakterien. Während der Herstellung kann er gewürzt oder vor dem Verkauf in Marc de Bourgogne getaucht werden.

Liederkranz
Der rechteckige amerikanische Käse ist dem Limburger ähnlich. Er hat einen sehr weichen Teig und schmeckt mild. Die gewaschene Rinde zeigt einen Rotschmierebakterienbelag.

Liptauer
Der ungarische Streichkäse wird aus Schafs- und Kuhmilch hergestellt. Die Fabriken verwenden dafür als Basis einen Schafsmilchkäse (entweder Bryndza oder Liptó). Liptauervarianten enthalten Butter, Kapern, Zwiebeln, Senf und Gewürze.

Livarot
Der rechteckige Käse aus der Normandie ist ein würziger Rotflorakäse.

Mascarpone
Der italienische Dessertkäse wird aus frischer Sahne hergestellt und ungereift verkauft. Er kann mit Likören aromatisiert werden und ist bei uns besonders als Bestandteil der italienischen Nachspeise *Tiramisu* bekannt geworden. Der Doppelrahmfrischkäse ist auch mit kandierten Früchten im Handel.

Quark
Quark ist ungereifter Frischkäse aus pasteurisierter Milch, Sahne oder entrahmter Milch, der von Magerstufe bis Doppelrahmstufe mit jedem Fettgehalt angeboten wird. Er ist in der Küche sowohl zum Kochen als auch zum Backen (z. B. Käsesahnetorte, Quarkschnitten, Quarksoufflé) vielseitig verwendbar und auch als Brotaufstrich beliebt.

Roule
Der französische Weichkäse mit Kräutern wird in Rollen angeboten.

Scamorza
Der italienische Kuhmilchkäse gehört wie der Mozzarella zur Gruppe der Filatakäse. Ursprünglich wurde der Scamorza jedoch aus Büffelmilch hergestellt. Der ovale, gelbliche Käse hat einen festen, geschmeidigen Teig und wird für Pizzen verwendet.

Stracchino
Von dem italienischen, aus der Lombardei stammenden Käse gibt es mehrere Varianten. Taleggio und Robiolo sind sehr weiche, delikate Käse mit einem orangeroten Florabelag, der sich aufgrund des Salzbades während der Reifezeit entwickelt. Die Käse sind nicht geschnitten und nicht gepreßt. Stracchino Crescenza entwickelt keine Rindenflora.

Halbfeste Schnittkäse

Port Salut

Der milde französische Käse hat einen festen Teig und eine gewaschene Rinde. Die kleinen runden Laibe werden von Trappistenmönchen nach einem alten Rezept hergestellt. Sie wurden nach dem Kloster benannt, in das die Mönche nach der Französischen Revolution aus ihrem Exil zurückkehrten.

Port Salut

Manchego

Spaniens bekanntester Schafsmilchkäse hat einen cremigen, festen Teig, der manchmal Löcher aufweist. Der in zylindrischen Laiben angebotene, kräftig schmeckende Manchego ist als Imbiß ideal.

Colby

Manchego

Colby

Der dem Cheddar ähnliche amerikanische Käse stammt aus Colby im Staat Wisconsin und ist ein gewaschener Bruchkäse (wird Käsebruch gründlich gewaschen, erhöht sich der Feuchtigkeitsgehalt des Käses, und er reift schneller). Er wird in verschiedenen Formen angeboten, schmeckt mild und hat eine natürliche Rinde. Durch seine leicht körnige Struktur ist er als Imbiß und im Salat sehr beliebt.

Cantal

Der aus der Auvergne stammende Kuhmilchkäse wird oft als der französische Cheddar bezeichnet. Er besitzt einen nussigen Geschmack und ein feines Aroma und kann in vielen Rezepten anstelle von Cheddar verwendet werden. Er schmilzt leicht und zieht keine Fäden. Der in zylindrischen Laiben angebotene Cantal ist ein guter Allzweck-Tafelkäse.

Cantal

Saint Paulin

Saint Paulin

Der französische Kuhmilchkäse mit Rinde schmeckt je nach Reife mild bis scharf. Er ähnelt im Geschmack dem Port Salut. Der Imbiß- und Dessertkäse wird in kleinen Laiben hergestellt.

Monterey Jack

Der cheddarähnliche Käse stammt aus Monterey in Kalifornien, wird aber jetzt auch in anderen Teilen Amerikas hergestellt. Er geht auf ein altes Rezept aus einem Kloster zurück und kam erstmals 1916 auf den Markt. Der Kuhmilchkäse hat einen milden Geschmack, weist zahlreiche Löcher auf und hat eine natürliche Rinde. Der in Blöcken oder großen Laiben angebotene Käse wird für Snacks, Sandwiches und bestimmte Rezepte verwendet. Der hier abgebildete Monterey Jack hat einen unzerkleinerten, leicht gepreßten und feuchten Bruch. Es gibt auch einen Monterey zum Reiben, der sich gut zum Kochen eignet.

Monterey Jack

Geitost

Geitost

Der norwegische Molkenkäse wird aus Kuhmilch (dann heißt er Mysost) oder aus Ziegenmilch hergestellt. Er ist in Aussehen und Geschmack karamelig und wird in Würfeln oder rechteckigen Blocks hergestellt und in Folie verpackt verkauft. Für Saucen, Imbiß und Dessert.

Fontina

Der italienische Kuhmilchkäse aus dem Piemont schmeckt nussig und leicht rauchig. Er wird in flachen Laiben hergestellt und ist Bestandteil von *Fonduta* (heiße Creme aus Fontina, Ei, Sahne, Butter und einer Verzierung aus weißen Trüffelscheiben).

Fontina

Cabrales

Von dem aus Nordspanien stammenden traditionellen Ziegenmilchkäse gibt es jetzt auch Schafsmilchvarianten. Er wird in zylindrischen Laiben hergestellt, hat ein kräftiges, ausgeprägtes Aroma und schmeckt gut als Imbiß.

Raclette

Der Kuhmilchkäse, nach dem ein traditionelles Walliser Gericht benannt wurde, kommt aus der Schweiz und hat einen milden, nussigen Geschmack. Es gibt verschiedene Raclettekäse (Gomser, Bagnes, Orsières), die alle einen festen, würzigen Teig haben.

Cabrales

Raclette

Cheshire

Dunlop

Double Gloucester

Double Gloucester

Der vollmundige Kuhmilchkäse ist eine der großen englischen Käsesorten. Er ist ein guter Dessert- und Imbißkäse und wird in zylindrischen Laiben von 4,5–15 kg Gewicht hergestellt.

Cheshire

Der bekannte, auf das 12. Jahrhundert zurückgehende, englische Kuhmilchkäse aus der Grafschaft Cheshire ist bröckelig und schmeckt salzig. Von dem schnellreifenden Käse gibt es zwei Sorten: weißen und mit Annatto gefärbten roten (abgebildet). Er ist ein guter Imbißkäse.

Leicester

Den festen englischen Kuhmilchkäse mit dem milden Geschmack erkennt man an seiner orange Farbe, die auf die Verwendung von Annatto zurückzuführen ist. Er wird in Lancashire als Schmelzkäse zum Überbacken verwendet und schmeckt gut als Imbiß. Er wird in zylindrischen Laiben hergestellt.

Dunlop

Der schottische Kuhmilchkäse ist dem Cheddar ähnlich und schmeckt mild. Er hat eine natürliche Rinde. Angeblich geht er auf ein irisches Rezept zurück. In Schottland wird er oft mit gebutterten Haferkeksen gegessen. Er ist gut als Imbiß und eignet sich zum Überbacken. Er wird in zylindrischen Laiben hergestellt.

Emmentaler

Der weltbekannte Schweizer Kuhmilchkäse hat einen ziemlich süßen, nussigen Geschmack und kann für Fondues und überbackene Gerichte verwendet werden. Sein Name ist von der durch das Zentrum der Schweiz fließenden Emme abgeleitet. Der 100 kg schwere Laib weist, wenn er aufgeschnitten ist, Löcher (oder Augen) auf. Er hat eine natürliche Rinde und ist weicher und milder als Gruyère. Er zieht beim Kochen Fäden.

Leicester

Emmentaler

Wensleydale

Lancashire

Wensleydale

Der aus der englischen Grafschaft Yorkshire stammende Käse wurde einst von Zisterziensermönchen aus Schaf- oder Ziegenmilch hergestellt. Fabriken verwenden dafür heute Kuhmilch. Weißer Wensleydale ist leicht gepreßt und gesalzen, hat eine natürliche Rinde und schmeckt nach Buttermilch. Der in Blöcken und zylindrischen Laiben hergestellte Käse wird gern zu Apfel-Pie serviert. Vom Wensleydale gibt es eine Blauschimmelvariante.

Gruyère

Von dem Schweizer Gruyère gibt es auch französische Varianten. Frankreich und die Schweiz stritten sich um die Rechte auf den Namen, die 1951 schließlich beiden zugebilligt wurden. Zur Herstellung des Schweizer Gruyère wird Kuhmilch verwendet. Er hat einen geschmeidigen Teig mit wenigen erbsengroßen Löchern und eine dunkelbraune natürliche Rinde. Er gleicht im Aussehen und nußartigen Geschmack dem Emmentaler. Da er keine Fäden zieht, eignet sich der in der Schweiz meistverzehrte Käse gut zum Kochen. Für Fondues, Saucen, Quiches und zum Reiben.

Lancashire

Der milde, etwas krümelige englische Kuhmilchkäse erinnert an weißen Cheshire. Er schmilzt gut und eignet sich daher gut zum Kochen und Überbacken. Er wird in zylindrischen Laiben und Blöcken hergestellt.

Cheddar

Englands berühmtester Käse wird aus Kuhmilch hergestellt und variiert im Geschmack von mild bis sehr scharf. Cheddarkäse werden heute in der ganzen Welt und meist in großen zylindrischen Laiben hergestellt. Sie haben eine natürliche Rinde. Cheddar ist ein vielseitiger Kochkäse, da er keine Fäden zieht. Für Saucen, Soufflés, Salate und Pizzen. In England wird er im Pub als *Ploughman's lunch* (Imbiß aus Cheddar, Brot, Pickles, Zwiebeln) serviert.

Caerphilly

Der milde und leicht säuerlich schmeckende englische Kuhmilchkäse stammt aus Wales. Der in zylindrischen Laiben hergestellte Käse ist ein hervorragender Imbiß- und Dessertkäse.

Cheddar

Caerphilly

Gruyère

Leidener

Der halbfeste holländische Schnittkäse hat eine dunkelgelbe Rinde und eine rote Wachsschicht. Er wird aus Vollfett- oder entrahmter Kuhmilch hergestellt und ist mit Kümmel- und Kreuzkümmelsamen gewürzt. Der in zylindrischen Laiben angebotene Käse wird gern zu Gin, Cocktails und als Imbiß gereicht.

Edamer

Der milde holländische Käse hat eine dünne natürliche Rinde und eine rote Wachsschicht. Er reift meist drei bis vier Monate. Er wird aus Kuhmilch hergestellt und ist aufgrund seines niedrigeren Fettgehalts etwas fester als Gouda. Es gibt auch mit Kreuzkümmmelsamen gewürzten Edamer. Meist wird er in Kugeln angeboten.

Jarlsberg

Jarlsberg entstand 1959 in Oslo. Den norwegischen Käse gibt es von Weiß bis Hellgelb mit großen Löchern im Teig. Er wird aus Kuhmilch hergestellt, der Teig ist schnittfest und hat einen milden, nußartigen Geschmack. Er hat eine dicke Rinde und ist mit einer gelben Wachsschicht überzogen. Ein guter Allzweckkäse. Der in Laiben hergestellte Jarlsberg ist in seinem Heimatland ein beliebter Baguettebelag.

Leidener

Gouda

Gouda

Der ausgezeichnete, milde holländische Käse hat einen weichen, geschmeidigen Teig. Er reift bis zu einem Jahr und entwickelt dabei ein hervorragendes Aroma, das ihn zu einem der großen Käse der Welt macht. Nachdem er in ein Salzbad gelegt wurde, entwickelt der Käse eine natürliche Rinde. Er wird in großen Laiben hergestellt.

Edamer

Tilsiter

Der feste Kuhmilchkäse wurde zuerst von Holländern in der früher ostpreußischen Stadt Tilsit hergestellt. Heute wird er in ganz Europa produziert. Er hat einen kräftig-würzigen Geschmack und eignet sich als Dessertkäse und Brotbelag. Er ist in Laiben und Blöcken erhältlich.

Tilsiter

Jarlsberg

ANDERE HALBFESTE SCHNITTKÄSE

Appenzeller
Der Schweizer Appenzeller (der Name ist aus dem Lateinischen für Abtszelle abgeleitet) wird in zylindrischen Laiben hergestellt. Während ihrer drei- bis sechsmonatigen Reifezeit werden sie regelmäßig gewendet und mit einer Mischung aus Weißwein, Wasser und Kräutern gewaschen.

Bellelave
Der schmackhafte, zum Schaben gut geeignete Schweizer Käse mit der rötlichen Rindenflora ist auch unter dem Namen Tête de Moine bekannt.

Brick
Der amerikanische Käse hat seinen Ursprung im Staat Wisconsin, wo er erstmals um 1870 hergestellt wurde. Er hat eine rötlichbraune Rinde, die mit einer Wachsschicht überzogen sein kann. Der gelblichweiße Teig weist kleine Löcher auf. Er schmeckt je nach Reifezeit mild bis kräftig. Er wird viel als Sandwichbelag und zum Überbacken verwendet.

Chèvre
Chèvre ist das französische Wort für Ziege. Ziegenkäse gibt es in vielen Varianten.

Coon
Der cheddarähnliche amerikanische Käse wird mit einem patentierten Herstellungsverfahren produziert, das auch »Brennen« (Nachwärmen) einschließt.

Derby
Der englische Käse aus der Grafschaft Derbyshire hat eine natürliche Rinde, einen festen Teig, schmeckt mild und wird gern zum Überbacken genommen. Die wagenradähnlichen Laibe wiegen ca. 14 kg. Eine Variante des Derbys ist der mit frischem Salbei gewürzte und aufgrund dessen grüngeäderte Sage Derby.

Esrom
Der dänische Esrom mit der gewaschenen Rinde und Rotflora ist dem französischen Port Salut ähnlich. Er ist fester Bestandteil des kalten Buffets (Smørgasbord).

Gamalost
Der schnell reifende norwegische Käse entwickelt eine einzigartige Schimmelflora auf der Rinde, die immer wieder in den Teig gepreßt wird und so dem Käse seinen charakteristischen scharfen und pikanten Geschmack verleiht. Der weiche, körnige Teig ist dunkelbraun in der Farbe.

Havarti
Der Teig des tilsiterähnlichen Käses ist weiß bis hellgelb und weist viele kleine Löcher auf. Havarti hat eine natürliche oder eine gewaschene Rinde. Die trockene Rinde verleiht ihm einen säuerlichen, und die Flora auf der gewaschenen Rinde einen scharfen Geschmack. Havarti wurde nach dem Gut der Erfinderin (Hanne Nielson) benannt.

Limburger
Der Käse belgischen Ursprungs wird heute in Deutschland hergestellt. Limburger schmeckt je nach Reife pikant bis scharf. Die Rinde ist mit Rotschmierbakterien gewaschen, und der Käse reift drei bis vier Wochen.

Pont l'Evêque
Der quadratische Weichkäse ist einer der ältesten in der Normandie hergestellten Käse. Er schmeckt ziemlich würzig und hat ein kräftiges Aroma. Pont-l'Evêque-Käse haben eine gewaschene Rinde und werden wie Camembert in Spanschachteln verpackt.

Reblochon
Der französische Reblochon aus dem bergigen Departement Haute-Savoie reift in Höhlen. Der fette, cremige, mild schmeckende Käse hat eine gewaschene Rinde. Sein Name bedeutet »zweites Melken«, da die Hirten, die den Käse ursprünglich herstellten, dafür Milch vom zweiten, illegalen Melken nahmen.

Samsoe
Der Samsoe war ursprünglich eine dänische Kopie des Schweizer Emmentalers und wurde nach der gleichnamigen Insel benannt, auf der er hergestellt wird. Es gibt eine ganze Samsoe-Familie. Alle Familienmitglieder haben das Suffix »bo« an ihren Herstellungsort oder -insel angehängt. Der quadratische Danbo mit einer natürlichen Rinde enthält manchmal Kümmel. Fynbo ist dem Samso ähnlich, nur ist er nicht ganz so groß, und die Löcher im Teig sind kleiner. Elbo hat einen regelmäßigeren, festeren Teig mit wenig Löchern und eine natürliche Rinde. Tybo ist kleiner, fester und hat denselben Fettgehalt. Molbo ist dem Edamer ähnlich, ist auch kugelförmig und hat eine rote Rinde. Maribo ist holländischem Gouda ähnlich, hat aber winzige Löcher und eine rote Wachsrinde.

Sauermilchkäse
Unter Sauermilchkäse versteht man bei uns Käse, die aus Sauermilchquark hergestellt werden. Sie werden in unterschiedlichen Formen und Größen angeboten, haben aber alle eine Rindenflora, die von Hellgelb bis Rotbraun reicht. Der Geschmack ist säuerlich und pikant. Manche der Käse sind mit Gewürzen versetzt. Zu der Gruppe der Sauermilchkäse gehören: Mainzer, Harzer, Hand-, Korb-, Spitz- und Stangenkäse.

Hart-, Blauschimmel- und Räucherkäse

Provolone

Ursprünglich wurde der italienische Provolone aus Büffelmilch hergestellt, heute verwendet man Kuhmilch. Der Käse mit dem gezogenen Teig (Filatakäse) wird auch in anderen Ländern und in vielen Formen produziert (Birnen-, Kegelstumpf- und Zylinderform). Zum Reifen wird er an Schnüren aufgehängt. Provolonekäse sind geräuchert. Die mit kurzer Reifezeit sind milder und weicher und werden als Tafelkäse verwendet. Die älteren, härteren Käse werden zum Kochen verwendet.

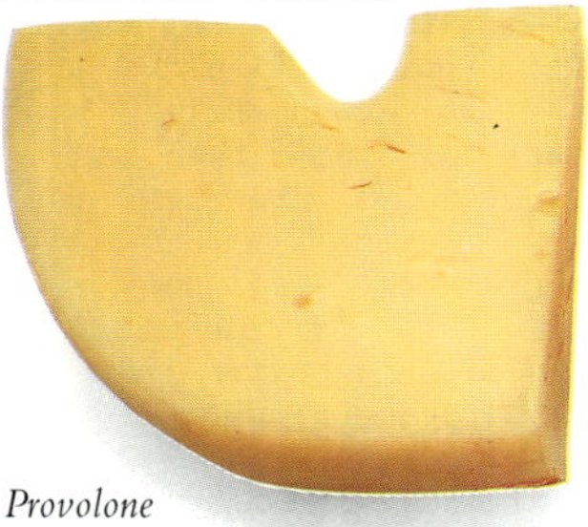

Provolone

Pecorino

Pecorino ist ein in Zentral- und Süditalien hergestellter Hartkäse aus Schafsmilch. Pecorino romano wird durch Erhitzen der Milch, Dicklegen mit Lämmermagenlab, Zerteilen der Gallerte, Nachwärmen des Bruchs und Abfüllen in Formen hergestellt. Die Reifezeit beträgt etwa acht Monate. Pecorino sardo ist die sardische, und Pecorino pepato (mit Pfefferkörnern) ist die sizilianische Variante. Als Tafel- und Reibekäse.

Pecorino

Parmesan

Parmesan oder korrekter Parmigiano Reggiano ist der nobelste der italienischen körnigen Hartkäse *(Formaggi di grana)*. Die wagenradgroßen, goldgelben Kuhmilchkäse werden aus feingeschnittenem und sorgfältig getrenntem Bruch hergestellt, der gerührt und auf 58° C erhitzt wird, bevor man ihn preßt. Die Käse werden wochenlang gesalzen, dann läßt man sie ein bis drei Jahre (oder länger) reifen. Bei Altersangaben bedeuten die Bezeichnungen *giovane* 1 Jahr (wenig gereifter Tafelkäse), *vecchio* 2 Jahre, *stravecchio* 3 Jahre und *stravecchione* 4 Jahre.
Zu den *Formaggi-di-grana*-Käsen gehört auch der Grana padano, der in der Lombardei in größeren Mengen hergestellt wird; der Grana lodigiano mit niedrigem Fettgehalt und kleinen Löchern im Teig und der Grana lombardo aus der Gegend um Mailand. Die *Formaggi di grana* werden pur gegessen oder als Reibekäse für typisch italienische Suppen wie z. B. Minestrone, Nudel- und Reisgerichte und auch zum Verfeinern von Saucen verwendet.

Parmesan

Sapsago

Der aus entrahmter Sauermilch und Vollmilch hergestellte Schweizer Sapsago ist aufgrund seiner grünlichen Farbe auch unter dem Namen Grüner Käse bekannt. Der Grünton stammt von Zigerklee, der dem Käsebruch zugesetzt wurde. Der Hartkäse läßt sich gut reiben und ist ein guter und vielseitig verwendbarer Kochkäse.

Caciocavallo

Der italienische Kuhmilchkäse gehört wie der Provolone zu der Gruppe der Filatakäse. Der Bruch der Filatakäse wird mit heißem Wasser überbrüht, dann geknetet und geformt. Caciocavallo bedeutet »Käse zu Pferd«. Der ursprünglich von Nomaden hergestellte Käse soll Satteltaschen gleichen. Caciocavallo ist ein alter römischer Käse, der in kürbisförmigen Laiben hergestellt wird. Er ist ein guter Imbiß- und Dessertkäse. Ältere, hart und körnig gewordene Käse werden als Reibe- und Kochkäse eingesetzt.

Caciocavallo

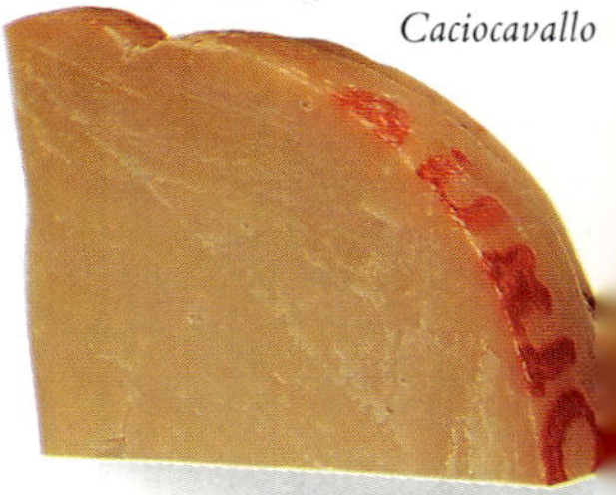

Sbrinz

Der Schweizer Reibekäse wird aus Kuhmilch hergestellt. Der Bruch wird fein geschnitten und auf über 55° C erhitzt. Der Käse wird in flache, runde Formen gepreßt, in ein Salzbad gelegt und dann bei 20° C circa vier Monate lang »geschwitzt«; danach reift er in Regalen etwa zwei Jahre. Sbrinz ist ein pikanter, aromatischer Käse, der sich sehr gut als Tafel-, Reibe- und Kochkäse (Saucen, Soufflés) eignet.

Sbrinz

Sapsago

Geräucherter Emmentaler

Geräucherter Emmentaler

Geräucherter Emmentaler (aber auch Cheddar und anderer Käse) wird traditionell in Wurstform als Imbißkäse angeboten.

Mycella

Gorgonzola

Der italienische Gorgonzola gehört neben Roquefort und Stilton zu den edelsten Blauschimmelkäsen. Bei der Herstellung wird der Milch mit der Starterkultur die Schimmelkultur *Penicillium gorgonzola* zugesetzt. Der Bruch wird geschnitten und in Formen gepackt. Der unreife Käse wird gesalzen und mit Nadeln durchstochen, dann läßt man ihn drei bis vier Monate reifen und Adern bildern. Mit Gorgonzola werden Birnen gefüllt; er ist Bestandteil von *Mousse au fromage* und Salaten. Der Teig des Käses ist weich, weiß und grünlich geädert. Er schmeckt angenehm scharf. Er ist nicht so fett wie Roquefort und feuchter als Stilton.

Roquefort

Roquefort wird von vielen als der »König« der Käse bezeichnet. Der französische Schafsmilchkäse stammt aus dem südlichen Massif Central, wird in zylindrischen Laiben hergestellt und hat einen kräftigen Geschmack. Seinen Erfolg verdankt er dem feuchten Klima in den Höhlen des Combalou, in denen er gereift wird. In der feuchten Höhlenluft zirkulieren Sporen des *Penicillium glaucum,* var. *roqueforti,* und in sechs Wochen reift er unter Einwirkung der Schimmelpilze. Roquefort wird für *Tartelettes au Roquefort,* als Tafelkäse und in Salatsaucen verwendet.

Gorgonzola

Roquefort

Mycella

Der dänische Kuhmilchkäse hat bläulichgrüne Adern. Mycella wird in großen, zylindrischen Laiben hergestellt. Er wird meist als Tafelkäse verwendet. Sein pikantes Aroma verleiht sowohl Salaten als auch Salatdressings eine besondere Note.

ANDERE HARTKÄSE

Asiago
Von dem nordwestitalienischen Kuhmilchkäse aus der Provinz Vicenza gibt es zwei Sorten: Asiago d'Allevo wird aus einer Mischung aus entrahmter Milch und Vollmilch hergestellt und ist ein pikanter Reibekäse. Asiago grasso di monte hat einen geschmeidigeren Teig und einen milderen Geschmack. Asiago wird gerieben für Suppen, Nudel- und Fleischgerichte verwendet.

Bergkäse
Der wagenradgroße österreichische Käse hat einen geschmeidigen, einheitlichen Teig, schmeckt mild und wird aus Kuhmilch hergestellt. Der Bruch wird fein geschnitten und der Käse gepreßt, bis sich eine natürliche Rinde bildet.

Kefalotiri
Ein beliebter griechischer Rohmilchkäse aus Schafsmilch. Der Bruch wird fein geschnitten, gerührt und erhitzt, bevor er in Formen gefüllt wird. Die Käselaibe sehen wie Hüte aus. Die Käse werden trocken gesalzen und mehrere Monate gereift. Kefalotiri wird gerieben für griechische Gerichte verwendet.

Blauschimmelkäse

Castello Blue

Der dänische Doppelrahmkäse hat eine weiche Konsistenz und wird aus Kuhmilch hergestellt.

Castello Blue

Danablu

Da die Dänen keinen eigenen Blauschimmelkäse aufzuweisen hatten, machten sich einige Käser Anfang des 19. Jahrhunderts daran, mit Schimmelkulturen zu experimentieren. Dabei entstanden eine ganze Reihe exzellenter Blaukäse, von denen Danablu der berühmteste ist. Er wird aus homogenisierter Kuhmilch in Laiben hergestellt, ist weich, cremig und kräftig im Geschmack. Er schmeckt gut als Imbiß. Bluecreme ist ein anderer Blaukäse mit Innenschimmel und Sahnezusatz. Dadurch ist er geschmeidiger und cremiger als Danablu. Ein Käselaib wiegt 4 kg.

Bleue de Bresse

Pipo Crem'

Der beliebte französische Blauschimmelkäse aus Kuhmilch wird in langen zylindrischen Laiben hergestellt. Pipo Crem' ist größer und cremiger als Bleue de Bresse und kommt aus Ain.

Pipo Crem'

Danablu

Bleue de Bresse

Der cremige französische Blauschimmelkäse wird aus Kuhmilch hergestellt. Er ist weich und hat einen kräftigen Geschmack. Sein Fettgehalt ist etwas höher als bei den meisten anderen Blaukäsen. Ein Laib wiegt ca. 2 kg. Er ist auch in kleinen Zylindern abgepackt im Handel. Bleue de Bresse ist ein guter Dessertkäse und ist Bestandteil von *Fromage cardinal*.

Fourme d'Ambert

Fourme d'Ambert ist ein kräftig schmeckender Blauschimmelkäse aus Kuhmilch. Er stammt aus dem Departement Haute-Savoie. Er wird in zylindrischen Laiben hergestellt.

Fourme d'Ambert

Dolcelatte

Der italienische Blauschimmelkäse wird aus Kuhmilch hergestellt. Sein Teig ist sehr weich, die Konsistenz cremig; die Adern sind grünlich. Er ist eine fabrikmäßig produzierte Variante des berühmten Gorgonzola und wird in zylindrischen Laiben hergestellt.

Dolcelatte

Bavariablu

Blue Cheshire

Blue Cheshire ist die große »blaue« Version des roten Cheshirekäses und einer der feinsten Blauschimmelkäse. Der dem Stilton ebenbürtige Rivale wird aus Kuhmilch hergestellt. Die blauen Adern ergeben sich beim Reifen zufällig, obwohl Käser die Schimmelbildung fördern, indem sie die Laibe pikieren und sie in einem günstigen Klima reifen lassen. Er hat einen kräftigen Geschmack und wird als Dessertkäse gereicht.

Blue Cheshire

Bavariablu

Der weiche Doppelrahm-Blauschimmelkäse schmeckt sehr mild und leicht säuerlich. Er hat einen hohen Fettgehalt (70 Prozent). Bavariablu wird aus Kuhmilch hergestellt, hat eine cremige Konsistenz und läßt sich gut streichen. Deshalb wird er gerne als Brotbelag genommen. Die Oberfläche zeigt einen Schimmelbelag.

Stilton

Shropshire Blue

Der neue unter den Blauschimmelkäsen kommt nicht – wie man aufgrund des Namens vermuten könnte – aus der englischen Grafschaft Shropshire, sondern aus Schottland.

Stilton

Stilton ist ein relativ »junger« Blauschimmelkäse. Gorgonzola und Roquefort sind beide älter. Er machte erstmals Anfang des 18. Jahrhunderts von sich reden. Der Käse soll von einer Mrs. Paulet in Leicestershire hergestellt und an das Bell Inn in Stilton geliefert worden sein.
Stilton ist ein fetter Kuhmilchkäse. White Stilton wird nach wenigen Wochen Reifezeit verkauft. Blauer Stilton (Abbildung) wird nach acht Wochen mit Nadeln durchstochen, um die Aderbildung zu fördern, und benötigt etwa sechs Monate bis er ausgereift ist. Er entwickelt eine natürliche, braune und schrumpelige Rinde. Er wird in hohen zylindrischen Laiben verkauft, die ihn von Roquefort und Gorgonzola unterscheiden.

Shropshire Blue

ANDERE BLAUSCHIMMELKÄSE

Bleu d'Auvergne
Der kleine, französische, 2 kg wiegende Käse kommt aus der Auvergne. Bei der Herstellung wird der Bruch geimpft oder die Oberfläche mit einem *Penicillium-glaucum*-Stamm bestrichen. Der Käse wird gewaschen, mit Salz abgerieben und dann mit Nadeln durchstochen, damit sich der Schimmel bilden kann.

Bleu de Corse
Der weiße Schafsmilchkäse aus Korsika entwickelt Innenschimmel, der die blauen Adern bildet. Andere Käse dieser Art werden zum Reifen in die Höhlen des Combalou (siehe Roquefort) geschickt.

Bleu de Gex
Bleu de Gex kommt aus dem Jura, hat einen festen Teig, einen milden Geschmack und zarte blaue Adern. Ein sehr ähnlicher Käse ist der Bleu de Septmoncel. Beide wiegen 5–6 kg. Der Bleu de Sassenage ist ebenfalls mit dem Bleu de Gex verwandt, jedoch fester und viel kleiner.

Bleu de Laqueuille
Der Bleu de Laqueuille ist ein neuerer Käse aus der Auvergne. Er wird seit 1850 hergestellt. Wie die meisten französischen Blauschimmelkäse ist er ziemlich klein (2–2,5 kg), hat eine trockene Rinde, ist mild im Geschmack und hat einen weichen Teig.

Bleu de l'Aveyron
Ein französischer Käse, der wie Bleu de Causses und Roquefort in den Höhlen des Massif Central reift. Der kleine Blauschimmelkäse hat einen feinen, delikaten Geschmack und einen weichen Teig.

Lymeswold
Der cremige, milde, blaugeäderte Käse wurde 1982 in England als Konkurrent zum blauen Brie kreiert. Es gibt davon mehrere Varianten, die alle in kleinen Laiben hergestellt werden. Er wird pur als Imbiß oder als Dessertkäse verzehrt.

Fische und Meeresfrüchte

Schon lange bevor unsere Vorfahren lernten, Gemüse zu kultivieren und Tiere zu domestizieren, waren Meeres- und Süßwasserfische ein wichtiger Bestandteil der menschlichen Ernährung. Fische lieferten Eiweiß und Vitamine, waren leicht zu fangen und zuzubereiten. Es ist wahrscheinlich, daß ein großer Teil des Fanges roh verzehrt wurde.
In Ägypten gab es Fische im Überfluß, und sie waren billiger als Brot. In Flüssen und Seen gab es Karpfen, Barben, Lauben und Schmerlen, im Meer Grünrücken-Meeräschen und Thunfisch. Schon früh in der Geschichte fingen die Bewohner der Iberischen Halbinsel Anchovis, Sardinen und Kabeljau. Der Kabeljau wurde eingesalzen und als *Bacalao* bis nach Kleinasien exportiert.
In Europa wurde gern Hecht geangelt und gegessen. In Schottland gab es so viel Lachs, daß im 17. Jahrhundert ein Gesetz erlassen wurde, das Herrschaften verbot, ihren Hausangestellten mehr als dreimal pro Woche besagten Fisch vorzusetzen. Karpfen – ein Süßwasserfisch, der oftmals gewaltige Proportionen erreicht – wurde in Europa, dem Nahen Osten, in China und in Japan gezüchtet. Er inspirierte Köche und Poeten in gleichem Maß.
Der wertvollste Speisefisch aller Zeiten ist der Hering. Gleich dahinter rangieren Kabeljau, Makrele und Thunfisch.

Zubereitung von Fisch
Fisch ist reich an hochwertigem Eiweiß. Die meisten Fische haben obendrein einen niedrigen Fettgehalt. Sie eignen sich zum Braten, Sautieren, Backen, Grillen, Dünsten und Pochieren. Seezunge ist Grundlage einer bemerkenswerten Anzahl klassischer französischer Gerichte wie *Filets de sole Joinville* und *Escoffier's timbale*. Wahrscheinlich schmeckt sie aber am besten, wenn sie gegrillt oder nach Müllerin Art zubereitet wird. Steinbutt sollte man pochieren oder dämpfen und mit einer passenden Sauce servieren. Heilbutt ist trockener und kann geschmort oder gegrillt mit geschmolzener Butter auf den Tisch gebracht werden. Er eignet sich zum Backen im Ofen, er kann aber auch auf Diepper Art mit Garnelen, Muscheln und Weißweinsauce zubereitet werden. Für Glattbutt gelten dieselben Garmethoden und Rezepte. Andere Plattfische wie Kliesche, Echte Rotzunge, Flunder, Scholle oder Flügelbutt sollte man grillen oder nach Müllerin Art zubereiten.

Was beim Einkauf zu beachten ist
Frische Fische haben hervorquellende Augen, festsitzende Schuppen und festes Fleisch. Sie sollten nicht unangenehm riechen. Manche Fische werden vor dem Verkauf gehäutet (z. B. der Katzenhai), andere sind gehäutet und haben auch keinen Kopf mehr (z. B. Seeteufel). Nach dem Einkauf sollte Fisch baldmöglichst gekocht und nicht länger als einen Tag im Kühlschrank aufbewahrt werden, da er schnell verdirbt. Kommt er nicht innerhalb eines Tages in den Kochtopf, sollte er eingefroren werden. Frieren Sie nur selbstgefangene Fische ein – keine gekauften, da die beim Händler angebotenen Exemplare sicher nicht frisch gefangen sind und wahrscheinlich schon einmal tiefgefroren waren.

Fischarten
In den Weltmeeren gibt es über 20 000 Fischarten. Wir beuten nur einen geringen Teil dieses Potentials aus, allerdings sind mindestens 50 Prozent davon auch kommerziell unbrauchbar. Von den restlichen Arten ist meist nur etwa ein Dutzend verschiedener Fische im Handel erhältlich. Bei den Portugiesen und Japanern ist das allerdings anders: In Tokio gibt es täglich über 60 Arten auf dem Markt zu kaufen. Der Tagesbedarf an Fisch liegt in Japan bei 7000 Tonnen. Der Großteil des Fisches wird roh als *Sashimi* verzehrt.
In anderen Teilen der Welt ist der Geschmack konservativer. Der Großteil europäischer Fäng besteht aus Kabeljau, Seehecht, Hering, Makrele, Pilchard und Anchovis, und sei es nur, weil es sie in Mengen gibt. Von den 160 zum Verzehr geeigneten Fischarten aus dem Mittelmeer und dem Atlantik besteht für nur zwölf Arten eine regelmäßige Nachfrage. In Amerika gibt es bestimmte Meeresfische das ganze Jahr über. Dazu gehören Lachs, Flunder, Kabeljau, Heilbutt, Forelle und Seebarsch.
Im Rahmen dieses Buches ist es nicht möglich, alle eßbaren Fische aufzulisten. Die wichtigsten haben wir ausgesucht und auf den folgenden Seiten abgebildet und beschrieben.

MEERESFRÜCHTE

Zu den Meeresfrüchten gehören Schaltiere, Krusten- und Weichtiere. Krustentiere wie Hummer, Garnelen und Krebse haben ein hartes Außenskelett (den »Panzer«), das während des Wachstums von Zeit zu Zeit abgeworfen und durch ein neues ersetzt wird. Weichtiere leben in Schalen, die mit einem Schloßband miteinander verbunden sind, oder wie die Wellhornschnecke und die Gemeine Strandschnecke in nur einer Schale. Wenn es um die Küche geht, werden andere Weichtiere (wie Landschnecken und die schalenlosen Meeresweichtiere Pfeilkalmar, Sepia und Gemeiner Krake) sowie Froschschenkel traditionell zu den Meeresfrüchten gezählt.
Schaltiere werden wegen ihres zarten, feinen Fleisches geschätzt, das sich auf vielfältige Weise zubereiten läßt. Sie sind allerdings auch für ihre schnelle Verderblichkeit bekannt. Sie sollten aus unverschmutzten Gewässern stammen und absolut frisch sein. Sind sie eingefroren, sollten sie sofort nach dem Auftauen zubereitet und verzehrt werden.
Frische Schaltiere sind das ganze Jahr über im Handel. Das Angebot richtet sich nach der saisonalen und regionalen Nachfrage, die im Sommer am größten ist. Austern werden in der kälteren Jahreszeit bevorzugt.

Einkauf von Meeresfrüchten

Damit man garantiert frische und wohlschmekkende Tiere bekommt, sollte man lebende Exemplare kaufen und sie selbst zubereiten. Flußkrebse, Hummer, Langusten und Krebse sollten quicklebendig sein. Hummer und Langusten sollten den Schwanz nach innen rollen, wenn man sie hochhebt. Frische Shrimps und Garnelen gibt es meist nur auf Märkten in den Küstenstädten. Sie sollten trocken und knackig sein. Alte sind dagegen schlaff.
Lebende Miesmuscheln, Venusmuscheln und Austern sollten fest geschlossen sein. Offene Muscheln, die sich nicht schließen, wenn man dagegenklopft, sollten weggeworfen werden, da sie alt oder tot sind. Jakobsmuscheln können auch bei geöffneten Schalen noch am Leben sein. Berührt man die innere Membran der Muschel, dann bewegt sie sich. Bei Berührung ziehen sich Wellhornschnecken und andere Gastropoden in ihr Haus zurück. Nach dem Kochen sollten sich die Schalen von Miesmuscheln, Venusmuscheln und Austern geöffnet haben. Die ungeöffneten müssen weggeworfen werden. Austern werden meist roh geschlürft, gleich nachdem sie von Hand und mit Hilfe eines Austernbrechers geöffnet worden sind. Man kann sie auch geöffnet auf einer Schalenhälfte oder ganz ohne Schalen kaufen.
Krustentiere werden oft gekocht verkauft. Sie sollten einen frischen und angenehmen Geruch haben. Frischgekochte Hummer oder Langusten haben einen trockenen Panzer ohne Sprünge und Löcher. Kam das Tier lebendig in den Kochtopf, dann ist der Schwanz fest und elastisch. Alte Tiere haben einen schlaffen Schwanz und übelriechende Beine. Dasselbe gilt im allgemeinen für Krebse, die auch etwas ausgebleicht aussehen können. Wählen Sie Krustentiere aus, die für ihre Größe recht schwer sind.
Werden Weichtiere nicht frisch verkauft, dann sind sie gewöhnlich in Essig oder Salzlake eingelegt, oder sie sind in Dosen im Handel. Eingelegte Weichtiere werden gern roh zu Bier oder anderen Getränken gegessen. Kommen sie in einen Salat, sollten sie vorher mit Wasser abgespült werden. Weichtiere und Krustentiere aus Dosen sind schon gekocht. Tiefgefrorene Tiere müssen eventuell noch gegart werden.

Zubereitung von Schaltieren

Möchten Sie Hummer oder Langusten grillen, müssen die Tiere vorher in sprudelnd kochendem Wasser getötet und 2–4 Minuten gegart werden. Danach zerteilt man sie und knackt auch die Scheren an. Zuerst wird auf der Fleischseite geröstet, dann auf der Panzerseite fertiggegart. Die Grillzeit beträgt 10 bis 12 Minuten. Dabei Hummer und Langusten häufig mit geschmolzener Butter bepinseln. Krebse vor dem Kochen 30 Minuten in circa 21° C warmes Wasser legen. Krebse, die man direkt in kochendes Wasser gibt, werfen ihre Scheren ab. Man siedet sie dann zugedeckt etwa 9 Minuten pro Pfund und läßt sie im Kochwasser abkühlen.
Rohe oder gekochte Shrimps, Garnelen und Flußkrebse werden vorbereitet, indem man Kopf, Brustpanzer, Beine, Schwanz und Darm entfernt. Rohe Tiere werden in kochendes Wasser gegeben und drei bis vier Minuten gegart, oder man taucht sie in Butter und fritiert sie in zwei bis drei Minuten goldbraun. Von Hummer, Languste und Krebs kann man bis auf die graue Kieme, den harten Magen hinter den Augen und beim Hummer den Kanal, in dem

der Darm liegt, fast alles essen. Die Hummerleber, die sich beim Kochen grün färbt, kann man im Körper belassen oder entfernen und in Saucen geben.
Männliche Hummer und Langusten sind etwas größer und enthalten mehr Fleisch als die Weibchen, die ihrerseits aber das begehrte Corail (den Rogen) enthalten. Es schmeckt nicht nur köstlich, sondern kann auch zum Garnieren anderer Gerichte verwendet werden. Weibliche Krebse haben kleinere Scheren als die männlichen und können braunen Rogen enthalten.
Alle Weichtiere sollten gut gewaschen und gewässert werden (Wasser mehrmals wechseln), um sie vor dem Kochen von Sand und Salz zu befreien. Venusmuscheln legt man über Nacht ins Wasser. Bei Jakobsmuscheln muß der graue Rand vom weißen Muskelfleisch und dem Corail entfernt werden. Beides, Fleisch und Corail, kann gegessen werden. Austern und Jakobsmuscheln werden vor dem Kochen aus der Schale ausgelöst. Austern sind in einer Minute gar. Jakobsmuscheln werden eine bis zwei Minuten gekocht, gedünstet oder sautiert. Miesmuscheln sollte man mit einer Bürste reinigen und die Bärte entfernen. Sie werden in der Schale ein bis zwei Minuten gekocht.

Das Einfrieren von Schaltieren
Frisch gefangene Schaltiere können bis zu einem Monat lang eingefroren werden. Zuvor sollten die Tiere abgebürstet und aus der Schale ausgelöst werden. Dann wäscht man sie in kaltem Salzwasser, läßt sie abtropfen und gibt sie mit der Abtropfflüssigkeit in feste Gefrierbehälter. Aufgetaute Schaltiere schmecken am besten in Suppen und Saucen. Man gibt sie erst am Ende der Kochzeit hinzu. Shrimps, Garnelen und Flußkrebse können ohne Köpfe, roh oder gekocht in beschrifteten Gefrierbeuteln eingefroren werden.

Pfeilkalmar, Sepia und Krake
Frischen Pfeilkalmaren, Tintenfischen und Kraken entfernt man die Fangarme und den im Kopf sitzenden Tintenbeutel, wenn er noch intakt ist. Die Tinte kann man zum Kochen verwenden. Der Kopf und die inneren Organe werden weggeworfen. Die dünne Sepiaschale wird aus dem Schwanzstück herausgenommen und ebenfalls weggeworfen. Dann wird das Tier gewaschen und unter fließendem kaltem Wasser abgerieben, damit die rötlichviolette Membrane abgeht.
Ist das Schwanzstück des Pfeilkalmars nicht länger als 7,5 cm und vorbereitet, kann er pochiert, gegrillt oder, in Ringe geschnitten (die Fangarme bleiben ganz), im Teigmantel gebraten werden. Größere Pfeilkalmare und Tintenfische werden meist in Scheiben geschnitten und geschmort, da sie länger brauchen, um weich zu werden. Sie können aber, wie der Krake, auch mit gehackten Fangarmen, geschlagenen Eiern und Kräutern gefüllt und in Wein geschmort werden. Beim Kraken wird vor dem Kochen das schnabelartige Maul und der Analteil abgeschnitten. Der Tintenbeutel kann beim Schmoren mitverwendet werden. Das Innere wird nach außen gestülpt, und dann werden die inneren Organe, die Saugnäpfe und die Spitzen der Fangarme entfernt. Nach dem Waschen sollte das Fleisch (außer bei jungen Tieren unter 1 kg) weichgeklopft und 2½–3 Stunden gegart werden.

Schnecken und Froschschenkel
Schnecken sind gesäubert und tiefgefroren oder in Dosen im Handel. Will man frische verwenden, nimmt man dafür am besten Gefleckte Weinbergschnecken *(Helix aspersa)* oder die saftigeren französischen Weinbergschnecken *(Helix pomatia)*. Bevor die Tiere zubereitet werden können, darf man sie zwei Tage lang nicht füttern, dann sollten sie zwei Wochen lang nur Salatblätter bekommen, damit sie von Giften, die sie möglicherweise aufgenommen haben, gereinigt werden. Ihre Häuser werden abgebürstet und mehrmals mit essig- und salzhaltigem Wasser gewaschen.
Schnecken, die ihren Kopf nicht aus dem Haus herausstecken, sollten weggeworfen werden. Alle anderen werden in kochendes Wasser gegeben und fünf Minuten gegart. Die abgetropften und abgekühlten Schnecken werden dann aus ihren Häusern gezogen und die Eingeweidesäcke entfernt. Anschließend werden sie in einer Courtbouillon weich geköchelt. Die Häuser werden kurz in Wasser mit Natriumbikarbonat gekocht, abgetropft, geschrubbt und abgespült.
In vielen Ländern gibt es Froschfarmen, die Froschschenkel liefern. Die Schenkel werden enthäutet und in mehrmals erneuertes Wasser gelegt, damit das Fleisch aufquillt und weißer wird. So vorbereitet, kommen sie in die Läden oder werden eingedost bzw. tiefgefroren.

Süßwasserfische

Karpfen

Von diesem ursprünglich asiatischen Fisch gibt es mehrere Arten. Er kommt weltweit in Teichen, Seen und Flüssen vor und ist in Amerika, Frankreich und England beliebt. Obwohl er das ganze Jahr über erhältlich ist, schmeckt er am besten im Winter. Er schmeckt etwas nach Schlamm und sollte deshalb geschuppt, gesäubert und drei bis vier Stunden vor dem Garen in leicht gesalzenes Wasser gelegt werden. Ganze Karpfen, Steaks oder Filets sind frisch, gefroren oder geräuchert im Handel. Er kann im Ofen zubereitet, gekocht, gebraten, gedämpft oder geschmort werden. Die Europäer mögen ihn gefüllt oder in Aspik. Zu der Karpfenfamilie gehören ebenfalls: Plötze oder Rotauge, Hasel, Döbel, Schleie, Gründling, Barbe und Blei oder Brachsen.

Karpfen

Hecht

Hecht

Hecht ist auf der nördlichen Halbkugel immer erhältlich. Es gibt ihn im ganzen (wenn er klein ist) oder in Filets zerlegt (falls er groß ist). Sein festes, wohlschmeckendes Fleisch kann im Ofen zubereitet, geschmort, pochiert, sautiert oder gegrillt werden. In Mitteleuropa wird er gern gefüllt und mit Austern, Sardellen, Butter und Kräutern im Ofen gebacken.

Flußaal

Flußaale, von denen es eine Gattung und 16 Arten gibt, sind besonders in Europa und Japan sehr beliebt. Der Fettfisch kann gekocht, gebraten, gegrillt, in Suppen und Eintöpfen oder in Aspik verzehrt werden. Er ist das ganze Jahr über frisch, tiefgefroren oder geräuchert erhältlich.

Aal

Lachs

Der in den kühleren Gewässern der nördlichen Hemisphäre vorkommende Lachs ist einer der besten Speisefische der Welt. Sein fettreiches, delikates und festes Fleisch kann hell bis dunkelrot sein. Die Lachse aus dem Pazifik sind dunkler. Die meisten Lachse wachsen im Meer auf, kommen aber zwischen Dezember und August (der genaue Zeitpunkt hängt von der Art ab) für mehrere Wochen zum Laichen in die Flüsse. Zu dieser Zeit ist Lachs frisch im Handel. Tiefgefroren, in Dosen oder geräuchert ist er das ganze Jahr über erhältlich. Eingelegter Lachs schmeckt als Vorspeise, marinierter Lachs ist eine skandinavische Spezialität. Es gibt viele gute Rezepte für frischen Lachs. Er kann gegrillt oder in Courtbouillon pochiert werden. Er kann warm oder kalt mit einer passenden Sauce oder in Aspik serviert werden.

Lachsforelle

Lachsforelle

Die im Atlantik, in der Ost- und Nordsee vorkommende Lachsforelle (auch Meerforelle genannt) wird oft mit dem Lachs verwechselt, wenn sie zum Laichen in die europäischen Flüsse kommt. In den Sommermonaten schmeckt ihr delikates hellrosa Fleisch besonders gut pochiert und kalt serviert, auch in Aspik.
Lachsforelle ist zu zart, um geräuchert zu werden, aber sie kann sonst wie Lachs oder Forelle zubereitet werden. Sie wird oft als Lachs-Ersatz serviert.

Forelle

Die ursprünglich aus Europa stammende Forelle kommt heute weltweit vor. Sie ist das ganze Jahr frisch, tiefgefroren, geräuchert oder in Dosen erhältlich. Sie wird meist im ganzen zubereitet und eignet sich für alle Garmethoden. Sie schmeckt *au bleu, à la meunière, en papillote*, in Aspik, im Ofen zubereitet, pochiert, sautiert und gegrillt. Die Forellenfamilie hat viele Mitglieder: Bach- und Wandersaibling, Cutthroat-, See-, Regenbogenforelle (siehe Abbildung) und Lachs (Seite 162).

Lachs

Forelle

WEITERE SÜSSWASSERFISCHE

Catfish
Zu der Süßwasser-Catfish-Familie gehören: Blue Catfish, Kanalwels, Yellow Cat (oder Goujon), Zwergwels, Schwarzer Zwergwels. Es gibt auch Catfish-Arten unter den Meeresfischen: Seewolf und Pazifischer Seewolf. Filets des in nordeuropäischen Küstengewässern und auch bei Neufundland vorkommenden Catfish schmecken sowohl gebacken als auch gebraten.

Äsche
Der schöne, silberfarbene Fisch duftet nach Thymian, daher die lateinische Bezeichnung *Thymallus*. Er schmeckt exzellent *au bleu*, mit Kräutern gefüllt oder im Ofen zubereitet. Er kommt auf der nördlichen Halbkugel vor.

Felchen und Renken
Die dem Hering ähnlichen Süßwasserfische kommen in Seen der nördlichen Halbkugel vor. Andere Arten und Unterarten sind: Blaufelchen, Zwergmaräne und Sandfelchen. Sie sind ein ebenbürtiger Ersatz für Forelle.

Meeresfische

Whitebait

Darunter versteht man die winzigen, im Mittelmeer und Atlantik vorkommenden jungen Heringe und Sprotten. Sie sind das ganze Jahr über erhältlich, schmecken aber am besten im Frühjahr und Sommer. Sie sind frisch oder tiefgefroren im Handel. Sie werden unausgenommen im ganzen verspeist. Meist werden sie in Mehl gewendet und goldbraun und knusprig fritiert.

Hering

Der 18–40 cm lange, fettreiche Fisch kommt im Atlantik und Pazifik vor. Hering war einmal der Fisch der armen Leute. Heute ist er eine große Delikatesse. Er wird meist ganz oder in Form von Filets verkauft. Er schmeckt gefüllt, gebacken, gebraten, gegrillt oder im Salat. Es gibt ihn auch in Dosen. Durch seinen hohen Fettgehalt eignet er sich zum Konservieren in Form von Rollmops, Bismarckheringen, Bücklingen, Matjes und Kipper (Seite 186, 187, 191). Heringe sind im Sommer am besten. Es gibt mehrere Heringsarten, etwa den nach seinem Vorkommen genannten Pazifischen Hering. Es gibt auch eine Süßwasserart.

Sardine

Die vielen Arten des im Atlantik und im Mittelmeer vorkommenden Fischs sind sehr unterschiedlich in der Größe. Sein Fleisch schmeckt kräftig und enthält viel Fett. Junge Fische heißen »Sardinen«, und die älteren Fische sind unter dem Namen »Pilchards« bekannt. 3–4 größere Fische ergeben eine gute Portion. Sardinen sind das ganze Jahr über frisch, tiefgekühlt oder in Dosen erhältlich. Frische Sardinen können im Ofen gegart, gebraten oder gegrillt werden.

Whitebait

Sardine

Stint

Sprotte

Hering

Makrele

Stint

Der Stint wird oft mit der Sprotte verwechselt. Er gehört aber zu den lachsartigen Fischen und ist daher von Natur aus schon weniger fettreich. Er kommt in der Ostsee und um Großbritannien herum vor. Eine andere Art gibt es im St.-Lorenz-Strom. Seine Gräten sind so weich, daß sie oft mitgegessen werden. Stinte gibt es im Winter, und sie werden meist fritiert verzehrt.

Sprotte

Der mit dem Hering verwandte fettreiche Fisch kommt an europäischen Küsten vor. Die Sprotte (auch Brisling genannt) ist frisch, in Dosen oder geräuchert (Seite 188) im Handel. Sie kann auf dem Rost, im Ofen, in der Pfanne oder im Grill zubereitet werden. Geräucherte Sprotten in Öl sind in Nord- und Osteuropa sehr beliebt. Sprotten schmecken am besten im Winter.

Atlantische Makrele

Von der im Atlantik und im Mittelmeer vorkommenden Makrele gibt es mehrere Arten. Dazu gehören: die Spanische Makrele, die Bastardmakrele und die Neuseeländische Bastardmakrele. Die Gelbschwanz- und die Gabelmakrele kommen in amerikanischen und südostasiatischen Gewässern vor. Der fette Fisch mit dem dunklen Fleisch eignet sich hervorragend für Barbecue und Grill, zur Zubereitung im Ofen und zum Räuchern (Seite 187). Er kann in Weißwein gegart oder roh mit Zitronensaft oder einer anderen Säure gegessen werden. Makrelen gibt es das ganze Jahr über.

Schellfisch

In England kennt man ihn hauptsächlich kaltgeräuchert (Finnan haddock) oder warmgeräuchert (Arbroath haddock, Seite 187). Der im Nordatlantik lebende Fisch ist aber auch ganzjährig frisch oder tiefgefroren im Handel erhältlich. Sein festes Fleisch schmeckt besonders gut gedünstet oder sautiert und mit Mandeln.

Schellfisch

Atlantischer Seeteufel

Der im Mittelmeer und an den Atlantikküsten Europas, Afrikas und Amerikas vorkommende Atlantische Seeteufel hat einen häßlichen und schweren Kopf, so daß meist nur das Schwanzstück verkauft wird. Das Fleisch ist fest, weiß und saftig und wird im Geschmack mit Hummer verglichen. Seeteufel läßt sich im Ofen zubereiten, dämpfen, braten oder grillen und schmeckt warm mit einer Buttersauce (wie z. B. Chorron- oder Hollandaise-Sauce) oder kalt mit Mayonnaise. Er kann auch in Würfel geschnitten, in Ausbackteig fritiert und mit einer Sauce tatare serviert werden.

Seelachs

Der weichfleischige Weißfisch, der bei uns auch unter dem Namen Köhler bekannt ist, ist mit dem Kabeljau und dem Pollack verwandt. Er wird das ganze Jahr über in der Nordsee und im Nordatlantik gefangen. Seine rosa-grauen Filets werden frisch oder tiefgefroren verkauft. Das Fleisch wird beim Kochen weiß. Köhler eignet sich nicht zum Grillen, kann aber sonst wie Kabeljau zubereitet werden. Er wird für Suppen, Pies und Eintöpfe verwendet. In Skandinavien wird er gern gesalzen, bei uns wird er meist geräuchert oder in Öl konserviert.

Seelachs

Pollack

Pollack

Pollack wird das ganze Jahr über im Nordatlantik von Neufundland bis Nordeuropa gefangen und lokal auch frisch angeboten. Er hat ziemlich festes Fleisch und kann wie frischer Seehecht oder Kabeljau zubereitet werden, soll aber weniger schmackhaft sein. Er schmeckt gut in Suppen aus verschiedenen Fischen, in Eintöpfen oder pochiert und mit einer Sauce (z. B. Sauce créole). In Amerika wird der Alaska-Pollack gesalzen, getrocknet oder eingelegt.

Atlantischer Seeteufel

Leng

Leng gehört zur Dorschfamilie. Er war einst so beliebt, daß er das »Rindfleisch des Meeres« genannt wurde. Heute gibt es das weiche, weiße Fleisch meist nur noch eingesalzen oder geräuchert. Findet man ihn doch einmal frisch, sollte er wie Seehecht zubereitet werden. Lumb ist ein enger Verwandter des Leng.

Leng

Grünrücken-Meeräsche

Die Grünrücken-Meeräsche ähnelt im Geschmack dem See- oder Felsenbarsch. Sie ist das ganze Jahr über im Handel und wird im ganzen oder in Form von Filets angeboten. Kleinere Fische sind zum Grillen geeignet, größere Exemplare können gefüllt und im Ofen zubereitet werden. Filets pochiert oder brät man.

Meerbrassen

Die im Atlantik, Pazifik und im Mittelmeer vorkommende Meerbrassenfamilie umfaßt über 200 Arten. Es gibt rote, graue und bläuliche Varietäten, die bis zu 1,6 kg wiegen können und festes, weißes Fleisch haben. Die Goldbrasse soll am besten schmecken. Meerbrassen gibt es das ganze Jahr über frisch. Größere Fische können im Ofen zubereitet und gefüllt werden, kleinere Exemplare werden ganz gegrillt. Im Mittelmeerraum werden die Meerbrassen oft auf einem Bett aus getrockneten Fenchelstengeln serviert.

Grünrücken-Meeräsche

Wittling

Wittling

Der Wittling kommt an den europäischen Küsten von der Ostsee bis zum Mittelmeer vor. In amerikanischen Gewässern hat der etwas größere Nordwestliche Seehecht seinen Lebensraum. Er wird manchmal als Wittling bezeichnet. Wittling ist das ganze Jahr frisch, tiefgefroren, geräuchert und eingesalzen im Handel und kann gebraten, pochiert oder gegrillt werden.

Meerbrasse

Seehecht

Seehechtarten gibt es fast überall auf der Welt. Der Meeresfisch ist groß und gehört zur Dorschfamilie. Er hat etwas festeres, weißes Fleisch und ist das ganze Jahr über erhältlich. Kleinere Seehechtstücke von 1–1,5 kg Gewicht können im ganzen pochiert werden. Größere Fische werden in Filets, Steaks oder Koteletts zerlegt und frisch, tiefgefroren, in Dosen oder geräuchert angeboten. Filets und Steaks werden sautiert, gebraten oder gegrillt. Meist werden sie jedoch in Garsud pochiert und mit Zitronen- oder Kräuterbutter serviert. Pochierter Seehecht schmeckt auch kalt mit Mayonnaise. Er paßt in Suppen und Eintöpfe und kann anstelle von Kabeljau oder Schellfisch in jedem Rezept verwendet werden. Seehecht läßt sich wie Kabeljau salzen und verwenden.

Seehecht

Kabeljau

Kabeljau

Der weltweit wichtigste Speisefisch hat seinen Lebensraum in den kalten Gewässern des Nordatlantik vor Neuengland, Neufundland, Island und Norwegen. Er hat weiches, weißes Fleisch und kann bis zu 36 kg wiegen. Jungfische, Dorsche genannt, wiegen unter 1 kg. Ihr Fleisch ist fester und süßer. Kabeljau ist das ganze Jahr über erhältlich. Er wird im ganzen angeboten, wenn er noch klein ist, und eignet sich dann besonders zum Pochieren und zur Zubereitung im Ofen. Frische oder tiefgefrorene Filets und Steaks können gebraten oder gegrillt werden. Es gibt gesalzenen, geräucherten und getrockneten Kabeljau (Seite 185), der in dieser Form in der mediterranen und karibischen Küche eine große Rolle spielt. Kabeljaurogen wird ebenfalls frisch, in Dosen und geräuchert (Seite 189) angeboten.

Seebarsch

Der Seebarsch (auch Wolfsbarsch genannt) gehört zu der umfangreichen Ordnung der Knochenfische. Er kommt im Nordatlantik und im Mittelmeer vor. Es gibt auch Süßwasserbarsche wie z. B. den Forellenbarsch, den Amerikanischen Schwarzbarsch und den Rock Bass. Seebarsch ist ein fester Weißfisch und kann von 4,5 bis zu 9 kg wiegen, je nachdem, in welchem Meer er gefangen wird. Die Exemplare, die wir zum Kochen verwenden, sind meist ein ganzes Stück kleiner. Ganze Fische, Steaks oder Filets sind frisch im Handel erhältlich. Alle eignen sich zum Pochieren, Grillen, Füllen mit getrockneten oder frischen Kräutern und zur Zubereitung im Ofen.

Seebarsch

Streifenbarbe

Die ursprünglich aus dem Atlantik stammende, jetzt auch in den Küstengewässern des Mittelmeergebiets vorkommende Streifenbarbe ist das ganze Jahr über erhältlich. Sie schmeckt am besten in den Sommermonaten. Ihr Fleisch ist fest, schmackhaft und weiß. Streifenbarben eignen sich zum Braten, Backen und Grillen. Kleine Exemplare können durchaus unausgenommen zubereitet werden, weil sie keine Galle haben. Daher auch ihre Bezeichnung »Schnepfen des Meeres«.

Streifenbarbe

Red Snapper

Der Fisch aus dem Golf von Mexiko kann bis zu 14 kg Gewicht auf die Waage bringen. Er hat erstklassiges weißes Fleisch. Kleinere Exemplare (bis 2,5 kg) werden meist im ganzen im Ofen zubereitet oder auch gefüllt. Größere Fische werden in Filets und Steaks zerteilt und können verschieden zubereitet werden. Beliebt ist er gegrillt mit Zitronenbutter, fritiert mit Remouladensauce, sautiert, pochiert oder auch in Suppen. Er ist das ganze Jahr über frisch im Handel, in Amerika gibt es ihn auch tiefgefroren. Der verwandte Grey Snapper ist kleiner und nicht so wohlschmeckend wie der Red Snapper.

Red Snapper

ANDERE MEERESFISCHE

Adlerfisch
Der im Atlantik und im Mittelmeer vorkommende Adlerfisch wird wie Seebarsch zubereitet.

Atlantic Croaker
Der an der Ostküste Nordamerikas gefangene Fisch wird wie Barsch zubereitet.

Blaubarsch
Der an der atlantischen Küste Amerikas und im Mittelmeer vorkommende Blaubarsch kann gegrillt und gebraten verzehrt sowie im Ofen mit Tomaten, Zwiebeln und Kräutern zubereitet werden.

Bonito
Das im Atlantik, Pazifik und im Mittelmeer vorkommende Mitglied der Thunfisch-Familie ist meist in Form von Steaks oder eingesalzen im Handel.

Gabeldorsch
Der Gabeldorsch hat nur im Mittelmeerraum Bedeutung als Speisefisch. Wegen seines guten Fleisches wird er dort viel gefangen. Zur selben Gruppe gehören der Mittelmeer-Gabeldorsch und der Rote Gabeldorsch. Zubereitung wie Seehecht.

Glasauge
Von dem zu der Familie der Lachsfische der Tiefsee gehörenden Glasauge gibt es mehrere Arten. Ihr Lebensraum ist der Nordatlantik, der Pazifik und das Mittelmeer. Die kleinen, silberfarbenen Fische können gegrillt oder gebraten verzehrt werden.

Große Goldmakrele
Die in warmen Gewässern vorkommende Große Goldmakrele, auch Dorado genannt, kann bis zu 1,60 m lang und 30 kg schwer werden. Ihr hervorragendes Fleisch gibt es als Filets oder Steaks, die gegrillt, gebraten oder im Ofen gegart werden können.

Grouper
Grouper kommen im Mittelmeer besonders an der nordafrikanischen Küste vor. Grouper-steaks werden gegrillt oder im Ofen gegart.

Gotteslachs
Der Gotteslachs ist ein großer, etwas plumper und farbenprächtiger Fisch. Er schmeckt gebraten, wird aber in Japan auch gern roh gegessen. Er ist auf der ganzen Welt erhältlich.

Europäischer Hornhecht
Das fettreiche Fleisch des Europäischen Hornhechtes wird manchmal mit dem der Makrele verglichen. Es kann gebraten oder gegrillt werden.

Knurrhahn
Der Knurrhahn gehört ebenso wie seine Verwandten Roter und Grauer Knurrhahn zur Ordnung der Panzerwangen. Der bevorzugte Speisefisch wird gern geschmort oder im Ofen gegart.

Maifisch
Der Maifisch hat die Form vom Hering, ist jedoch höher gebaut. Sein Lebensraum ist der Atlantik, das Mittelmeer und der Pazifik. Meist wird er jedoch in den Flüssen gefangen, in die er zum Laichen aufsteigt. Maifisch kann wie Hering zubereitet, geräuchert oder eingelegt werden.

Atlantischer Makrelenhecht
Der Atlantische Makrelenhecht ähnelt dem Europäischen Hornhecht, nur ist er etwas dikker. Er schmeckt gebraten oder gegrillt.

Meeraal
Meeraal kann gefüllt und im Ofen zubereitet werden, schmeckt aber am besten in Suppen und Eintöpfen. Er kommt an der europäischen, afrikanischen und mediterranen Atlantikküste vor.

Petermännchen
Großes und Kleines Petermännchen werden in flachen europäischen Küstengewässern gefangen. Meist werden sie schon ohne Giftstacheln und Kopf angeboten, sonst müssen diese vor der Zubereitung entfernt werden. Sie schmecken gegrillt und fritiert oder in einer *Bouillabaisse*.

Großer Rotbarsch
Der Große Rotbarsch wird im Atlantik und im Mittelmeer gefangen. Von diesem Fisch gibt es auch noch eine europäische Süßwasser-Variante. Eng verwandt sind der Schnabelbarsch und der Kleine Rotbarsch. Sie passen gut in Suppen und Eintöpfe.

Schwertfisch
Der Schwertfisch wird in wärmeren Gewässern gefangen. Er wird meist in Form von Steaks oder geräuchert angeboten. Er schmeckt gegrillt oder im Ofen zubereitet.

Dreibärtelige Seequappe
Der ziegelrote Fisch mit dunklem Fleckenmuster ist im Nordostatlantik verbreitet, eine Art gibt es auch im Mittelmeer. Zubereitung wie Wittling.

Stör
Der Fisch ist weniger für sein Fleisch als für seinen Rogen berühmt, aus dem Kaviar gewonnen wird (Seite 189). Das Fleisch ist jedoch auch von guter Qualität. Er wird im Kaspischen Meer, im Schwarzen Meer und in der Donau gefangen.

Großer Thunfisch
Meist kennt man ihn in der Dose; er wird aber auch als Frischfisch verkauft. Er kann gegrillt, im Ofen zubereitet oder mit Weißwein, Tomaten und Kräutern geschmort werden. Thunfisch ist Bestandteil im *Salade Niçoise*.

Plattfische

Glattbutt

Der in der Nordsee, im Mittelmeer, dem Schwarzen Meer und im Atlantik vorkommende Glattbutt ist das ganze Jahr über erhältlich. Er eignet sich zum Garen im Ofen.

Kliesche oder Scharbe

Die kleine Kliesche ist einer der häufigsten Plattfische. Sie werden im europäischen Nordatlantik gefangen. Klieschen werden im ganzen oder als Filet angeboten. Sie schmecken gegrillt oder gebraten. Die beste Saison ist April bis November.

Flunder

Die der Scholle ähnliche Flunder wird in der Ostsee und im europäischen Atlantik gefangen. Einige Unterarten kommen im Mittelmeer vor. Sie wird das ganze Jahr über frisch, tiefgefroren oder geräuchert angeboten. Sie eignet sich zum Dünsten oder Braten entweder im ganzen oder als Filet. Eine Verwandte von der Westküste der USA ist die Pazifische Sandscholle (Sand Sole).

Glattbutt

Flunder

Kliesche oder Scharbe

Scholle

Scholle aus der Nordsee und dem Atlantik wird frisch und tiefgefroren, im ganzen oder als Filet angeboten. Sie schmeckt gebraten oder gegrillt. Sie ist das ganze Jahr über erhältlich.

Scholle

Rochen

Rochen

Im Mittelmeer, im Nordatlantik und im Nördlichen Eismeer gibt es viele Rochenarten. Vom Rochen gibt es meist nur frische »Flügel« im Handel. Die Hauptsaison geht von Oktober bis April. Rochen kann pochiert und mit Kapern und einer Buttersauce *(Beurre noir)* serviert werden. Er schmeckt auch gebraten und gegrillt.

ANDERE PLATTFISCHE

Petersfisch
Der Petersfisch kommt an europäischen und afrikanischen Küsten vor. Er wird wie Steinbutt oder Seezunge zubereitet.

Seezunge

Steinbutt

Die großen Bewohner der europäischen Atlantikküste, der Nordsee, des Schwarzen Meeres und des Mittelmeeres sind das ganze Jahr über erhältlich. Steinbutt kann ganz, als Filet oder Steak pochiert oder gebacken, Steaks können auch gebraten oder gegrillt werden.

Steinbutt

Seezunge

Seezunge wird in europäischen Gewässern von Norwegen bis Nordafrika und im Mittelmeer gefangen. Sie wird in die ganze Welt exportiert. Sie ist frisch oder tiefgefroren im Handel und kann im ganzen oder in Filets zerteilt gebraten werden. Der feine Plattfisch ist das ganze Jahr über im Handel erhältlich.

Echte Rotzunge

Die Echte Rotzunge ist am besten vom Dezember bis März. Sie schmeckt nicht so gut wie die Seezunge, wird aber ebenso zubereitet. Die Echte Rotzunge gibt es frisch oder tiefgefroren, im ganzen oder als Filets im Handel.

Echte Rotzunge

Heilbutt

Der größte der Plattfische wird im Nordatlantik zwischen Norwegen und Neufundland, in der Barentssee und dem Nordpazifik gefangen. Er kommt frisch, tiefgefroren, in Dosen und geräuchert in den Handel und eignet sich zum Kochen, Braten und Garen im Ofen.

Heilbutt

Krustentiere

Flußkrebs

Die Süßwasser-Krustentiere kommen in Seen, Flüssen und ruhigen Gewässern vor. Theoretisch sind sie das ganze Jahr über erhältlich, aber durch die Gewässerverschmutzung sind sie selten geworden. Sie werden lebend oder gekocht (siehe Abbildung) angeboten. Lebend sind sie blaßrosa. Bei uns kommen hauptsächlich der Edelkrebs, der Galizierkrebs und der amerikanische Flußkrebs in den Handel. Krebse können gekocht oder gebraten werden. Sie sind Hauptbestandteil der *Nantua-Sauce* und der französischen Cremesuppe *Bisque d'écrevisses.*

Galizierkrebs

Kaisergranat

Kaisergranat

Der Kaisergranat ist bei uns auch unter dem Namen Tiefseekrebs bekannt. Die Italiener nennen ihn *scampo*, die Franzosen *langoustine* und die Iren und Briten *Dublin Bay Prawn*. Die kleinen Krustentiere mit Scheren wurden oft in den Netzen irischer Fischerboote gefunden, die eigentlich auf andere Fische aus waren. Sie wurden lokal auf Dubliner Märkten verkauft (daher der Name *Dublin Bay Prawn*). Sie sind heute selten, aber hoch geschätzt. Sie werden frisch oder tiefgefroren, lebend oder gekocht (siehe Abbildung), mit oder ohne Panzer verkauft. Die Krebsschwänze werden meist in Reisgerichten, Salaten, fritiert oder gegrillt serviert. Sind Tiefseekrebse nicht erhältlich, können sie durch Tiefseegarnelen oder Seeteufel ersetzt werden.

Hummer

Hummer

Das größte Krustentier, von dem es mehrere Arten gibt, ist wegen seines Geschmacks und hohen Fleischanteils sehr geschätzt. Hummer kommt in atlantischen Küstengewässern von Nova Scotia bis Nord-Carolina und von Skandinavien bis ins Mittelmeer vor. Sein Fleisch ist feiner strukturiert als das der Flußkrebse und am besten, wenn das Tier zwischen 550 und 800 g wiegt. Hummer gibt es das ganze Jahr über frisch, tiefgefroren, lebend oder gekocht. Lebend sehen sie dunkelblau aus, beim Kochen färben sie sich rot (siehe Abbildung). Der Panzer enthält rote und gelbe Pigmente, die an Eiweißmoleküle gebunden sind und in gebundener Form die blaugraue Farbe ergeben. Wird der Hummer gekocht, bricht Hitze die Pigment-Protein-Verbindung auf, die Carotinoide sind nicht länger verborgen, so daß der Hummerpanzer orangerot wird. Dasselbe passiert bei Krebsen; Tiefseegarnelen und Sägegarnelen werden rosa. Hummer kann im Ofen zubereitet, gedämpft, gekocht oder gegrillt werden. Die weiblichen Tiere enthalten den Rogen.

Garnelen

In jedem Land haben die kleinen Krustentiere einen anderen Namen. Auch im angelsächsischen Raum gibt es keine einheitliche Bezeichnung. In Großbritannien werden 3–5 cm große Tiere als »Prawns« verkauft, während in Amerika Garnelen aller Größe als »Shrimps« auf den Markt kommen. Es gibt viele verschiedene Garnelenarten im Mittelmeer und im Atlantik. Garnelen können gedämpft, geschmort oder gegrillt werden. Man findet sie oft in Salaten. Sie sind frisch oder tiefgefroren, meist jedoch gekocht, geschält oder ungeschält im Handel.

Gekochte Garnele

Ungekochte Garnele

Shrimps

Shrimps

Von diesem kleinen, scherenlosen Krustentier gibt es mehrere Arten, zu denen auch unsere Nordsee-Krabben zählen. Shrimps werden oft schon auf dem Fangschiff oder sofort nach Eintreffen im Hafen gekocht, damit sie nicht verderben. Sie sind frisch, tiefgefroren oder als Konserve im Handel.

Languste

Der mit dem Hummer verwandte scherenlose Seekrebs kommt weltweit in gemäßigten und warmen Meeren vor. Er kann bis zu 4 kg wiegen. Der Schwanz enthält das meiste Fleisch. Languste wird wie Hummer zubereitet oder anstelle von Hummer verwendet. Sie ist frisch oder tiefgefroren im Handel. Im Gegensatz zu anderen Krustentieren wird sie beim Kochen nicht rot.

Languste

Krebse
Von diesen Krustentieren gibt es in den amerikanischen und europäischen Küstengewässern viele Arten. An der Atlantikküste ist die Blaukrabbe, die Jonahkrabbe, die Tropische Springkrabbe und die Stone Crab beliebt. An der Pazifikküste Richtung Alaska hinauf mag man eher den Kalifornischen Taschenkrebs und die Königskrabbe. Populäre europäische Krebse sind: die Blaukrabbe, der Taschenkrebs, die Gemeine Krabbe und die Große Seespinne. Krabben häuten sich mehrmals, bevor sie ausgewachsen sind. Mancherorts sind sie dann von der zweiten Frühlingshälfte bis in den Herbst hinein ohne Panzer als Softshell-Crabs oder Butterkrebse auf dem Markt. Sie sind dann kleiner, geschmackvoller und so zart, daß fast alle Teile der Krebse gegessen werden können. Krebse gibt es frisch, tiefgefroren und als Konserve.

Große Seespinne

Blaukrabbe

Blaukrabbe

Die Blaukrabbe stammt von der Ostküste der USA und ist dort noch sehr beliebt. Sie kommt jetzt aber auch im Nord- und Südatlantik und im östlichen Mittelmeer vor. Sie ist das ganze Jahr über erhältlich und kommt im Frühsommer ohne Panzer als Softshell-Crab oder Butterkrebs in den Handel. Sonst wird sie lebend, ungekocht im Panzer, gekocht (mit und ohne Panzer), tiefgefroren und als Konserve verkauft. Blaukrabbe kann im Ofen zubereitet, gedämpft und gekocht werden. Beim Kochen wechselt sie die Farbe zu Rot.

Taschenkrebs

Große Seespinne

Die im Südatlantik und im Mittelmeer vorkommende Große Seespinne ist das ganze Jahr erhältlich. Sie kann lebend und ungekocht im Panzer oder gekocht gekauft werden. Sie kann im Ofen zubereitet, gedämpft oder gekocht (wird rot) werden.

Taschenkrebs

Der im Mittelmeer und im Atlantik lebende Taschenkrebs hat mächtige Scheren, die beim männlichen Tier größer sind als beim weiblichen. Die Scheren enthalten weißes, der Panzer dunkles Fleisch. Taschenkrebse können das ganze Jahr über lebend, ungekocht im Panzer (siehe Abbildung), gekocht (mit und ohne Panzer) und als Konserve gekauft werden. Manchmal werden sie auch tischfertig angeboten. Sie eignen sich zum Bakken, Dämpfen und Kochen (wobei sie rot werden).

Froschschenkel und Weichtiere

Froschschenkel

Froschschenkel werden wegen ihrer delikaten Konsistenz sehr geschätzt. Das Fleisch schmeckt nach Huhn. Nur die Hinterbeine bestimmter Frösche (meist *Rana esculenta*) werden verzehrt. Sie sind in Dosen, tiefgefroren oder frisch, meist schon abgezogen im Handel. Das zarte Fleisch kann in Ausbackteig fritiert oder sautiert und mit einer Sauce serviert werden. Froschschenkel eignen sich auch zum Schmoren und Grillen. Dazu wird dann oft Knoblauchbutter serviert. Man rechnet vier Schenkelpaare pro Person.

Sepia, Gemeiner Tintenfisch

Die im Mittelmeer, der Adria und gemäßigten Küstengewässern des Orients lebende Sepia wird wie der Gemeine Kalmar zubereitet und braucht nicht geklopft zu werden. Die unter 20 cm langen Tiere können im ganzen in Öl sautiert, gefüllt oder pochiert werden. Bei den größeren Exemplaren werden nur die zehn Fangarme verwendet. Man häutet, blanchiert und schmort sie.

Gemeiner Krake

Der achtarmige Kopffüßer kommt in allen gemäßigten Gewässern vor und wird wie der Pfeilkalmar zubereitet. Das Krakenfleisch sollte jedoch vorher geklopft werden. Saugnäpfe und Armenden sollten vor der Zubereitung entfernt werden. Ist das Weichtier größer als 20 cm, wird der Kopf meist auch entfernt, er kann jedoch gesäubert und mit zerkleinerten Armen gefüllt und geschmort werden. Kleinere Exemplare werden im ganzen in Ausbackteig gewendet und fritiert.

Froschschenke

Gemeiner Krake

Weinbergschnecke

Weinbergschnecken

Die Bauchfüßer galten schon bei den alten Griechen als Delikatesse. Sie sind in Dosen oder tiefgefroren, manchmal auch frisch erhältlich. Sie werden meist mit Knoblauchbutter in wiederverwendbaren Schneckenhäusern, -pfannen oder -tellern serviert. Man rechnet sechs bis acht Schnecken pro Person.

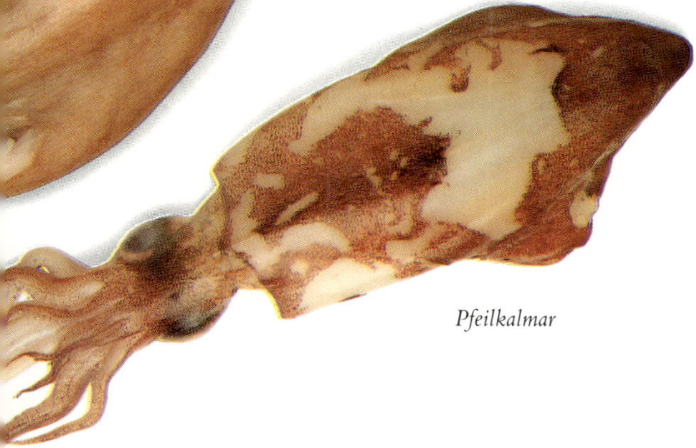

Pfeilkalmar

Pfeilkalmar

Der zu den Kopffüßern gehörende Pfeilkalmar ist weltweit in gemäßigten Gewässern verbreitet. Er ist frisch oder tiefgefroren erhältlich. Der Tintensack enthält eine dunkelbraune Flüssigkeit, die oft Grundlage der Sauce ist, in der er gekocht wird. Kleinere Pfeilkalmare werden sautiert, pochiert, gekocht oder gegrillt, größere Exemplare werden geschmort.

Sepia oder Gemeiner Tintenfisch

ANDERE MEERESFRÜCHTE

Eßbarer Seeigel

Seeigel gehören zu den Stachelhäutern und nicht zu den Weichtieren. Man findet sie an den Küsten Amerikas und Europas. Sie schmecken salzig, ihre Konsistenz erinnert an rohe Eier. Der harte Stachelpanzer muß geöffnet werden, damit man an das cremige Fleisch kommt. Man ißt es roh oder verwendet es zum Füllen von Omeletts oder zum Verfeinern von Saucen. Seeigelrogen gilt als Delikatesse

Weichtiere

Venusmuscheln

Die in allen Meeren und an allen Küsten der Welt vorkommenden Venusmuscheln werden oft mit Austern zusammen gezüchtet. Die in Europa erhältlichen stammen meist aus Frankreich und Portugal. Berühmt sind die italienischen *Spaghetti vongole* mit einer sehr kleinen Art. In Amerika erfreuen sich die Venusmuscheln einer außerordentlich großen Beliebtheit. Mehrere amerikanische Arten sind hier abgebildet. Die größeren Chowder Clams sind kräftiger im Geschmack und werden für Fischtöpfe verwendet. Kleinere Cherrystone-Clam-Arten werden roh gegessen und die kleinsten, die Littleneck Clams, werden gedünstet und mit geschmolzener Butter serviert.

Chowder clam

Littleneck clam

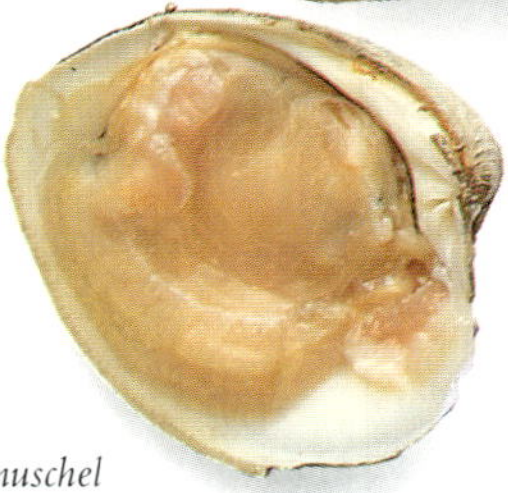

Jakobsmuschel

Miesmuscheln

Die mit den Venusmuscheln verwandten Miesmuscheln kommen an allen Meeresstränden und Meeresarmen der Welt vor. Jedes Gebiet hat seine spezifische Art. Die Mies- oder Pfahlmuschel ist an der amerikanischen und europäischen Atlantikküste verbreitet. Sie wird auch kommerziell gezüchtet. Die Muscheln werden im allgemeinen frisch in ihren Schalen verkauft und können roh oder gedämpft als *Moules marinière* verspeist werden. Sie kommen auch in Salate, Suppen und Pâtés.

Jakobsmuscheln

Ihren Namen hat die Jakobsmuschel von dem als Märtyrer in Palästina gestorbenen Apostel Jakobus, dem Schutzpatron aller Spanier und Fischer. Von den an der europäischen und amerikanischen Atlantikküste und im Mittelmeer heimischen Jakobsmuscheln gibt es viele Arten. Die schmackhaften Muscheln können gegrillt, in Mehl gewendet fritiert oder pochiert und in der Schale mit einer Sahnesauce *(Coquilles Saint-Jacques)* serviert werden. Gegessen werden die weiße Nuß und der rötliche Rogen.

Cherrystone clam

Miesmuscheln

Herzmuscheln

Die im Mittelmeer, der Ostsee und im Nordwestatlantik vorkommenden Meeresmuscheln werden besonders gern in Europa verzehrt. In Küstenstädten werden die 2–5 cm großen Weichtiere frisch, sonst gekocht, ohne Schale und gekühlt, in Dosen oder in Essig eingelegt verkauft. Sie schmecken roh als Vorspeise, gedünstet in Salaten, Suppen und italienischen Nudelgerichten.

Austern

Von diesem Weichtier gibt es viele Arten. Austern kommen im Mittelmeer, im Atlantik und in pazifischen Gewässern vor. Die Arten unterscheiden sich in Größe und Aussehen. Es wird allgemein empfohlen, die Austern roh zu essen, gleich aus der Schale und mit dem Saft. Sie können auch in Butter gebraten (Austern Belleclaire), mariniert oder überbacken werden. Die amerikanischen Pazifischen Felsenaustern sind besondern große Exemplare. Sie sind fast doppelt so groß wie die europäischen. Austern sind in den Sommermonaten nicht erhältlich

Herzmuschel

Strandschnecke

Wellhornschnecke

Portugiesische Auster

Europäische Auster

Gemeine Strandschnecke

Die Gemeine Strandschnecke ist eine der häufigsten Meeresschnecken an europäischen Küsten. Sie können mit Zitronensaft und Pfeffer roh, in der Schale geröstet oder in Salzwasser pochiert und mit einer Sauce serviert werden.

Wellhornschnecken

Wellhornschnecken haben ein bräunliches Gehäuse und kommen auf beiden Seiten des Atlantiks vor. Die nordamerikanischen Arten sind viel größer. Wellhornschnecken werden meist in wenig Wasser im geschlossenen Topf gedünstet. Sie sind auch vorgekocht, in Dosen oder eingelegt im Handel.

ANDERE WEICHTIERE

Abalonen
Die großen Schnecken (Ø 25 cm) sind in allen warmen Meeren zu Hause. Gegessen wird nur das weiße Muskelfleisch, das oft zäh ist und deshalb vorher geklopft oder länger gekocht werden muß. Abalonen sind eine beliebte Zutat der chinesischen Küche und werden in Japan im Sushi roh gegessen.

Conch
Die Warmwassermolluske mit dem rosa Gehäuse wird gern in Florida und in der Karibik gegessen. Das Fleisch der Conch schmeckt wie das der Jakobsmuschel. Es wird meist vor der Zubereitung mariniert und geklopft. Es findet in Salaten und Fischeintöpfen Verwendung

Napfschnecken
Napfschnecken gibt es an allen felsigen Küsten der Welt, die meisten Arten kommen jedoch in den gemäßigten und tropischen Meeren vor. Die Meeresweichtiere haben eine rundzeltartige Schale und einen Durchmesser von 2–5 cm. Sie können roh verspeist, gekocht in Suppen verwendet oder wie Austern zubereitet werden.

Konservierter Fisch

Die Haltbarmachung, also das Konservieren von Nahrungsmitteln durch Trocknen, Räuchern und Salzen, war eine wichtige Entdekkung. Zweifelsohne geht sie auf Naturbeobachtungen zurück, denn in Salzlagern an der Küste fand man bespielsweise konservierte Fische.

Konservierungsmethoden
Ungesalzene Fische werden gereinigt, geköpft, ausgenommen, zu Paaren zusammengebunden und sechs Wochen an der Luft getrocknet. Hartgesalzene Fische werden geköpft, ausgenommen und entgrätet. Die gespaltenen Fische werden aufeinandergeschichtet mit je einer Lage Salz (einer Mischung aus grobem und feinem Salz) dazwischen. Dabei werden 15 kg Salz für 50 kg Fisch gebraucht. Sie werden dann luft- oder maschinell getrocknet. Mildgesalzene Fische werden geköpft, ausgenommen, gewaschen und gespalten. Ein Drittel der Fische wird dann trockengesalzen, wobei 4–5 kg Salz pro 50 kg Fisch gebraucht werden. Die Fische werden in Fässer gelegt, bis ihr Wasser das Salz löst und eine Lake bildet, in der sie zwei bis drei Tage liegen. Anschließend werden die Fische aus der Lake genommen und sonnen- oder maschinell getrocknet.
Zum Reifen in Lake werden Fische gesäubert, ausgenommen und mit viel Salz für 10 Tage (damit dem Fisch Wasser entzogen wird) in Holzfässer geschichtet. Wasser und Salz bilden eine Lake, die abgezapft und wieder über den Fisch gegossen wird. Das Faß wird dann verschlossen und kann gelagert werden.
Anchovis werden gereinigt, trockengesalzen, gepreßt, um ihnen Fett zu entziehen, und einige Monate bei Zimmertemperatur mit ihrer eigenen Lake übergossen. Sardinen werden geköpft, ausgenommen, 15 Minuten in Salzlake gelegt, bevor sie getrocknet werden.
In der Hauptsache gibt es zwei Räucherverfahren: Kalträuchern bei unter 30° C und Heißräuchern bei 120° C, wobei der Fisch gleichzeitig gegart wird. Der Rauch in den Räucherkammern wird mit Sägemehl erzeugt, das immer wieder nachgefüllt wird. Vor dem Räuchern kommt Fisch normalerweise in ein Salzbad.

Fischrogen
Die Eier des Fischweibchens nennt man Rogen, die Samenflüssigkeit des männlichen Tieres Milch. Beide werden meist geräuchert verzehrt. Der beste Rogen kommt vom Stör und vom Lachs; aber Karpfen-, Kabeljau-, Zander-, Grünrücken-Meeräschen- und Heringsrogen sind ebenfalls im Handel erhältlich. Kaviar, wie Störrogen genannt wird, sind die begehrtesten und teuersten Fischeier.

Verwendung von konserviertem Fisch
Getrockneter Fisch wie Stock- und Klippfisch muß einen Tag gewässert werden, damit er weich wird und etwas von seinem Salzgehalt verliert. Gesalzener Kabeljau *(Bacalao)* ist im Mittelmeerraum beliebt und wird dort auf den Märkten direkt aus dem Faß verkauft. In Frankreich verwendet man ihn zu *Brandade de morue.* In Spanien und Portugal wird er geschmort, gedünstet oder gebraten serviert. Er schmeckt auch roh in Salaten.
Geräucherter Fisch läßt sich gut zu Pasten und Pâtés verarbeiten. Man kann ihn mit Butter mischen oder ins Soufflé geben. Räucherfisch ist nur begrenzt haltbar – wie lange, hängt von der Sorte ab. Im allgemeinen hält er sich bei normalen Temperaturen bis zu fünf Tagen, und bei kühleren Temperaturen bis zu 14 Tagen.
Fischkonserven sollten nach dem Öffnen möglichst sofort verzehrt und nicht aufbewahrt werden. Anchovis sind Bestandteil von Salaten, Saucen, Pizzabelägen, Sardellenbutter, Sardellenpaste und dem provenzalischen Zwiebelkuchen. In Skandinavien werden gesalzene Fische täglich in der Küche verwendet und sind Bestandteil des traditionellen Smørgasbord.

Getrockneter Fisch

Bombay Duck

Bombay Duck (auch Bombil genannt) ist ein ungesalzener, in der Sonne getrockneter indischer Fisch (südasiatischer Wels). Er ist in Indien auch als Frischfisch beliebt. Der getrocknete Fisch schmeckt nicht mehr nach Fisch, sondern nimmt einen seltsamen, an verbranntes Fett erinnernden Geschmack an. Mit Bombay Duck würzt man Currygerichte, er kann aber auch gebraten oder eingelegt werden.

Bacalao

Bacalao ist gesalzener und getrockneter Kabeljau. Frischer Kabeljau wird im Nordatlantik gefangen und von allen europäischen Ländern importiert (oft schon gesalzen). Er kann im Stück (wie abgebildet) oder zerkleinert gekauft werden. Bacalao wird viel in der iberischen Küche für Eintöpfe und Auflaufgerichte verwendet. Vorher muß er über Nacht eingeweicht werden.

Bombay Duck

Bacalao

Haifischflosse

Getrockneter Haifischflossenknorpel wird in der orientalischen Küche viel verwendet und gilt dort als Delikatesse. Er muß vor der Verwendung über Nacht eingeweicht werden. Er ist Hauptbestandteil der Haifischflossensuppe.

Haifischflosse

ANDERE GETROCKNETE FISCHE

Katsuboshi
Ein japanischer getrockneter Fisch, der auch geräuchert werden kann.

Lutefisk
Der ungesalzene, als Stockfisch bekannte Kabeljau aus Norwegen. Er wird meist im Frühjahr hergestellt. In Schweden werden kleinere Exemplare aus Leng produziert.

Migaki-Nishin
Eine japanische Mischung aus getrockneten Fischfilets und Abalonen.

Geräucherter Fisch

Kipper

Kipper ist ein in England beliebter Räucherhering, der dick, saftig und richtig geräuchert sein und keine Farbstoffe enthalten sollte. Kippers werden meist als Filets oder im ganzen paarweise verkauft. Filets sind auch tiefgefroren im Handel. Kippers werden für Pâté verwendet oder gegrillt. Sie gehören zum traditionellen englischen Frühstück.

Kipper

Geräucherte Forelle

Bückling

Räucherlachs

Räucherlachs ist der König der Räucherfische. Er wird meist, in hauchdünne Scheiben geschnitten, mit Zitronenspalten als Vorspeise serviert. Die Fische werden geköpft, ausgenommen und filetiert. Die Haut wird mit einem scharfen Messer eingeritzt und die Filets werden mit feinem Salz trokken gesalzen. Einige Räucherer verwenden traditionelle Mischungen wie z. B. braunen Zucker, Salpeter und Rum. Der Lachs wird in kaltem Wasser gewaschen, einen Tag zum Trocknen aufgehängt und dann kaltgeräuchert.

Bückling

Zweifellos ist der Bückling der beste geräucherte Hering. Er wird nicht nur in Deutschland, sondern auch in Großbritannien, den Niederlanden und in Norwegen hergestellt. Er wird in Salzlake eingelegt und heißgeräuchert. Er wird kalt und ohne weitere Zubereitung verzehrt.

Geräucherte Forelle

Meist wird die Regenbogenforelle zum Räuchern verwendet. Die Fische werden ausgenommen, der Kopf bleibt jedoch dran. Dann werden sie auf Spieße gesteckt und kalt- und anschließend heißgeräuchert. Geräucherte Forellen bedürfen keiner weiteren Zubereitung. Sie werden meist als Vorspeise mit etwas Schwarzbrot, Butter und Zitronenspalten oder als Filets mit Meerrettichsahne serviert.

Geräucherte Makrele

Räucherlachs

Finnan Haddie

Der geräucherte Schellfisch ist eine schottische Spezialität und stammt ursprünglich aus Finnan (Aberdeenshire). Daher auch der Name. Die Fische werden geköpft, ausgenommen, vom Rücken her gespalten und in ein Salzbad gelegt. Farbstoffe werden nicht zugefügt. Dann werden sie auf Spieße gesteckt. Wenn sich Eiweißglanz gebildet hat, werden sie über Torffeuer geräuchert. Finnan Haddie kann so gegessen werden oder mit einer Eiersauce. Er wird auch als Omelettefüllung verwendet. Er ist Bestandteil des klassischen englischen Frühstücks Kedgeree, das aus Fisch und Reis besteht.

Finnan Haddie

Arbroath Smokie

Geräucherter Aal

Ein gutgeräucherter Aal ist eine saftige Delikatesse und so butterweich, daß er streichfähig ist. Die holländischen Räucheraale gehören zu den besten. Die Aale werden ausgenommen, geköpft, in Salzlake eingelegt und trocken gesalzen. Sie werden dann gewaschen, in kochendes Wasser getaucht und zum Räuchern aufgehängt.

Arbroath Smokie

Arbroath smokies – eine Spezialität der schottischen Ostküste – sind geräucherte Schellfische. Manchmal wird auch Wittling dafür verwendet. Die Fische werden geköpft und ausgenommen, aber nicht gespalten. Sie werden paarweise zusammengebunden. Arbroath smokies werden als Vorspeise oder Appetithappen serviert.

Geräucherter Aal

Geräucherte Makrele

Räuchern intensiviert den ohnehin schon kräftigen Geschmack der Makrele. Sie wird ohne weitere Zubereitung als Vorspeise serviert. Dazu werden Zitronenspalten gereicht.

ANDERE GERÄUCHERTE FISCHE

Bloater
Bloater gab es erstmals 1835 im englischen Yarmouth. Die Räucherheringe sollen ihren speziellen Geschmack der Aktivität von Eingeweideenzymen verdanken. Der Fisch wird 12 Stunden trocken gesalzen, dann wird er gewaschen, um überschüssiges Salz zu entfernen, auf Metallspieße gesteckt und geräuchert.

Glasgow Pale
Glasgow pales sind nur leicht geräuchert und nicht gefärbt. Sie werden erst gespalten und ausgenommen, dann in Salzlake gelegt und geräuchert.

Red Herring
Er wird in England wegen seiner roten Farbe, die er nach dem Räuchern annimmt, so genannt. Der ganze Fisch wird trocken gesalzen oder in Salzlake eingelegt und in Intervallen geräuchert.

Geräucherter Fisch und Rogen

Geräucherter Stör

Geräucherter Stör

Bei Feinschmeckern gilt geräucherter Stör als Delikatesse. Er ist sehr teuer, doch lohnt es sich, ihn aufzutreiben. Er sollte dünn geschnitten als Vorspeise serviert werden.

Geräucherter Heilbutt

Meist wird der grönländische Heilbutt dafür verwendet. Der fette Fisch eignet sich gut zum Räuchern. Serviervorschlag: in Scheiben schneiden, Brote damit belegen und Zitronenspalten dazu servieren.

Geräucherte Sprotten

Am berühmtesten sind die Kieler Sprotten. Besonders zarte, saftige Ostseesprotten werden unausgenommen mit Kopf heißgeräuchert. Serviert werden sie meist mit Brot und Butter.

Geräucherter Heilbutt

Geräucherte Sprotten

Heringsmilch

Heringsmilch hat eine cremig-weiche Konsistenz. Sie wird in Butter gebraten und mit Zitronenspalten serviert. Heringsrogen gibt es auch, er ist aber selten erhältlich.

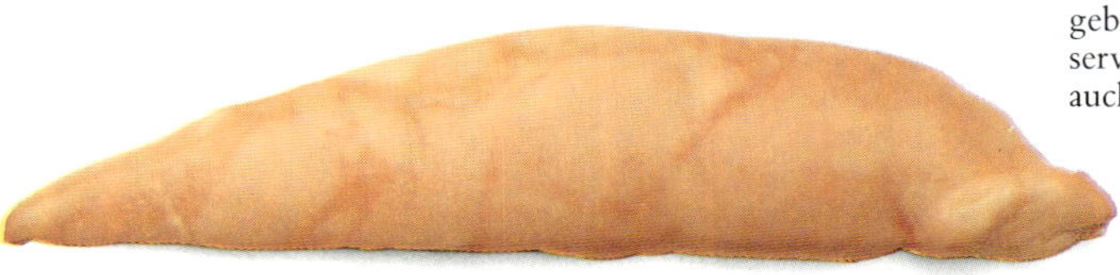

Heringsmilch

Sevruga-Kaviar

Sevruga-Kaviar stammt vom kleinsten Mitglied der Störfamilie, dem im Kaspischen Meer heimischen Sevruga-Stör. Der Kaviar mit dem kleinsten Korn wird frisch und als Preßkaviar (zerdrückte Fischeier werden gesalzen und gepreßt) angeboten.

Frischer Sevruga-Kaviar

Gepreßter Sevruga-Kaviar

Beluga-Kaviar

Der Kaviar mit dem größten Korn und dem höchsten Preis kommt vom Riesen unter den Stören, dem im Kaspischen Meer beheimateten Beluga-Stör. Er kann über 70 Jahre alt werden und wird bis vier Meter lang. Die Fischeier sind frisch, pasteurisiert und gepreßt im Handel.

Frischer Beluga-Kaviar

Pasteurisierter Beluga-Kaviar

Gepreßter Beluga-Kaviar

Dorschrogen

Dorschrogen wird gekocht, ungekocht und geräuchert verkauft. Geräuchert ist er Bestandteil eines griechischen Dips *(Taramo)*. Gekochter Rogen kann gebraten oder gegrillt werden.

Seehasenrogen

Roter und schwarzer Seehasenrogen kommt meist aus Island und Dänemark. Der schwarze Seehasenrogen wird künstlich gefärbt, damit er dem besseren und teureren Beluga-Kaviar ähnlich sieht.

Schwarzer Seehasenrogen

Dorschrogen

Roter Seehasenrogen

Lachsrogen

Er wird manchmal als Kaviar bezeichnet (Keta-Kaviar), obwohl diese Bezeichnung nur für Störrogen verwendet werden sollte.

Lachsrogen

ANDERE ROGEN

Bottarga
Die sardische Spezialität wird aus gepreßtem und gesalzenen Meeräschenrogen hergestellt.

Osietra-Kaviar
Kaviar vom Osietra-Stör, der ebenfalls im Kaspischen Meer zu finden ist.

Rogen
In Japan gibt es folgende konservierte Rogen: Hontarako, gesalzener und getrockneter Dorschrogen; Karasumi von der Grünrücken-Meeräsche oder vom Thunfisch (gesalzen, gepreßt und getrocknet); Tarako oder Momojiko, gesalzener Rogen des Alaska-Pollack.

Algen und Fischprodukte

Getrocknete Qualle

Gesalzene und getrocknete Quallenstreifen werden als Seetang verkauft und als solcher angesehen. Die Quallenstreifen werden in den Küchen Chinas, Japans und Südostasiens verwendet.

Getrocknete Qualle

Rotalge

Frische Rotalgen sehen rot aus. Sie werden an den Küsten der britischen Inseln, Islands und Teilen Kanadas geerntet und werden meist getrocknet verkauft. Sie können wie Spinat gekocht und zum Würzen von Suppen verwendet oder wie Kaugummi gekaut werden.

Rotalge

Anchovis

Winzige, sehr fette und kräftig schmeckende Sprotten oder sardellenartige Fische werden haltbar gemacht, indem ihr Fettgehalt durch Pressen und Fermentation reduziert wird. Sie werden meist filetiert, in Salzlake eingelegt und dann in Öl (oder auch in Salz) konserviert. Sie werden für Canapés, Pizza-Beläge, Salade Niçoise, Sardellenpaste (Seite 69) und -butter verwendet.

Kombu

Japanischer Sammelname für verschiedene Braunalgen, die besonders in Japan zur Herstellung der Suppenbrühe *Dashi* beliebt ist. Die Algen werden auch als Heiltrank aufgebrüht. Vor der Verwendung sollten sie gewaschen werden.

Kombu

Mekabu

Eine japanische lappenblättrige Alge, die dem traditionellen *Wakame* ähnelt. Sie ist in aufgerollten und getrockneten Strängen erhältlich. Mekabu sollte vor der Verwendung eingeweicht werden. Für Suppen, Salate und Dekoration.

Meersalat

Meersalat wird an den Küsten Großbritanniens, und Irlands seit Jahrhunderten gesammelt. Er kommt in Salate, Suppen und Saucen. Die feine, seidige Pflanze wird püriert, gekocht und dann als Tang-Gebäck verkauft. Die japanische Rotalgenart *Porphyra tenera* wird gepreßt und getrocknet. Die dünnen dunkelbraunen Blätter sind als Nori (siehe Abbildung) im Handel. Nori würzt Saucen, Suppen, Sandwiches und *Sushi*, ein Gericht aus Reis und Fisch. Auch zum Verzieren.

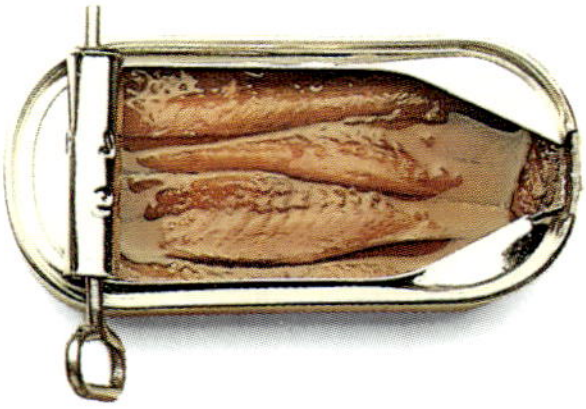

Anchovis

Carrageen

Die Rotalgenart Carrageen (oder Irländisches Moos) kommt von den Küsten Nordeuropas und Neuenglands. Aus ihr wird ein Agar-Agar-ähnliches Geliermittel gewonnen. Sie wird wie Spinat als Gemüse gekocht und gegessen. In Schottland macht man eine Art Milchgelee daraus.

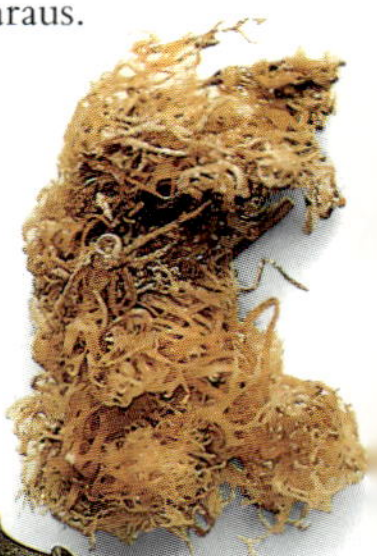

Carrageen

Mekabu

Nori

Thunfisch in Öl

Thunfisch in Öl

Thunfisch wird meist in Öl, Salzlake oder Wasser konserviert. Für Brote, kalte Gerichte, Salate und Aufläufe.

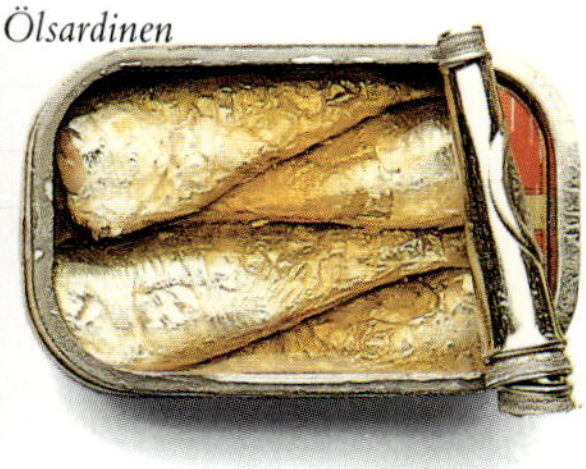
Ölsardinen

Ölsardinen

Die kleinsten Fische der Heringsfamilie werden meist im ganzen in Öl oder in Tomatensauce eingedost. Dabei werden die Fische ausgenommen, die Schuppen werden jedoch nicht entfernt. Durch den Konservierungsvorgang werden die Gräten weich und können mitgegessen werden. Verwendung: als Appetithappen, auf belegten Broten, zum Braten in Erdnußöl und zum Dämpfen.

Rollmops

Roher Hering wird geköpft, ausgenommen, entgrätet und in der Form von Doppelfilets belassen. Sie werden um Gewürzgurkenstücke und Zwiebeln gerollt und in gewürztem Essig mariniert. Nachdem sie einige Tage in der Marinade verbracht haben, sind sie verzehrfertig. Mit Brot und Butter.

Rollmops

Matjeshering ganz

Matjesfilet

Matjes

Das Rohprodukt für Matjes sind junge Heringe oder solche, die zumindest keinen äußerlich erkennbaren Ansatz von Milch und Rogen aufweisen. Matjesheringe sind deshalb besonders fettreich. Sie werden von Mitte Mai bis Anfang Juni vor Schottland und Irland gefangen. Die Heringe werden meist in Eichenholzfässern mildgesalzen. Vor dem Verzehr in Wasser einweichen.

ANDERE FISCHPRODUKTE

Austern
Austern werden gedämpft, in Salzlake gelegt, in Öl getaucht und heißgeräuchert, bevor sie in Öl in sterilisierte Gläser abgepackt werden.

Bagoong
Bagoong ist eine Fischpaste von den Philippinen, für deren Herstellung Garnelen oder kleine Fische verwendet werden. Diese werden gesäubert, mit Salz gemischt, in Fässern gepreßt und mit Farbstoffen gefärbt. *Nam pla* aus Thailand ist eine ähnliche Paste.

Bismarckhering
Filetierte, entgrätete Ostseeheringe, die mit Zwiebelringen zwei bis drei Tage in eine Marinade aus Essig und Gewürzen eingelegt werden.

Nuoc-Mam-Sauce
Die vietnamesische braune Sauce riecht nach Käse und schmeckt salzig. Sie wird aus kleinen Fischen wie Heringen und Sprotten hergestellt. Die Fische werden gesalzen, in Fässer gepreßt, die dicht verschlossen werden. Nach 12 Wochen läßt man die Flüssigkeit ab. Karamel, Melasse, Reis oder gekochter Mais und Gewürze können zugefügt werden. *Petis* und *Nuoc-Mam-Roc* sind Variationen.

Prahoc
Die Fischpaste aus Kambodscha wird aus ausgenommenen, geschuppten, gewaschenen und gepreßten Fischen hergestellt. Die Fische werden mit grobem Salz gesalzen und in der Sonne getrocknet. Dann werden sie zu einer Paste verarbeitet und fermentiert.

Trassi
Die konservierte Fischpaste aus Sumatra ist auch unter dem Namen Trasi Udang bekannt. Sie wird aus gesalzenen Garnelen hergestellt, die dann in der Sonne ausgebreitet werden. Nach ein paar Tagen wird die Mischung geknetet, und Farbstoffe werden zugegeben, bis sich eine klebrige rote Masse ergibt. Es können auch Kartoffelschalen und Reiskleie zugegeben werden. Gereifte Trassi-Paste hält sich unbegrenzt. Gekocht und mit Chillies gemischt ergibt sie *Sambal goreng*, ein beliebtes Gewürz.

Geflügel und Wild

Unter »Geflügel« versteht man domestizierte Vögel, die speziell für den Verzehr gezüchtet werden. Dazu gehören Hühner, Truthühner, Enten, Gänse, Perlhühner und Zuchttauben. In den letzten Jahren hat sich die Geflügelhaltung stark entwickelt. Selektive Zucht von Rassen für Fleisch und Eier hat zu automatisierten Produktionsmethoden geführt. Heute ist Geflügelfleisch beliebter als jedes andere Fleisch. Heutzutage sind frische und tiefgefrorene Hühner überall zu haben. Supermärkte verkaufen abgepacktes ofenfertiges Geflügel nach Gewicht. Frisches Geflügel wird gerupft, aber nicht ausgenommen verkauft. Es ist meist von Vorteil, einen großen Vogel zu kaufen, da das Verhältnis von Fleisch- zu Knochenanteil günstiger ist. Geflügel ist auch zerlegt im Handel.

Zubereitung von Geflügel

Hühnerfleisch ist besonders zart und empfindlich. Es sollte deshalb behutsam zubereitet werden. Bei hohen Temperaturen schmort es schnell zusammen. Die Zubereitungsmethode hängt auch vom Alter des Vogels ab. Junges Geflügel kann auf dem Rost zubereitet, gebraten, gegrillt oder geschmort werden. Ältere Exemplare müssen länger geschmort oder gedünstet werden. Traditionelle Gerichte wie die schottische Suppe *Cock-a-leekie* und das französische *Coq-au-vin* werden meist mit Kapaunen oder Kochgeflügel zubereitet. Geflügelart und -alter bestimmen also die Garmethode und das Rezept. Hühnerteile sollten in einer schweren Pfanne in viel Öl bei circa 160° C 20–25 Minuten gebraten werden. Grillhähnchen sollten ungefähr 20 cm von der Hitzequelle entfernt gegart werden, bis sie schön braun und gar sind.

Wird das Hähnchen im Ofen gebraten, bepinselt man es vorher mit Öl oder Fett. Soll es gefüllt werden, gibt man die Füllung kurz vor der Zubereitung locker hinein, sonst wird sie klitschig. Füllen Sie Geflügel nie einen Tag vorher, denn das könnte die Vermehrung von Bakterien begünstigen. In Alufolie oder im Römertopf zubereitetes Geflügel wird eigentlich im Dampf gegart und sollte die letzten zehn Minuten abgedeckt werden, damit es braun wird. Ein etwa ein Kilo schweres Brathähnchen braucht circa 1–1¼ Stunden bei 200° C (Gasstufe 6). Um festzustellen, ob der Vogel gar ist, sticht man den Unterschenkel oder den Schlegel mit einem spitzen Messer oder einer Gabel bis zum Knochen an. Ist der austretende Saft klar und ohne Blut, oder lösen sich die Gelenke leicht, wenn man daran zieht, ist das Hähnchen gar.

Truthahn wird meist im Ofen zubereitet. Dabei ist ein Fleischthermometer eine große Hilfe. Ein 5,5–8 kg schwerer Vogel braucht unbedeckt 3–3¾ Stunden oder bis ein in die Keule eingeführtes Thermometer 85° C anzeigt. Bäckt man einen Vogel gleicher Größe mit Alufolie bedeckt bei 230° C (Gasstufe 8), braucht er nur 2½–3 Stunden. Enten und Gänse werden während des Garens im Ofen mehrmals an den Seiten eingestochen, damit Fett ablaufen kann. Eine 1,5–2,5 kg schwere Ente braucht unbedeckt 2½–3 Stunden bei 170° C (Gasstufe 3). Eine Gans von 2–3,5 kg Gewicht wird bei 170° C (Gasstufe 3) in 2¾–3½ Stunden gar.

Junge Perlhühner von circa 1½ Pfund Gewicht eignen sich zum Braten. Ältere und schwerere (wahrscheinlich zähere) Vögel von 1 bis 1½ kg müssen etwa 1½ Stunden bei 180° C geschmort werden. Tauben braten etwa 45 Minuten, davon 20 Minuten bei 220° C (Gasstufe 7) und 25 Minuten bei 180° C (Gasstufe 4). Perlhühner und Tauben werden mit Speck- oder Schinkenspeckscheiben bedeckt gebraten, damit die Brüstchen nicht austrocknen.

Aufbewahrung von Geflügel

Frisches, ungekochtes Geflügel sollte im Kühlschrank gelagert und innerhalb von zwei oder drei Tagen nach dem Kauf zubereitet werden. Nach dem Kochen sollte es lose eingewickelt im Kühlschrank aufbewahrt und innerhalb weniger Tage verzehrt werden. Geflügelfleisch eignet sich auch zum Einfrieren, allerdings ohne Füllung und Sauce. Tiefgefrorenes Geflügel läßt man am besten langsam im Kühlschrank auftauen. Ein 1,5 kg schwerer Vogel braucht dafür etwa 15 Stunden. Es kann auch im Spülbecken mit kaltem Wasser bedeckt aufgetaut werden. Das Wasser sollte regelmäßig gewechselt werden, bis das Fleisch aufgetaut ist.

WILD

Unter Wild versteht man Tiere, die gejagt und gegessen werden. Auch einige Arten, die man heute züchtet, werden als Wild bezeichnet. Wild läßt sich in zwei Arten unterteilen: Feder- und Haarwild. Wildhasen gehören eindeutig zur Kategorie Wild. Viele Menschen betrachten Kaninchen und Tauben jedoch nicht als jagdbares Wild, obwohl sie sehr wohl dazu zählen. Wildbret hat im Unterschied zu anderen Fleischsorten ein dichteres Gewebe und einen charakteristischen Geschmack. Es ist im allgemeinen dunkler, schmeckt kräftiger und ist oft zäher. Wildlebende Tiere haben aufgrund ihrer Nahrung und ihrer Lebensweise bestimmte Enzyme im Gewebe, die Fleischproteine aufspalten oder umwandeln. Diese Enzyme treten 24 Stunden, nachdem das Tier erlegt worden ist, in Aktion. Sie machen das Fleisch weich und schmackhaft und verleihen ihm das typische Wildaroma. Während die Enzyme arbeiten, helfen im Kadaver lebende Mikroorganismen, die Proteine aufzuspalten und nichttoxische Ptomaine zu bilden. Vorausgesetzt, es sind keine Staphylokokken darunter, sind die im Wildbret befindlichen Bakterien harmlos. Es ist schon seltsam, daß Wildbret und manche Fische in einem Zustand fortgeschrittener Verwesung unbedenklich gegessen werden können, in dem viele andere Fleischarten – vor allem Schweinefleisch – ausgesprochen gefährlich wären. Obwohl Wild gewöhnlich abgehängt wird, braucht es das eigentlich nicht. Die Geschichte überliefert Beweise genug, daß Wild nicht immer nur gut abgehangen verzehrt wurde.

Der Einkauf von Wild

Beim Kauf von Wild müssen Sie das Alter erfragen, da davon die Zubereitungsmethode abhängt. Obwohl sie nicht unfehlbar sind, gibt es doch einige Richtlinien, die dabei helfen, junge Wildvögel von älteren zu unterscheiden. Die Füße sollten sauber und weich, der Brustbeinknorpel biegsam und die Sporen abgerundet sein. Junge Rebhühner haben spitz zulaufende Flugfedern, während diese bei älteren Exemplaren rund sind. Bei jungen Wildhasen und Kaninchen reißen die Ohren leicht ein.

Abhängen von Wild

Beim Händler gekauftes Wild ist wahrscheinlich richtig behandelt und abgehangen. Man kann natürlich auch diesbezüglich seine Wünsche im voraus äußern. Hier einige Abhängzeiten für frisch erlegtes Wild: Rauhfußhühner drei bis vier Tage, Fasan sechs bis vierzehn Tage, Rebhuhn sieben bis acht Tage, Ringeltaube zwei bis drei Tage, Sumpf- und Waldschnepfe sieben bis zehn Tage, Wildhase und Kaninchen zwei bis drei Tage, Schalen- und Schwarzwild bis zu drei Wochen. Wachteln brauchen nicht abgehängt zu werden.
Zum Abhängen von Wild wählt man einen kühlen, trockenen und luftigen Ort und schützt es vor Fliegen. Wenn Sie den Geschmack nicht mögen, brauchen Sie das Fleisch nicht abzuhängen; im allgemeinen läßt man den Tierkörper jedoch hängen, bis man einen leichten Verwesungsgeruch wahrnimmt. Bei Vögeln riecht man es zuerst an Kropf und After. Wild läßt man während des Abhängens intakt. Eine Ausnahme bilden hier Schalenwild, Wildhasen und Kaninchen, die gleich aufgebrochen oder ausgeweidet werden können.
Federwild wird meist am Kopf, Wildhasen und Kaninchen mit dem Kopf nach unten aufgehängt. Das Hasenblut wird meist in Behältern aufgefangen, da es für die Sauce bei Hasenpfeffer verwendet wird.

Zubereitung von Wildbret

Wildbret ist ideal zum Braten. Besonders junge Wildvögel sollten gebraten werden. Gewöhnlich werden sie nicht gefüllt. Große Vögel wie Fasan und Schneehuhn können mit gewürztem Rinderhack gefüllt werden, wodurch das Fleisch saftig bleibt. Ältere und zähere Tiere werden geschmort oder zu Pies, Pâtés und Terrinen verarbeitet. Legt man das Fleisch in eine Marinade aus Öl, Essig, Wein oder Bier, Kräutern und Gewürzen, wird es weich und schmeckt besser.
Wild sollte die ersten zehn Minuten im Backofen bei 200° C (Gasstufe 6) braten. Dann wird bei 180° C (Gasstufe 4) weitergegart: Rauhfußhühner 30 Minuten, Rebhuhn 30 Minuten, Fasan 45 Minuten, Taube 60 Minuten, Schneehuhn 45 Minuten, Wildente 45 Minuten, Waldschnepfe 30 Minuten, Wildhasen und junge Kaninchen brauchen 45 Minuten bei 220° C (Gasstufe 7), Schalenwild sollte bei 220° C (Gasstufe 7) 20–25 Minuten braten und dann bei 180° C (Gasstufe 4) je nach Gewicht fertiggebraten werden. Eine Keule braucht eineinhalb bis zwei Stunden.

Geflügel

Suppenhuhn

Ein ausgewachsenes Suppenhuhn wiegt um die 2 kg. Das Fleisch ist sehr schmackhaft, muß jedoch lange bei niedrigen Temperaturen kochen, damit es weich wird. Das Alter eines Suppenhuhns kann am Zustand des Brustbeins abgelesen werden. Ist das Huhn alt, dann ist der Brustbeinknorpel hart und unbeweglich. Suppenhuhn ergibt eine gute Brühe. Das Fleisch wird für Frikassee, Ragout, Galantine, Salat und Farce verwendet.

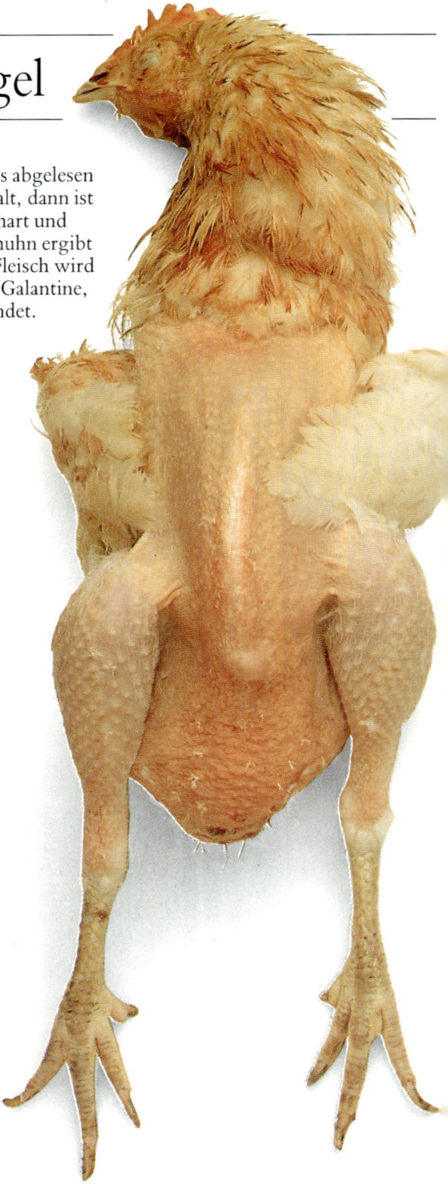

Suppenhuhn

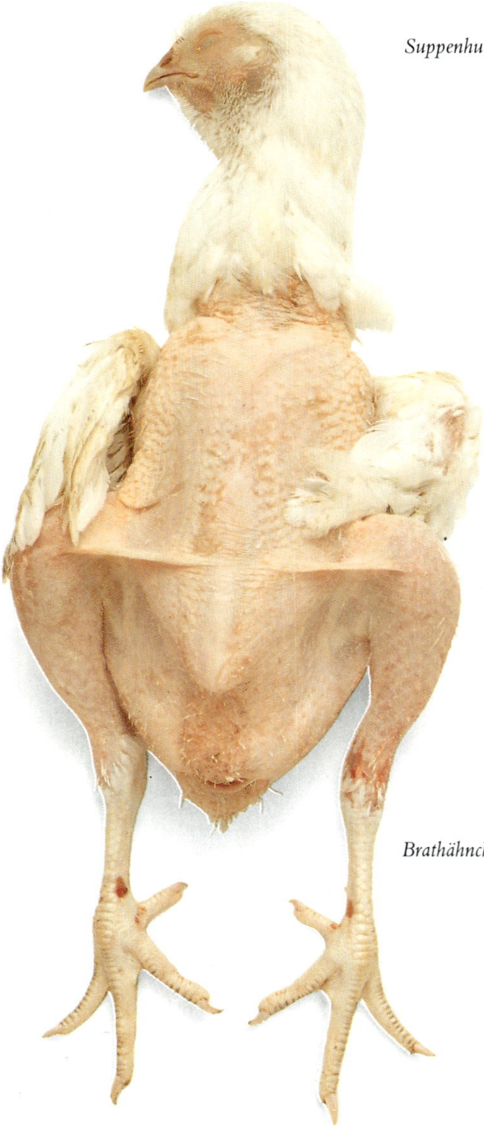

Brathähnchen

Brathähnchen

Unter Brathähnchen versteht man vor der Geschlechtsreife geschlachtete, 12–15 Wochen alte und 800–1300 g schwere Haushühner. Ihr Brustbeinknorpel ist weich und biegsam. Sie schmecken gut im Ofen gegart, am Spieß oder auf dem Grillrost gebraten.

Kapaun

Kapaun

Junger, gemästeter, kastrierter Hahn mit 1,5–2 kg Gewicht. Er ist größer als ein Brathähnchen. Sein Fleisch, das überwiegend weiß ist, ist besonders zart, saftig und wohlschmeckend. Kapaune werden gebraten, gedünstet oder geschmort und meist wie Masthühner zubereitet.

Stubenküken

Ein Stubenküken ist ein sechs bis acht Wochen altes gemästetes Küken, das mit etwa 500 g Gewicht schlachtreif ist. Das Fleisch sollte fest und wohlschmeckend sein. Ältere, höchstens 10 Wochen alte Tiere werden Doppelküken genannt. Küken können gebraten, im Ofen gegart, sautiert oder gegrillt werden. Ein ganzes Küken entspricht einer Portion.

Stubenküken

Ente

Enten, die auf den Tisch kommen, sind meist Hausenten (siehe Abbildung). Enten sind große, sehr fettreiche Tiere: Die Fleischausbeute ist dennoch gering. Es gibt jedoch wenig Abfall, da selbst die Knochen noch ausgekocht werden können und eine ausgezeichnete Brühe ergeben. Aus der Leber wird Pâté hergestellt. Franzosen und Chinesen sind für ihre Entengerichte berühmt. Die Franzosen runden den fetten Vogel mit Orangen ab *(Caneton à l'orange)*. Enten sind frisch oder tiefgefroren im Handel und wiegen ungefähr zwei bis drei Kilo. Jungenten bringen 1,5–2 kg auf die Waage und schmecken am besten gebraten.

Ente

Truthahn

Truthahn

Der Truthahn ist ein vom mexikanischen Wildtruthahn abstammendes Hausgeflügel. Er ist das ganze Jahr über im Handel. Meist kommt er jedoch zu Weihnachten oder in Amerika zum *Thanksgiving* (Erntedankfest, 4. Donnerstag im November) auf den Tisch. Puter sind größer als Puten, das Fleisch der weiblichen Tiere ist oft zarter. Truthähne werden ganz oder in Teilen frisch oder tiefgefroren angeboten. Ein ganzer Puter kann bis zu 15 kg schwer werden; auf den Markt kommen meist die bis 7,5 kg wiegenden Tiere. Jüngere Exemplare werden am besten gebraten, ältere werden geschmort oder kommen in die Suppe. Inzwischen gibt es Neuzüchtungen mit schwerer Brust und kleinerem Skelett, damit sie schneller gar sind und beim Kochen nicht austrocknen.

Perlhuhn

Ursprünglich kommen die Perlhühner aus Westafrika. Sie sind mit dem Fasan verwandt und wurden einst als Wildvögel betrachtet. Seit Jahrhunderten werden sie in vielen Teilen der Welt als Hausgeflügel gezüchtet. Perlhühner sollten wie Wildvögel zwei bis drei Tage abhängen, bevor sie gerupft, bratfertig gemacht und zubereitet werden. Das Fleisch ist zart (besonders das der weiblichen Tiere) und hat einen an Fasan erinnernden Wildgeschmack. Perlhühner kann man braten und schmoren und für alle Rezepte verwenden, die für Fasane geeignet sind.

Perlhuhn

Gans

Von der Gans gibt es viele Arten. Bekannte Zuchtformen sind: Emdener Gans, Diepholzer Gans, Pommersche Gans und die Toulouser Gans. Meist werden die Gänse für St. Martin und Weihnachten gezüchtet. Die Leber der französischen Toulouse-Gans wird für die berühmte *Pâté de foie gras* verwendet. Eine Straßburger Art wird eingelegt und kommt als *Confit d'oie* auf den Markt. Die größeren Hausgänse sind manchmal zu zäh und zu fett zum Essen, aber die Junggänse (siehe Abbildung) sind delikat und zart. Obwohl Tafelgänse teuer sind und die Fleischausbeute verglichen mit dem Truthahn relativ gering ist, gilt Gans mit dem leichten Wildgeschmack bei Feinschmekkern als das beste Geflügel. Gänse sind frisch oder tiefgefroren im Handel. Sie wiegen zwischen 2,5 und 5,5 kg. Am besten schmecken sie gebraten. Männliche und weibliche Tiere sind in Aussehen und Größe ähnlich.

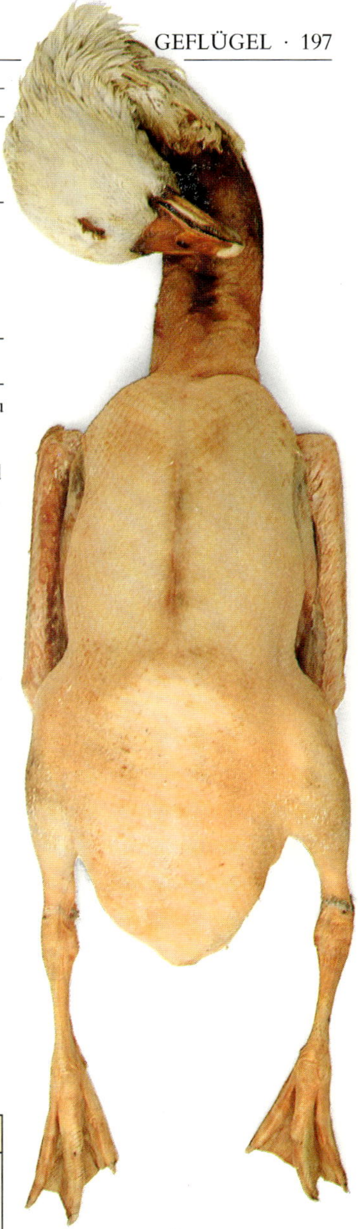

Gans

ANDERES GEFLÜGEL

Täubchen
Junge, extra zum Verzehr gezüchtete Taube. Mit vier Wochen ist sie schlachtreif und wiegt zwischen 350 und 600 g. Täubchen werden wie anderes Hausgeflügel ausgenommen und zubereitet. Sie sind zart und können gebraten, sautiert, gegrillt oder geschmort werden.

Federwild

Schottisches Moorschneehuhn

Waldschnepfe

Rauhfußhühner

Die Rauhfußhühner werden von Kennern als das delikateste Federwild bezeichnet. Zu dieser Familie gehören: das Schottische Moorschneehuhn (siehe Abbildung), das Birkhuhn, der Große Auerhahn und das in Nordeuropa beheimatete Schneehuhn. In Amerika gibt es keine echten Rauhfußhühner, aber das Nordamerikanische Steppenhuhn, das Haselhuhn und das Präriehuhn sind enge Verwandte. Rauhfußhühner sind – wie anderes Federwild auch – nur während der Jagdsaison erhältlich. Junge Hühner können gebraten, ältere Exemplare können geschmort oder gedünstet werden. Pro Person rechnet man einen Vogel

Waldschnepfe

Das begehrte, ursprünglich aus Europa und Amerika stammende Federwild ist heute auf der ganzen Welt verbreitet, aber nur während der Jagdsaison erhältlich. Die Waldschnepfe sollte gut abgehangen sein, und beim Rupfen sollte die Haut nicht verletzt werden. Man rechnet eine Schnepfe pro Person. Sie können gebraten, geschmort oder gegrillt werden. Wie die verwandte Sumpfschnepfe wird die Waldschnepfe, wenn sie gebraten wird, nicht ausgenommen, nur der Magen wird entfernt. Der Kopf bleibt ebenfalls dran.

Sumpfschnepfe

Rebhuhn

Wachtel

Sumpfschnepfe

Die in Europa heimische Sumpfschnepfe ist wie anderes Federwild nur in der Jagdsaison erhältlich. Sie schmeckt gebraten, kann aber auch, da sie recht klein ist, gegrillt werden. Sie wird oft samt ihrer Eingeweide zubereitet, die als Delikatesse gelten. Man rechnet mindestens einen Vogel pro Person.

Rebhuhn

Das hier abgebildete Rebhuhn stammt aus Europa. Es gibt viele Arten, die alle mit dem Fasan verwandt sind. Es ist nur in der Jagdsaison erhältlich. Rebhühner werden gebraten, geschmort, gedünstet oder in der Kasserolle zubereitet. Junge Exemplare sollten gebraten und mit ihrem Bratensaft serviert werden. Man rechnet ein Rebhuhn pro Person. In Frankreich verwendet man das Rebhuhn für *Chartreuse* (Kartäusergericht).

Wachtel

Die aus dem Nahen Osten stammende Wachtel ist ein Zugvogel und – wie das Rebhuhn – mit dem Fasan verwandt. Beliebte Arten sind die kalifornischen und die europäischen Wachteln. In Europa werden die Wachteln auf Farmen gezüchtet und als Delikatesse an Restaurants verkauft. Sie sind das ganze Jahr über erhältlich. Sie können gebraten, sautiert, gegrillt oder in Aspik eingelegt werden und sind Bestandteil vieler Gerichte der Haute Cuisine. Wachteln sind sehr klein, und man rechnet mindestens einen Vogel pro Person.

Feder- und Haarwild

Stockente

Die Stockente (abgebildet ist das männliche Tier) stammt ursprünglich von der nördlichen Hemisphäre. Sie ist die berühmteste und größte der Wildenten. Zu dieser Familie gehören auch mehrere andere Arten wie die Krickente (eine der kleinsten Wildenten und sehr beliebt bei Feinschmeckern), die Pfeif-, Löffel-, Tafel- und Tauchente. Sie kann während der Jagdsaison frisch gekauft werden oder tiefgefroren. Sie läßt sich gut braten. Eine Stockente reicht für zwei bis drei Personen.

Fasanenhenne

Fasanenhahn

Stockente

Fasan

Der Fasan stammt ursprünglich aus China, ist aber heute überall auf der nördlichen Hemisphäre verbreitet. Im Handel sind Fasane oft paarweise (Männchen und Weibchen) erhältlich. Die Henne gilt als zarter. Eine Henne reicht für drei Personen, ein Hahn für vier. Fasan ist einer der beliebtesten Wildvögel. Abhängen bekommt dem Fleisch sehr gut. Fasanen sind in der Jagdzeit frisch, sonst tiefgefroren im Handel. Sie eignen sich ausgezeichnet zum Braten, Schmoren, Dünsten und Garen in Folie. Auf Farmen gezüchtete Vögel werden ofenfertig frisch oder tiefgefroren verkauft.

Wildhase

Der ursprünglich aus Europa stammende Wildhase ist heute weltweit verbreitet. Er ist jedoch durch die Jagdsaison nur begrenzt erhältlich. Obwohl der Wildhase zur selben Familie wie das Kaninchen gehört, schmeckt er mehr nach Wild. Er ist größer, sein Fleisch ist dunkler und kräftiger im Geschmack. Junge Hasen können frisch gebraten werden, die über zwei Jahre alten Exemplare sollten abgehangen

Wildhase

Kaninchen

werden. Sie kommen in Ragouts, Eintöpfe, Pâtés und Terrinen. Ein bekanntes deutsches Gericht ist Hasenpfeffer (Kleinfleisch und Innereien des Hasen mit frischem Hasenblut und Rotwein als Ragout). Ein klassisches französisches Hasengericht ist *Lièvre à la royale.* Bei vielen Gerichten werden nur der Rücken oder die Hinterkeulen verwendet.

Kaninchen

Das Kaninchen stammt ursprünglich aus Afrika, ist heute aber auf der ganzen Welt verbreitet. Es ist im Gegensatz zum Hauskaninchen nur während der Jagdzeit erhältlich. Das Fleisch ist im allgemeinen zart. Kaninchen müssen ausgenommen und vier bis fünf Tage abgehangen werden. Seltsamerweise ist das Kaninchen nie in die Haute Cuisine eingegangen; es war nur auf dem Land beliebt, was zahllose Rezepte bezeugen. Wildkaninchen werden meist im ganzen gekauft, Hauskaninchen gibt es auch in Stücke zerteilt tiefgefroren. Zum Braten und Schmoren, für Ragouts und Pies.

ANDERES FEDER- UND HAARWILD

Bär
Steaks vom Braunbären *(Ursus arctos)* und vom Nordamerikanischen Schwarzbären *(Ursus americanus)* werden in Deutschland und in Rußland gern gegessen, als größere Delikatesse gelten jedoch die Tatzen.

Rotwild
Das Wildbret der *Cervidae*-Familie ist sehr begehrt. Es muß jedoch abgehangen sein und gebeizt werden, wenn das Tier nicht ganz jung ist. Das beste Fleisch stammt vom Hirsch, der im zweiten Lebensjahr steht. Der beliebteste Teil ist die Keule, obwohl Lende und Filets ebenfalls sehr delikat schmecken. Vom Elch *(Alces alces)* wird nicht nur das Fleisch, sondern auch die Leber gern gegessen. Als besondere Delikatesse gilt geräucherte Elchzunge. Junges, zartes Wildbret kann gegrillt oder mit Speckstreifen gespickt gebraten werden. Manche Köche übergießen das Fleisch vor dem Braten mit saurer Sahne.

Wildschwein
Das Wildschwein *(Sus scrofa)* ist nicht nur in Europa, sondern auch in Teilen Asiens, Nordafrikas und in Amerika verbreitet. Nur das Fleisch der Jungtiere ist zart; ältere Wildschweine müssen zwei bis drei Tage abgehangen und vor der Zubereitung gebeizt werden. Wildschwein kommt meist gebraten auf den Tisch und ist in Rußland und Deutschland sehr beliebt.

Wildtaube
Taubenfleisch kann recht zäh sein und sollte am besten geschmort werden. In Nordafrika sind Tauben Bestandteil einer Pastete mit Taubenfleisch, Zucker und Nüssen.

Wurstwaren und Fleischdauerwaren

Schon früh wurde entdeckt, daß sich Fleisch längere Zeit hält, wenn der Feuchtigkeitsgehalt durch Trocknen, Pökeln oder Räuchern reduziert werden konnte. So gab es das ganze Jahr über Fleischvorräte. Eine neue Ära brach an, in der Schinken, Speck und Würste fester Bestandteil unserer Ernährung wurden.
Bewohner heißer Klimazonen klopften Fleisch, damit der Saft herauslief, und trockneten die Fleischstreifen in der Sonne oder über einem Feuer. Die südafrikanische Biltongue wird auf diese Weise hergestellt. In Nordamerika erfanden die Indianer Pemmikan. Das ist getrocknetes Büffelfleisch, das, zerstampft und mit Fett, Gemüsen und Früchten (meist Cranberries) vermischt, in Tierhautsäcke gepreßt und mit Talg versiegelt wird. Diese Art der Versiegelung kennt man heute noch bei Terrinen und Pâtés.
In Mexiko und Mittelamerika wurde Büffelfleisch in Streifen geschnitten und in der Sonne getrocknet. Dieses »Charque« wurde später von Pionieren hergestellt, bei denen es unter dem Namen »Jerky« bekannt war. Europäische Bauern, besonders die britischen, lebten jahrhundertelang von Brot, Bier und Speck. Der größte Teil des Rindfleisches, das auf den Tisch kam, war mit trockenem Salz bestreut. Pökelfleisch wurde tonnenweise für die britische Flotte gekauft.
Neue Zubereitungstechniken wurden erfunden, die die Salzigkeit wettmachten. Getreide, z. B. Gerste, oder Gemüse wurde zum Fleisch gegeben, um das Salz zu absorbieren. So sind der französische Fleisch-Gemüse-Eintopf *Pot-au-feu* und in Neuengland die gekochten Rindfleischgerichte aus Zweckdienlichkeit entstanden. Gewürze, besonders Ingwer und Pfeffer, wurden verwendet, um den Geschmack von gepökeltem Fleisch zu verbessern. Im 17. Jahrhundert wurden in reichen Haushalten bergeweise Orangen gelagert, damit der Orangensaft dem gekochten Fleisch beigefügt werden konnte.
Obwohl gepökeltes Rindfleisch und sonnengetrocknetes Büffelfleisch regional sicher eine wichtige Rolle spielten, hat die Haltbarmachung von Schweinefleisch eine längere Tradition. Besonders französische Metzger hatten schon lange Schweinefleisch verarbeitet. Die Schinken aus Gallien waren so berühmt, daß sie sogar nach Rom exportiert wurden.
Ein Vorfahre der Wurst wurde von Naturvölkern hergestellt, indem sie Pansen mit anderen Innereien vom Tier füllten und über einem Feuer garten. Die Schotten haben dies wahrscheinlich für ihr Nationalgericht *Haggis* übernommen. Die Griechen und Römer förderten die Herstellung von Würsten. Die Deutschen lernten die Kunst der Wurstherstellung wahrscheinlich von den Römern. Aber es waren letztendlich die Franzosen, die eine unglaubliche Anzahl an Würsten erfanden. Nach den Franzosen haben die Deutschen und die Italiener den größten Beitrag zur Wurstpalette geleistet. Auch andere europäische Länder haben ihre Wurstspezialitäten eingebracht.
Die europäische Art der Schinken- und Wurstherstellung wurde von den Amerikanern übernommen. Die Franzosen standen Pate bei den kreolisch-akadischen *Boudins* und *Andouilles*, die Italiener bei *Baloney* (Bologna) in New York, die Deutschen bei den *Frankfurtern* und der *Knackwurst* in Milwaukee, und die Spanier und Portugiesen zeichnen für die südamerikanischen *Chorizos* verantwortlich. Im 19. Jahrhundert wurde in Amerika hauptsächlich gepökeltes Schweinfleisch gegessen. Armut gebot, daß jedes Stückchen Fleisch des Tieres verwendet und möglichst gepökelt oder geräuchert wurde, damit sich die Waren noch Monate nach der Schlachtung (meist November) hielten. Diese Tradition wird heute noch gepflegt: für Würste, Leber- und Blutwürste werden die billigeren Stücke der Schlachttiere verwendet. Bessere Stücke wie Bauch, Lende und Füße werden geräuchert und gepökelt und zu Speck und Schinken verarbeitet.

Verarbeitung

Früher fielen die Ergebnisse des Trockenpökelns oft unbefriedigend aus, da das Salz grob und ungereinigt war. Zucker, der das Fleisch zart macht und ihm zusätzlich Geschmack verleiht, wurde nur von denen verwendet, die sich ihn leisten konnten. Deshalb war das Fleisch trocken, hart und sehr salzig. Ende des 18. Jahrhunderts wurden Versuche unternommen, die Methoden der Haltbarmachung zu verbessern. Wurst- und Schinkensorten unterscheiden sich,

da Geschmack, Zutaten und Herstellungstechniken regional verschieden sind. Die Ungarn würzen ihre Würste mit Paprika. Wir aromatisieren den westfälischen Schinken mit Wacholder. Auch die Zutaten für Pökellake und die Räuchertechniken sind nicht überall einheitlich. Hier die gebräuchlichsten Methoden:
Naßpökelung: Sie ist auch als Lakenpökelung bekannt. Die meisten Pökellaken enthalten Zucker (außer für Bayonner Schinken). Manche sind mit Wacholder, Koriander, Ingwer und anderen Gewürzen aromatisiert. Das Hinzufügen von Salpeter bewirkt, daß das Fleisch schön rosa bleibt. Bakterien im Fleisch verwandeln das Salz in ein Nitrit (oder Nitrit wird der Pökellake hinzugefügt). Nitrite stabilisieren das rote Myoglobin im Blut, wodurch die charakteristische Farbe des Fleisches erhalten bleibt.
Trockenpökelung: Fleisch wird mit trockenem Salz eingerieben, wobei der Umgebung des Knochens besondere Aufmerksamkeit gewidmet wird. Das Salz saugt Feuchtigkeit auf und entzieht dem Fleisch Saft, das dann die Lake bildet, die das Fleisch durchdringt.
Räuchern: Holzrauch enthält mehrere antiseptische Teerprodukte. Fleisch wird über Hartholzscheiten und Sägemehl geräuchert. Die Räucherdauer ist je nach Produkt und Rezept verschieden lang.
Corning (Einsalzen): Im 16. Jahrhundert waren die Begriffe »corn« (Korn, Getreide) und »grain« (Getreidekorn, Getreide, Korn) im englischen Sprachgebrauch Synonyme. Fleisch, das mit Salzkörnern eingerieben wurde, war deshalb »corned«. In Neuengland wurde der Pökellake kein Salpeter zugesetzt, deshalb nahm das Fleisch eine graue Farbe an (heute noch bevorzugt). In Großbritannien versteht man unter »Corned beef« gepökeltes, gekochtes, gepreßtes und eingedostes Rindfleisch.

Schinken, Speck und andere Fleischdauerwaren

Schinken ist die gepökelte und geräucherte Hinterkeule des Schweins. Speck ist meist gepökelter Schweinebauch, was seinen hohen Fettgehalt erklärt. Canadian Bacon wird jedoch aus der Lende geschnitten und enthält viel mageres Fleisch.
Wahrscheinlich gibt es über hundert verschiedene und länderspezifische Schinkensorten; aber alle werden auf mehr oder weniger dieselbe Art und Weise haltbar gemacht: trocken- oder naßgepökelt, geräuchert und gereift. Speck gibt es geräuchert und ungeräuchert, in Scheiben geschnitten oder am Stück. Andere Fleischsorten, wie Hammel und Rind, werden ebenfalls haltbar gemacht.

Würste

Würste werden aus zerkleinertem Fleisch von Schwein, Kalb, Rind, Geflügel, Lamm, Kaninchen, manchmal sogar von Pferd und Gürteltier hergestellt. Manche Länder (vor allem Großbritannien) fügen der Wurstmasse einen bestimmten Anteil an Getreide hinzu. Eine Vielzahl an Ingredienzen kommt bei der Wurstherstellung zum Einsatz: Eier, Sahne, Bier, Wein, Schweineblut, Kaldaunen, Semmelbrösel, Hafermehl, Kartoffelmehl, Zwiebeln, Knoblauch, Kräuter, Gewürze, Salz und Pfeffer. Manche Würste werden vorgekocht, manche werden gepökelt, luftgetrocknet oder geräuchert.
Wursthüllen werden aus Schafs- und Schweinedärmen oder Kunststoff hergestellt. Die zu räuchernden Würste werden zuerst luftgetrocknet, dann je nach Produkt über Hartholzspänen oder -sägemehl entweder kalt- oder heißgeräuchert. Es gibt buchstäblich Tausende verschiedene Wurstsorten, allein bei uns 1500. Nicht zu überblicken ist auch die Vielfalt an italienischen Salamis. Wir unterscheiden bei den Würsten nach Herstellungsweise zwischen Brühwurst (hitzebehandelt durch Brühen, Backen, Braten; häufig geräuchert wie z. B. Frankfurter, Wiener, Weißwürste, Thüringer, Fleischwurst, Jagdwurst, Bierschinken), Kochwurst (aus gekochtem Fleisch mit rohen Anteilen, hitzebehandelt, teilweise geräuchert wie z. B. Blut- und Leberwurst und Sülzarten) und Rohwurst (aus rohem Muskelfleisch und Speck wie z. B. Salami, Zervelat, Mett- und Teewurst).
Die französischen Sorten werden eingeteilt in große *Saucissons*, die geräuchert sein können *(Saucissons fumés)*, frische *Saucisses* und *Saucisses fumées* und *Cervelat*.
Die vielfältigste aller Wurstsorten ist mit Sicherheit die italienische Salami. Das Charakteristische an Salami ist, daß sie aus rohen Zutaten hergestellt und gepökelt oder geräuchert oder manchmal sogar sowohl gepökelt als auch geräuchert ist.

Würstchen

Würstchen

Würstchen enthalten entweder nur Schweinefleisch, Schweine- und Rindfleisch oder Wildbret und Gewürze. Jedes Land hat seine eigenen Würstchen. Alle unten abgebildeten Würstchen bestehen aus grobzerkleinertem oder gemahlenem Fleisch und sind gewürzt. Gelegentlich werden auch Kräuter beigemischt. Die Wursthüllen bestehen meist aus eßbarem synthetischem Material.

Schwein *Rind* *Wildbret*

Schwein und Rind

Cumberland-Wurst

Wurstbrät

Wurstbrät wird ohne Haut und verschieden geformt angeboten.

Chipolata

Chipolatas sind kleine Bratwürstchen, die gern zum Frühstück verzehrt oder für Dekorationszwecke verwendet werden. Die linke Chipolata ist aus Schweinefleisch, die rechte aus einer Schweine-Rindfleisch-Mischung.

Bratwurst

Die recht blaß aussehende längliche Bratwurst enthält Schweinefleisch und/oder Kalbfleisch, Speck, Milch und Zwiebeln. Sie ist kräftig mit Salz, Pfeffer und Muskatblüte gewürzt und kann gebraten oder gegrillt werden.

Cumberland-Wurst

Die englische Wurst besteht aus grobgehacktem Schweinefleisch und ist mit Pfeffer gewürzt. Das Brät steckt in einer langen Wursthülle.

Luganeghe

Die italienische Wurst enthält nur Schweinefleisch, und wie die englische Cumberland ist sie nicht abgebunden. Luganeghe ist eine oberitalienische Spezialität, die gekocht oder gegrillt werden kann.

Wurstbrät

Bratwurst

Chipolatas

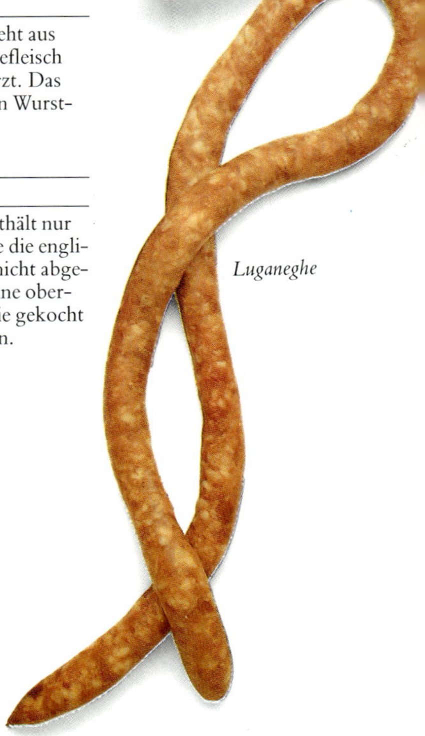

Luganeghe

Merguez

Die Merguez kommt aus Afrika. Sie besteht aus Ziegen- oder Hammelfleisch und ist mit scharfem Pfeffer und Kreuzkümmel gewürzt. Sie wird meist gegrillt.

Merguez

Lap cheong

Das chinesische Würstchen aus gehacktem Schweinefleisch und Getreide ist mit Sojasauce und Paprika gewürzt.

Salsicce casalinga

»Hausgemachte Würste« bestehen in Italien aus Schweinefleisch, gewürzt mit Knoblauch und Pfefferkörnern, und können gebrüht, gegrillt oder gebraten werden.

Salamelle

Bezeichnung für verschiedene gewürzte italienische Würstchen.

Toulouser Wurst

Die französische Wurst besteht aus Schweinefleisch sowie grobzerkleinertem Speck und ist mit Pfeffer und etwas Zucker gewürzt. Sie ist Bestandteil vieler Rezepte der französischen Küche und vor allem des Eintopfes *Cassoulet.*

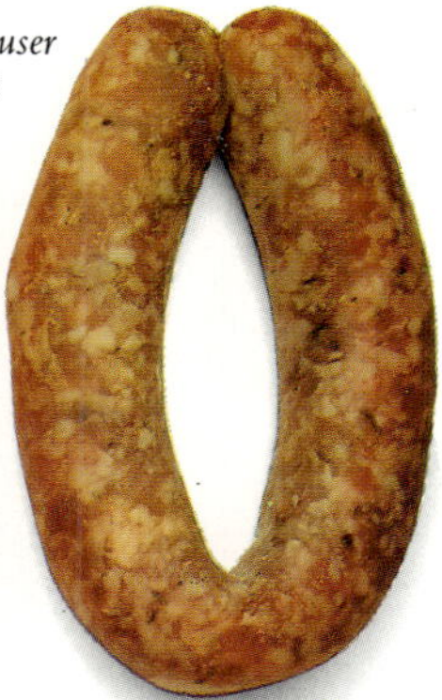

Toulouser Wurst

Lap cheong

Gewürzte französische Wurst

Eine ziemlich grobkörnige und mit Knoblauch kräftig gewürzte Wurst.

Gewürzte englische Wurst

Das blaßrosa englische Würstchen besteht aus Schweinefleisch und Gewürzen. Die hier abgebildete Oxfordwurst besteht aus Kalb- und Schweinefleisch, Rindertalg, Kräutern und Gewürzen. Die Cambridgewurst enthält Schweinefleisch, Kräuter und Gewürze.

Paprikawurst

Die dunkle, ziemlich grobkörnige Wurst besteht aus Lamm und Rind. Sie ist mit Paprika, Koriander, Fenchel und anderen Gewürzen abgeschmeckt.

Gewürzte französische Wurst

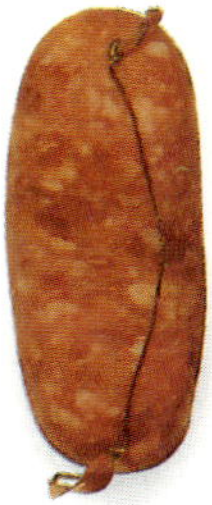

Salsicce casalinga

Salamelle

Gewürztes englisches Würstchen

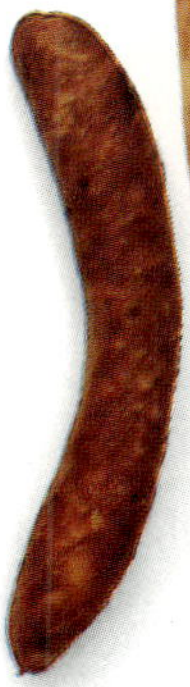

Paprikawurst

ANDERE WÜRSTE

Haggis
Das schottische Nationalgericht kommt nicht nur an Festtagen warm auf den Tisch. Gehackte Schafsleber, -lunge und -herz werden mit Zwiebeln, Hafergrütze, Petersilie und Gewürzen vermischt, in den Schafsmagen gestopft und darin einige Stunden gekocht. Das Fleischgericht ähnelt im Geschmack einer gutgewürzten, groben Blutwurst.
Haggis gibt es vorgekocht als Halbfertigprodukt, das nur noch 30 Minuten gegart werden muß, im Handel.

Thüringer
Thüringer besteht aus Schweinefleisch, kann jedoch auch Rind- und Kalbfleisch enthalten. Als Frisch- oder Brühwurst. Sie wird vorwiegend gebraten verzehrt.

Frisch- und Kochwurst

Blutwurst

Ursprünglich wird Black Pudding (siehe Abbildung) mit dem Norden Englands in Verbindung gebracht. Hauptbestandteile sind Schweineblut, Hafergrütze und -mehl, Fett, Zwiebeln und Gewürze. Bei uns wird Blutwurst aus Schweineblut, Speckwürfeln, Schwarten und Gewürzen hergestellt. Bessere Sorten enthalten Fleischstücke.

Englischer Black Pudding

Morcilla

Die spanische Blutwurst ist Bestandteil eines Nationalgerichtes *(Fabada)*, das auch Chorizowürste und Speck enthält.

Morcilla

Boudin

Die hier abgebildete schwarze Boudin ist eine französische Blutwurst aus Schweineblut. Die weiße Boudin gehört zu den Frischwürsten und kann aus Schweinefleisch, Geflügel- oder Kalbfleisch, Eiern, Sahne und Gewürzen hergestellt werden. Boudinwürste werden warm gegessen und gebrüht oder gegrillt.

Boudin

Butifarra

Von dieser festen Wurst gibt es viele Sorten in Spanien. Meist enthalten sie Schweinefleisch, Weißwein, Knoblauch und Gewürze. Butifarra ist vorgekocht und luftgetrocknet. Sie kann kalt gegessen werden. Sie ist Bestandteil des katalanischen Gerichts *Cazuela à la catalana*.

Andouillette

Das französische Würstchen besteht wie ihre größere Schwester Andouille aus Schweinefleisch oder Eingeweiden, Innereien, Kalbsgekröse, Wein, Zwiebeln und Gewürzen. Es gibt sie auch geräuchert. Zum Grillen oder Braten.

Griechische Wurst

Andouillette

Butifarra

Griechische Wurst

Die dunkle, kurze und dicke Wurst aus Griechenland ist meist kräftig gewürzt.

Crépinette

Es gibt verschiedene Netzwürstchen, die unter dem Namen Crépinette bekannt sind. Sie enthalten gehacktes Lamm- oder Schweinefleisch und sind mit geschmolzener Butter und Semmelbröseln überzogen.

Crépinette

Cotechino

Eine italienische Wurst aus magerem und fettem Schweinefleisch, Weißwein und Gewürzen. In Italien ist sie als Frischwurst im Handel und muß mehrere Stunden gekocht werden. Eine teils geräucherte, teils gegarte Sorte wird exportiert. Sie ist in 30 Minuten gar. Cotechino gibt es oft warm zu Bohnen.

Cotechino

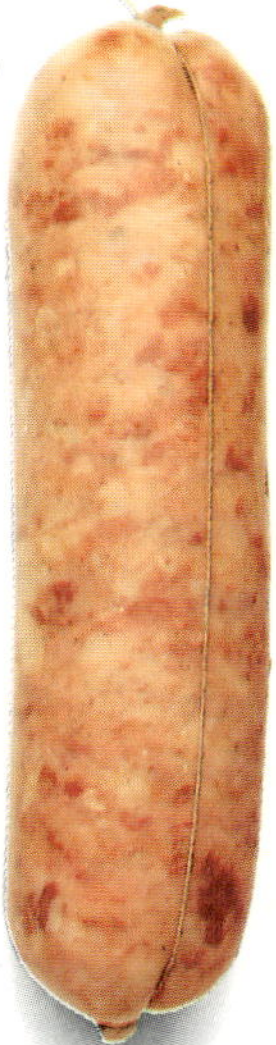

Teewurst

Die streichfähige Rohwurst wird aus feingemahlenem magerem Schweinefleisch, Rindfleisch und Speck hergestellt. Sie ist gewürzt und leicht geräuchert.

Frankfurter

Echte Frankfurter werden nur im Wirtschaftsraum Frankfurt hergestellt. Sie bestehen aus feingemahlenem Schweinefleisch und sind geräuchert. Es gibt viele ähnliche Würstchen, die sich in Größe, Form und von den Zutaten her von den echten Frankfurtern unterscheiden. Wiener werden aus Schweine- und Rindfleisch und manchmal Kalbfleisch, Knackwürste aus vorgepökeltem Rind- und Schweinefleisch hergestellt.

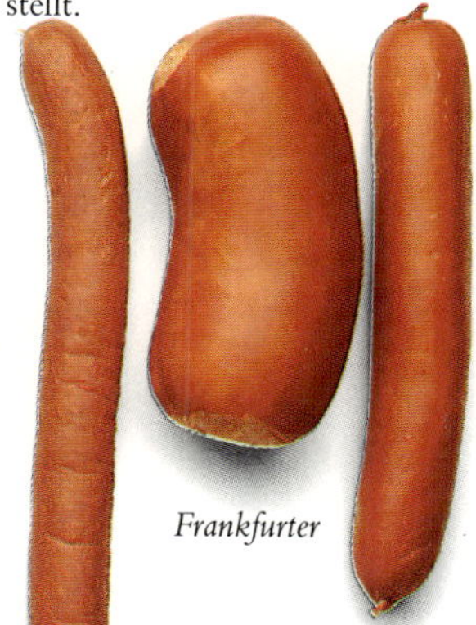

Frankfurter

Bockwurst

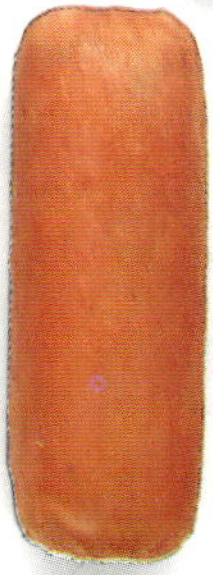

Teewurst

Saveloy

Zampone

Eine italienische Schweinswurst aus Modena. Die Schweinsfarce wird in entbeinte Schweinsfüße gefüllt.

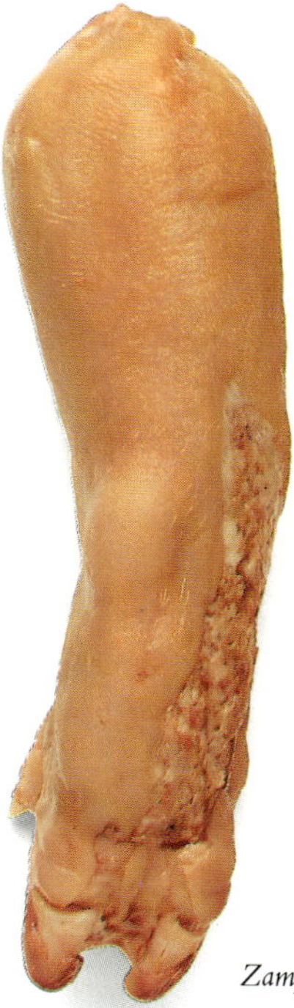

Zampone

Bockwurst

Die delikat gewürzte (Salz, Pfeffer, Paprika, Koriander, Zwiebel und manchmal auch Knoblauch) und schnell verderbliche Bockwurst besteht aus Rind- und Schweinefleisch. Das Brühwursterzeugnis ist portionsweise abgedreht oder abgebunden. Die Bockwurst wird meist warm mit Senf zu Kartoffelsalat oder Brötchen gegessen.

Saveloy

Die englische Saveloy enthält Schweinefleisch und Lunge. Durch Hinzufügen von Salpeter färbt sich die Wurst rot.

Kochwurst und leicht geräucherte Wurst

Grobe Schinkenwurst

In der groben Schinkenwurst finden sich erbsen- bis kirschgroße Fleischteile im blaßrosafarbenen Feinbrätanteil aus Rindfleisch, Schweinefleisch und Speck. Sie wird als Aufschnitt gegessen.

Zungenwurst

Gut gewürzte Brühwurst besserer Qualität mit eingelagerter vorgekochter Zunge in feingekutterter Grundmasse aus Rindfleisch, Schweinefleisch und Speck.

Mettwurst

Mettwurst ist eine gut gewürzte, streichfähige, geräucherte Rohwurst, die überwiegend aus fein- bis grobgemahlenem Schweinefleisch und Rindfleisch hergestellt wird. Hier abgebildet ist die grobe Mettwurst.

Grobe Schinkenwurst

Mortadella mit Pistazien

Zungenwurst

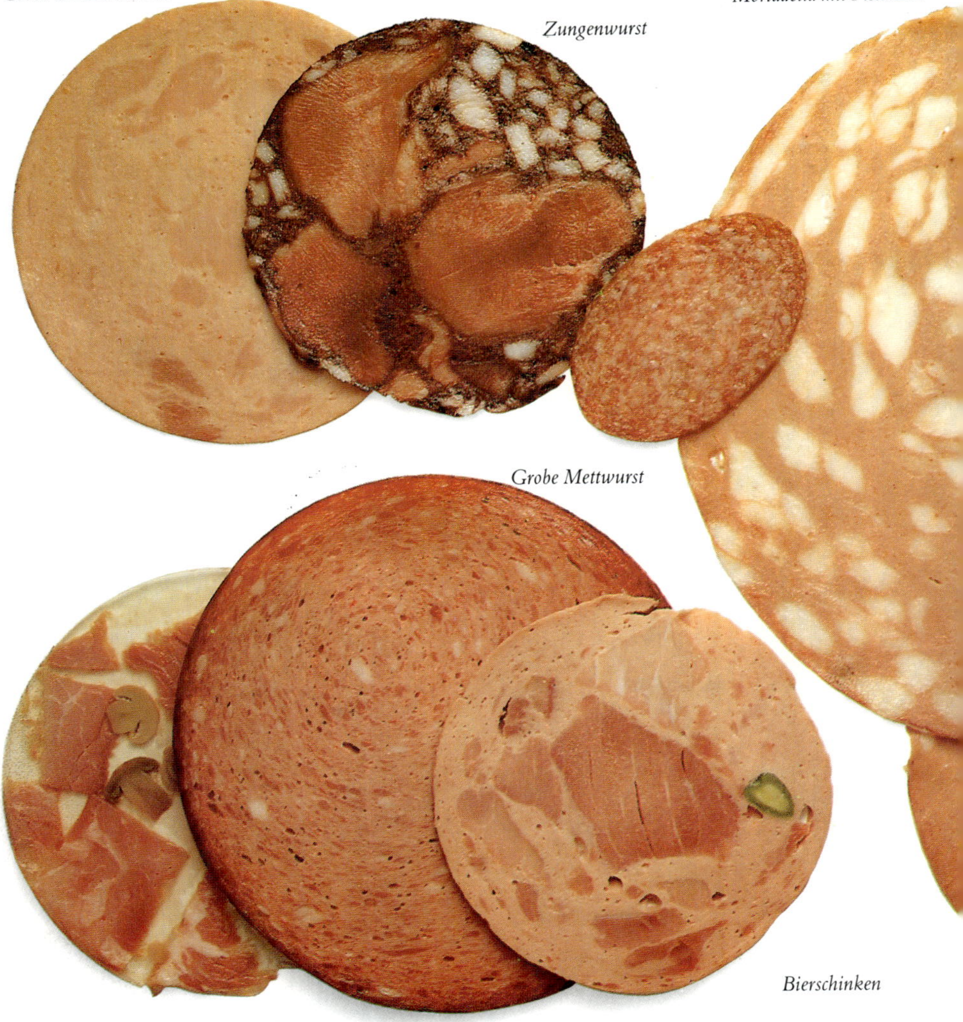

Grobe Mettwurst

Bierschinken

Schinkensülze

Bierwurst

Mortadella

Die italienische Mortadella aus Bologna ist vom Umfang her die größte unter den Würsten. Sie wird aus feingekuttertem Schweinefleisch, Speckwürfeln, Knoblauch und Gewürzen hergestellt. Sie ist auch mit Pistazien oder Koriander erhältlich. Dünn aufschneiden.

Schinkensülze

Gewürfeltes Schweinefleisch und Champignons in klarer Gelatine eingelagert.

Bierwurst

Feingekutterte Grundmasse aus Rindfleisch, Schweinefleisch und Speck mit Fleisch- und Speckpartikeln.

Bierschinken

Eine Brühwurst mit Einlagen aus schierem Schweinefleisch in einer feingekutterten Grundmasse aus Schweinefleisch, Rindfleisch und Speck. Sie ist auch mit Pistazien erhältlich.

Extrawurst

Eine feingewürzte, geräucherte und gebrühte Wurst aus feingekuttertem Schweine- und Rindfleisch. Sie schmeckt als Aufschnitt und läßt sich auch brühen oder grillen.

Knoblauchwurst

Die kräftig mit Knoblauch gewürzte Wurst wird aus einer feingekutterten Grundmasse aus Rind- und Schweinefleisch mit erbsengroßen Fleischanteilen und Gewürzen hergestellt.

Jagdwurst

Es gibt verschiedene Jagdwurstsorten, die sich in Größe und Form unterscheiden. Jagdwurst ist eine grobe Brühwurst mit erbsengroßen Fleischanteilen in einem blaßrosafarbenen Feinbrätanteil aus Rindfleisch, Schweinefleisch und Speck. Wird für Aufschnitt verwendet.

Extrawurst

Knoblauchwurst

Jagdwurst

Einfache Mortadella

ANDERE KOCH- UND LEICHT GERÄUCHERTE WÜRSTE

Linguic
Die portugiesische Wurst ist in Salzlake gepökelt und mit Knoblauch, Zimt und Kreuzkümmel gewürzt.

Straßburger
Die Leber- und Kalbfleischwurst enthält Pistazien.

Münchener Weißwurst
Die Brühwurst wird hauptsächlich aus feingemahlenem Kalbfleisch mit einem kleinen Anteil an Schwarten von jungen Schweinen hergestellt und ist sehr zart und leicht verderblich. Weißwürste werden gebrüht mit Brezeln und süßem Senf serviert.

Geräucherte Wurst

Peperoni

Die schnittfeste Rohwurst besteht aus mittel- bis grobkörnigem Schweine- und Rindfleisch. Sie ist mit etwas Cayennepfeffer und anderen Gewürzen gewürzt. Sie wird meist als Pizzabelag verwendet.

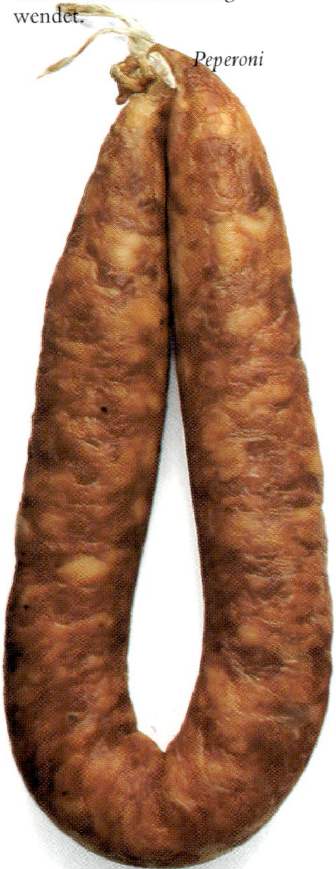

Peperoni

Kabanos

Kabanos

Eine polnische Wurst aus gehacktem Schweinefleisch.

Chorizo

Eine spanische und südamerikanische Wurst aus Schweinefleisch, die mit Cayennepfeffer oder einem anderen scharfen Pfeffer gewürzt ist. Sie wird in dünne Därme abgefüllt. Chorizos gibt es frisch oder getrocknet und geräuchert. Longaniza ist die portugiesische Version.

Chorizo

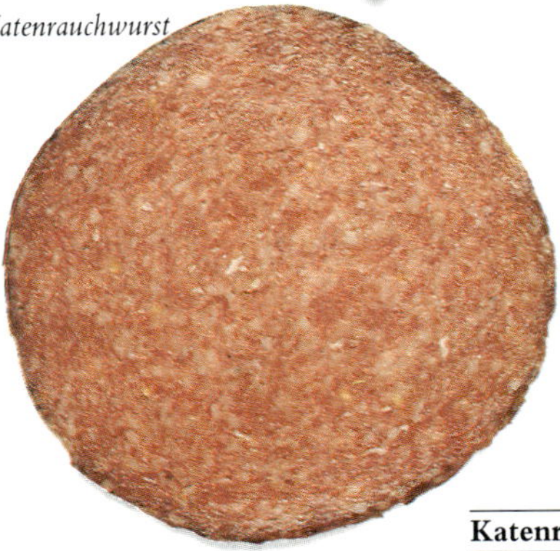

Katenrauchwurst

Katenrauchwurst

Die Wurst mit der dunklen Haut ist eine schnittfeste Rohwurst aus grobgehacktem Schweinefleisch nach Art der Salami. Die lange, kaltgeräucherte Wurst hat einen herzhaften Geschmack. Ursprünglich wurde sie in den Kaminen der Katen geräuchert. Daher der Name.

Birnenförmige Salami

Bevor sie aufgeschnitten wird, hat die Salami die Form einer Birne.

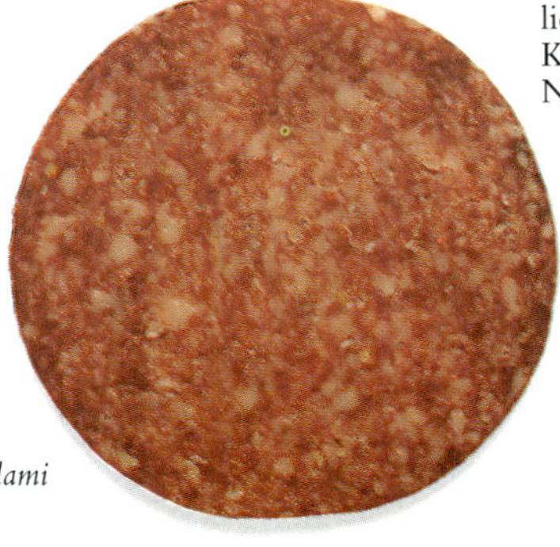

Birnenförmige Salami

Netzsalami

Die frisch abgefüllten Würste werden in Netzen aufgehängt, daher das Muster auf der Wurst und der Name.

Netzsalami

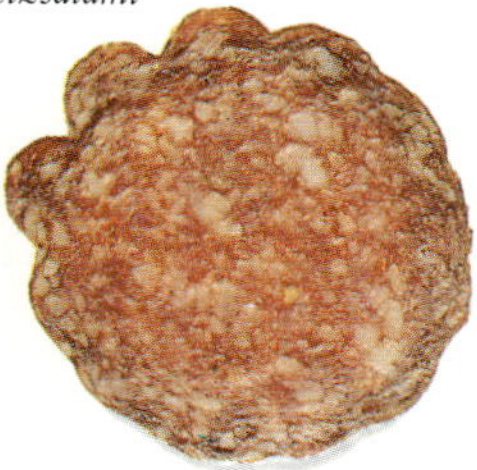

Landsalami

Landsalami besteht aus mit Gewürzen oder Kräutern gemischtem Schweinefleisch.

Landsalami

Edelsalami

Die fette Edelsalami besteht aus einer Schweinefleisch-und-Rindfleisch-Mischung.

Edelsalami

Kielbassa

Die polnische Kielbassa (zu deutsch »Wurst«) wird aus gemahlenem Schweine- und Rindfleisch hergestellt. Sie enthält auch Knoblauch und ist gut gewürzt. Sie ist frisch oder geräuchert erhältlich. Die russische »Kolbasa« ist ähnlich.

Kielbassa

Saucisson fumé

Die großen Saucissons sind luftgetrocknet oder geräuchert Die typische Saucisson fumé besteht aus Schweinefleisch, Speckstücken, Pfefferkörnern, Knoblauch und Kräutern. Die hier abgebildete Wurst bekam zum Schluß eine Kräuterhülle.

Saucisson fumé

ANDERE GERÄUCHERTE WÜRSTE

Kalbfleischwurst
Die Kalbfleischwurst hat eine feine Konsistenz. Sie besteht aus feingemahlenem Kalb-, Jungrind- und Schweinefleisch, Speck und Gewürzen. Sie ist auch mit Pistazien im Handel. Als Aufschnitt.

Zervelat

Die geräucherte Wurst besteht aus feinkörnigem Speck, Rind- und Schweinefleisch. Die Zervelat ist feiner als italienische Salami und nicht so kräftig gewürzt.

Zervelat

Blockwurst

Blockwurst kann nur aus Rindfleisch oder aus Rind- und Schweinefleisch hergestellt werden. Es gibt verschiedene Sorten. Hier abgebildet ist die rundherum mit grobkörnigem Pfeffer bestreute Pfefferblockwurst.

Blockwurst

Salami

Es gibt eine große Auswahl bei den Salamis. Salami kommt nicht nur aus Deutschland, sondern auch aus Italien, Amerika, Dänemark, Ungarn und Frankreich. Alle werden aus rohem Fleisch, sei es Schweinefleisch, Rindfleisch oder einer Mischung aus beiden, hergestellt. Gewürzt sind sie verschieden. Manche enthalten Pistazien, Pfefferkörner oder Koriandersamen. Es gibt auch eine koschere Sorte aus Rindfleisch. Salami kann luftgetrocknet, geräuchert oder beides sein. Sie wird dünn aufgeschnitten verzehrt. In Italien wird sie für manche Gerichte und als Pizzabelag verwendet.

Mailänder Salami

Mailänder Salami

Die italienische Salami wird aus magerem Schweinefleisch, Rindfleisch und Schweinefett hergestellt. Sie enthält Knoblauch, Weißwein und Pfeffer. Mailänder Salami und Salami nach Mailänder Art werden dünn aufgeschnitten als Antipasto serviert.

Toskanasalami

Die Fiorentino ist die bekannteste der toskanischen Salamis, die größer als die meisten Salamis ist. Sie bestehen oft aus Schweinefleisch, unter das magere Fleischstücke und Fett gemischt werden.

Toskanasalami

Salami nach Mailänder Art

Dänische Salami

Die ebenmäßige Salami wird gern als Brotbelag verwendet. Sie besteht aus Schweine- und Kalbfleisch, Gewürzen und manchmal Knoblauch.

Dänische Salami

Französische Pfeffersalami

Schweine- und Rindfleisch werden mit grobkörnigem Fett gemischt und mit ganzen Pfefferkörnern gewürzt.

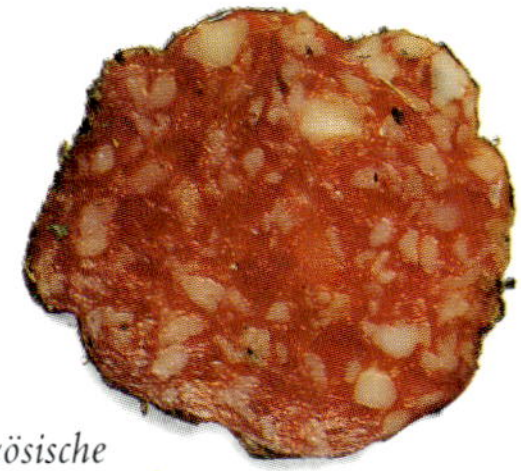

Französische Pfeffersalami

Französische Kräutersalami

Eine kleine, mit Kräutern umhüllte Salami aus Schweine- und Rindfleisch. Fürs Picknick und als Vorspeise.

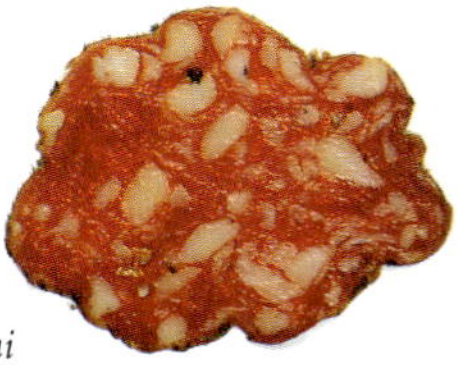

Französische Kräutersalami

Felinetti

Die delikate Salami aus Parma enthält Weißwein, Pfefferkörner und etwas Knoblauch.

Felinetti

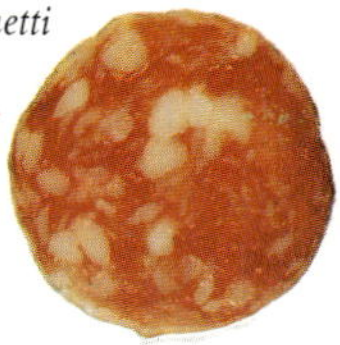

Deutsche Salami

Die deutschen Salamis sind im Gegensatz zu ihren italienischen Schwestern stärker geräuchert und enthalten feingemahlenes Rind- und Schweinefleisch.

Deutsche Salami

Neapolitanische Salami

Die lange, dünne Salami wird aus Rind- und Schweinefleisch hergestellt. Sie ist scharf mit schwarzem und rotem Pfeffer gewürzt.

Neapolitanische Salami

Genueser Salami

Die gern als Vorspeise mit dicken Bohnen servierte Salami enthält Knoblauch, Pfefferkörner, Rotwein und eine Mischung aus Schweine- und Kalbfleisch.

Genueser Salami

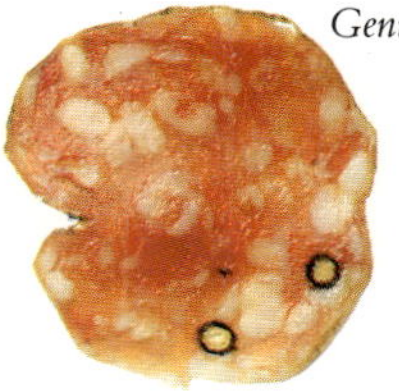

Bauernsalami

Eine grobkörnige Rindfleisch- und Schweinefleisch-Mischung mit Pfefferkörnern und Knoblauch.

Bauernsalami

Landsalami

Landsalami

Die abgefüllten Würste werden mit Bindfaden umwickelt und zum Trocknen und Reifen aufgehängt. Sie enthalten Schweinefleisch, Schweinefett, Knoblauch, Kräuter und Pfefferkörner.

Ungarische Salami

Sehr fettes Schweinefleisch wird mit Gewürzen gemischt. Die Wursthüllen sind leicht geräuchert. Sie schmeckt mit zunehmendem Alter immer besser.

Ungarische Salami

Fleischdauerwaren und Speck

Gepökeltes Rindfleisch

Bug vom Rind wird in Salzlake gepökelt und gewürzt.

Gepökeltes Rindfleisch

Zunge

Meist wird die Zunge vom Rind gesalzen und gebrüht. Kalt und aufgeschnitten wird sie zu Salat gereicht. Sie kann auch geräuchert oder gepökelt werden.

Zunge

Geräucherter Truthahn

Das Fleisch wird in Pökellake gelegt und anschließend geräuchert. Als Aufschnitt.

Geräucherter Truthahn

Bresaola

Die lombardische Spezialität besteht aus gepökeltem und luftgetrocknetem Rindfleisch.

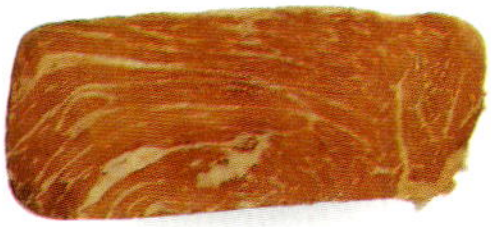

Bresaola

Sülze

Entbeintes Fleisch oder Geflügelfleisch, das in klarer Gelatine eingelagert wird.

Sülze

Rillettes

Gewürzte französische Schweinefleischpastete, mit Schmalz bedeckt, in kleinen Töpfen oder Dosen.

Rillettes

Bologna

Von dieser berühmten Wurst gibt es mehrere Sorten. Bologna besteht hauptsächlich aus feinkörnigem, gekochtem und geräuchertem Schweine- und Rindfleisch.

Bologna

Pastrama

Die rumänische Pastrama besteht aus gepökeltem Ziegen-, Hammel-, Rind-, Schweine- oder Gänsefleisch, das mit Salz, Salpeter, Pfeffer, Muskat, Paprika, Knoblauch und Piment trocken gepökelt und geräuchert wird. Die amerikanische Pastrami (Abb.) ist gepökelte und geräucherte Dünnung vom Rind. Pastrami wird dünn geschnitten als Sandwichbelag verwendet oder warm gegessen.

Pastrami

Ententerrine

Ente, magerer Schinken und Speck werden mit Gewürzen und manchmal Weinbrand gemischt.

Ententerrine

Leberwurst

Leberwurst gibt es in vielen Ländern. Die meisten Sorten bestehen aus feingemahlenem Schweinefleisch, Schweine- oder Kalbsleber, Zwiebeln und Gewürzen. Sie können auch Trüffeln, Pfefferkörner oder Speckstücke enthalten. Die allerseits beliebte Leberwurst ist meist leicht geräuchert und läßt sich gut streichen.

Leberwurst

Gänseleberpastete

Leber von extra dafür gemästeten Gänsen wird mit Gewürzen zu einer feinen, streichfähigen Pâté verarbeitet. Ein Luxusartikel.

Gänseleberpastete

Terrine des Pyrenées

Die mittelkörnige französische Terrine enthält Champignons.

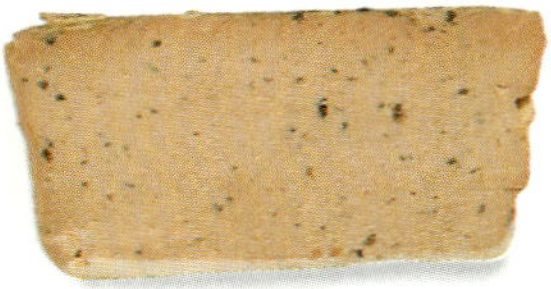

Terrine des Pyrenées

Pâté de Forestier

Die französische Pâté ist gröber als die Terrine des Pyrenées und ist eine echte Pâté, da sie von einem Teigmantel umhüllt ist.

Pâté de Forestier

Frühstücksspeck

Durchwachsener Speck wird oft in Scheiben aufgeschnitten als Frühstücksspeck angeboten. Da die Scheiben gleichmäßig sind, ist er beliebter als Speck am Stück.

Ungeräucherter Frühstücksspeck

Geräucherter Frühstücksspeck

ANDERE FLEISCHDAUERWAREN UND SPECKSORTEN

Bauernspeck
Schweinebauch wird in Salzlake mit Wacholderbeeren gepökelt und anschließend kaltgeräuchert. Am berühmtesten ist der Südtiroler Bauernspeck.

Braunschweiger Leberwurst
Feinzerkleinerte und nach Art der Leberwurst hergestellte Streichwurst.

Bündnerfleisch
Im Schweizer Kanton Graubünden hergestelltes leicht gepökeltes und an der Luft getrocknetes Rindfleisch aus der Keule.

Dutch Loaf
Amerikanische Wurst aus Schweine- und Rindfleisch.

Fenelar
Eine norwegische Spezialität. Hammelkeulen werden einige Tage in Folge mit einer Mischung aus Salz, Salpeter und Zucker eingerieben, in eine süße Lake gelegt und danach geräuchert und an der Luft getrocknet.

Honey Loaf
Eine in den USA erhältliche Wurst aus Schweine- und Rindfleisch, Honig, Gewürzen und Pickles.

Schweinskopfsülze
Gewürfeltes Schweinekopffleisch, das in klarer Gelatine eingelagert ist.

Scrapple
Ein amerikanischer Auflauf aus zerkleinertem Schweinefleisch, Kräutern und Maismehl. Es ist eine Spezialität aus Pennsylvania.

Souse
Schweinefleischstücke mit Dillpickles, rotem Paprika und Lorbeerblättern in einer mit Essig gewürzten Gelatine eingelagert.

Spickgans
Eine pommersche Spezialität. Zusammengebundenes Brustfleisch der Gans wird sechs Tage in Salzlake gepökelt, abgewaschen, getrocknet und zwei bis drei Tage mäßig warm geräuchert.

Canadian Bacon

Der magere Canadian Bacon stammt ebenso wie der spanische Lomo aus der Lende und wird geräuchert oder ungeräuchert angeboten.

Geräucherter Canadian Bacon

Ungeräucherter Canadian Bacon

Canadian Bacon am Stück

Bauchspeck

Wie schon der Name sagt, handelt es sich um geräucherten oder ungeräucherten Schweinebauch.

Geräucherter Schweinebauch

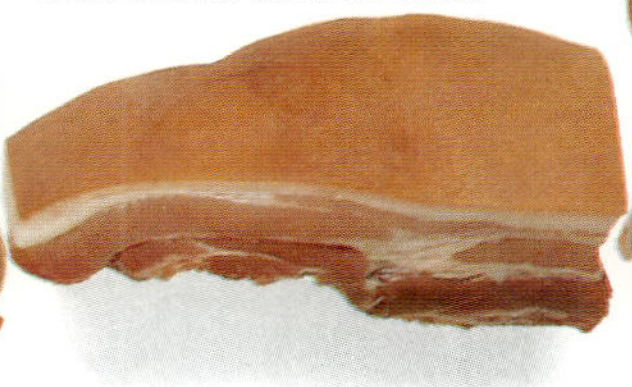

Ungeräucherter durchwachsener Speck am Stück

Schinken

Bayonner Schinken

Fast jede Region in Frankreich hat ihren eigenen gepökelten und geräucherten Schinken. Bayonner Schinken aus dem Baskenland ist einer der bekanntesten französischen rohen Schinken. Die Pökellake enthält Rotwein, Rosmarin und Olivenöl. Wenn der Schinken aus der Lake kommt, wird er in Stroh gewickelt und geräuchert.

Bayonner Schinken

Parma

Der rohe Schinken von hoher Qualität wird in Langhirano bei Parma gepökelt. Die Schinken werden mit einer Mischung aus Salz, Zukker, Nitraten, Pfeffer, Piment, Muskat, Koriander und Senf eingerieben. Sie werden 10 Tage lang zusammengepackt liegengelassen, dann wird der Vorgang wiederholt. Nach dem Reifen werden die Schinken gepreßt, gedämpft und mit Pfeffer abgerieben.

Parmaschinken

Westfälischer Schinken

Westfälischer Schinken gehört wie Parma und Bayonner Schinken zur Gruppe der rohen Schinken. Nach dem Pökeln mit Salz, Zucker und Salpeter wird der Schinken geräuchert und benötigt danach eine lange Reifezeit.

Westfälischer Schinken

Schinken mit Apfelglasur

Entbeinter, gekochter Schinken mit einer Glasur aus Apfelgelee, Zitronensaft und Nelken.

Schinken mit Apfelglasur

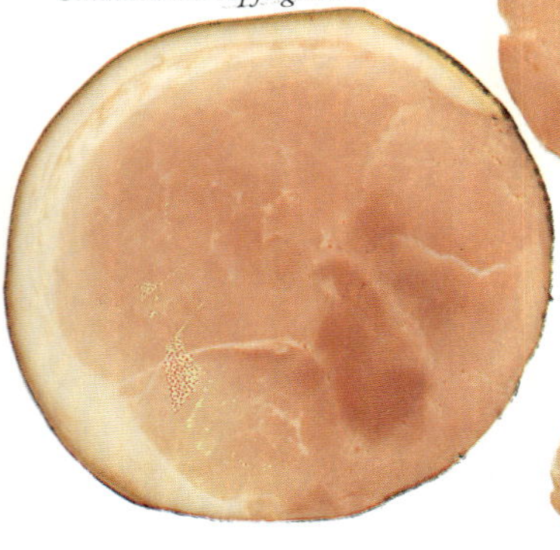

Rollschinken

Entbeinter, gekochter Rollschinken mit Zuckerglasur. Er wird stückweise oder aufgeschnitten verkauft.

Rollschinken mit Zuckerglasur

Ardennenschinken

Der belgische Schinken ist von hoher Qualität und ähnelt im Geschmack dem Parma-, Yorker und Bayonner Schinken.

Ardennenschinken

Yorkschinken

Der englische Schinken hat in der ganzen Welt einen guten Ruf. Er ist fest, zart und wohlschmeckend. Er wird oft trocken gepökelt – anstatt in Salzlake eingelegt – und leicht geräuchert. Der hier abgebildete wurde mit Bröseln bestreut.

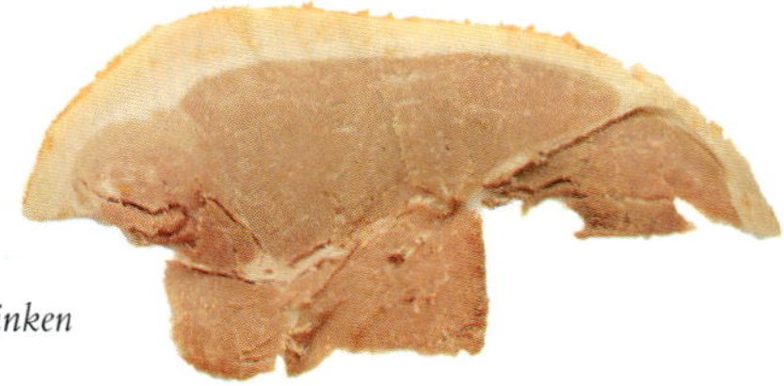

Yorkschinken

Suffolkschinken

Suffolkschinken

Der englische Schinken wird in Melasse und nicht in Salz gelegt. Dadurch wird seine Haut schwarz.

Smithfields

Der amerikanische Schinken ist nach der Stadt in Virginia benannt, in der das für ihn typische Pökelverfahren erfunden wurde. Der Virginiaschinken ist dem Smithfields ähnlich. Die Schinken werden zweimal mit Salz und Salpeter abgerieben, gewaschen und stark mit Hickoryholz geräuchert. Sie werden dann mit Pfeffer abgerieben und 18 Monate gereift.

Bradenhamschinken, aufgeschnitten

Ganzer Smithfields-Schinken

Smithfields, aufgeschnitten

Ganzer Bradenhamschinken

Bradenhamschinken

Der Schinken stammt aus dem englischen Chippenham. Er ist trocken gepökelt und mit Gewürzen und Melasse behandelt (dadurch bekommt er seine charakteristische schwarze Haut). Dann wird er zum Reifen aufgehängt.

ANDERE SCHINKEN

Devilled Ham
Englisches Fertigprodukt aus feingemahlenem Schinken.

Irischer Schinken
Er ist meist trocken gepökelt und über Torffeuer geräuchert. Die bekanntesten Sorten sind die Schinken aus Limerick und Belfast.

Kentuckyschinken
Ein trocken gepökelter Landschinken, der auch während seiner Reifezeit mit Pökellake behandelt wird.

Seager Schinken
Der Schinken aus Suffolk kommt in eine Pökellake mit Sirup, wird dann getrocknet, geräuchert und gereift.

Innereien

Seit Jahrhunderten hat sich die Menschheit Innereien sowohl schmecken lassen als auch deren Verzehr verdammt. Denn man glaubte, daß Innereien wie Hirn und Herz Schwermütigkeit hervorrufen. Der Kopf, besonders der Kopf eines Keilers, galt nach der Jagd – wie der Fuchsschwanz– auch als Symbol des Sieges. Viele Menschen essen immer noch sehr ungern Hirn, Bries und Kaldaunen. Und noch viel mehr Menschen können nicht einmal sagen, wo Schweinsnetz, Gekröse und Gedärme zu finden sind. Einige der Innereien haben sich aus sozialen Gründen als unbeliebt erwiesen. Andere, wie z. B. Leber und Nieren vom Kalb, standen immer hoch im Kurs.

Innereien in der Küche

Innereien sollten so frisch wie möglich gekauft werden. Sind sie alt, sehen sie dunkler und trocken aus.

Hirn, Bries und Zunge müssen vor der Zubereitung gewässert werden. Hirn wird in kaltes Wasser gelegt, bis alles Blut ausgeschwemmt ist. Anschließend sollten Arterien und faserige Strukturen entfernt werden. Bries wird gut eine Stunde gewässert, dann in Essigwasser blanchiert (Lammbries circa sieben und Kalbsbries etwa zehn Minuten). Eine frische Zunge wird eine Stunde in Essigwasser gelegt, eine gepökelte Zunge wässert man über Nacht in Leitungswasser. Kleine Exemplare werden zehn Minuten blanchiert, größere dreißig Minuten. Anschließend werden sie in kaltes Wasser getaucht und enthäutet.

Rinder- und Schweinenieren können etwa dreißig Minuten in Essigwasser gelegt werden. Leber, Kaldaunen, Kalbsfüße, Herz, Hirn und Kopf werden meist vom Metzger vorbereitet. Kalbs- und Schafsköpfe können entbeint oder im ganzen zubereitet und serviert werden. Meist kommen Köpfe jedoch in Stücke zerteilt mit passenden Saucen und mit in Scheiben geschnittener Zunge oder Hirn auf den Tisch. Schweinskopf wird für Schweinskopfsülze und Wurst verwendet. Kalbs- und Schweineohren können gegrillt oder gefüllt werden. Die Füße von Kalb und Schwein enthalten viel Gelatine und dicken Brühen ein. Sie können entbeint, gefüllt und gebraten und für Sülze verwendet werden. Schwänze können geschmort oder gekocht werden, Schafsschwanz kommt in eine Pie, Ochsenschwanz enthält viel Gelatine und ist sehr wohlschmeckend. Er wird am besten geschmort oder in Suppen gekocht.

Zu den Innereien gehört auch die Milz (Schweinemilz wird bei der Wurstherstellung gebraucht, Rinder- und Kalbsmilz können gefüllt werden), und Gedärme (Schweinedärme dienen als Wursthäute, in den Südstaaten der USA werden sie mit Kohlgemüse serviert). Kalbsgekröse wird ebenfalls bei der Wurstherstellung verwendet, kann aber auch gebraten oder wie Kutteln zubereitet werden. Lungen werden geschmort. Schweinsnetz wird als Hülle für Crépinettes verwendet (siehe Seite 207).

Hirn

Die Favoriten Lamm- und Kalbshirn sind blaßrosa und von delikater Konsistenz. Sie werden oft sautiert oder zerkleinert und gebraten oder kommen in eine Suppe. Kalbshirn wird manchmal auch mit einer Buttersauce *(Beurre noir)* serviert oder im Teigmantel schwimmend ausgebacken.

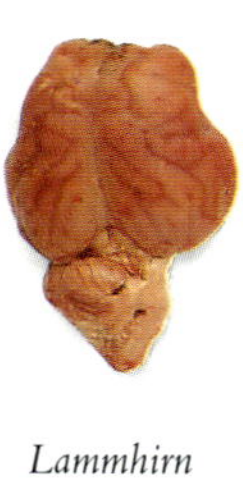

Lammhirn

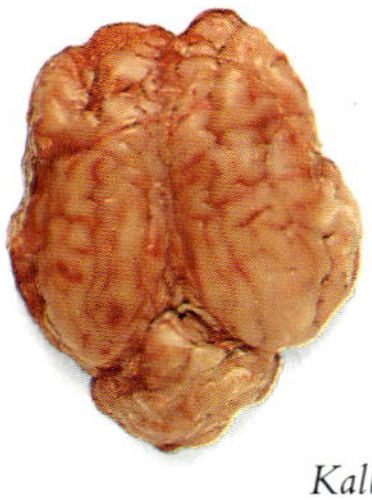

Kalbshirn

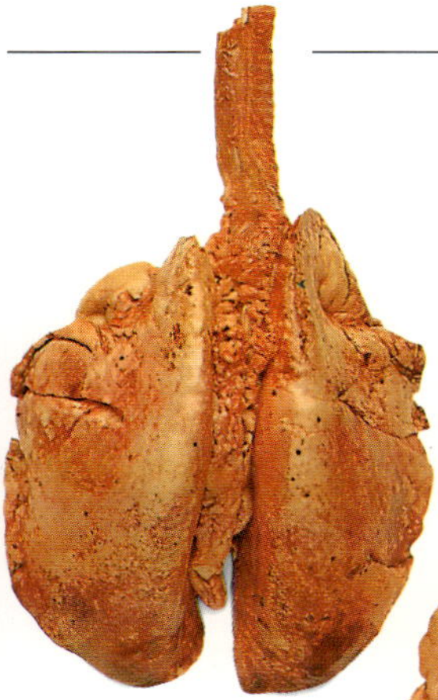

Lammlunge

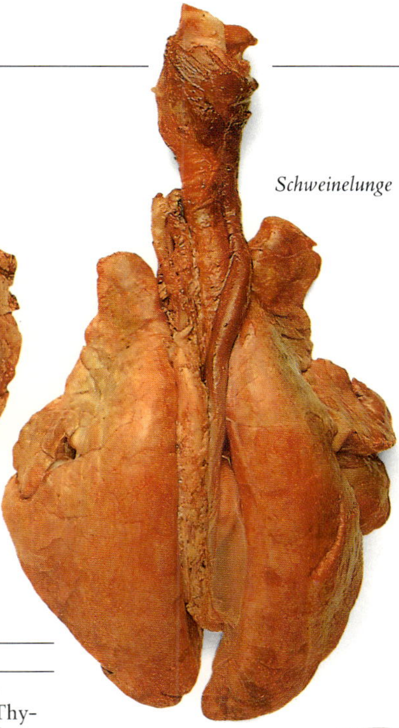

Schweinelunge

Lunge

In Großbritannien und Amerika werden Lungen von Schlachttieren meist zu Tierfutter verarbeitet. In anderen Ländern werden daraus Gerichte zubereitet. Da sie nicht sehr gehaltvoll sind, werden sie mit einer nahrhaften Sauce serviert oder in Eintöpfen mitgekocht. Ferner werden sie bei der Herstellung von Leberpastete als Zutat verwendet.

Milz

Hier abgebildet ist die Schweinemilz. In westlichen Ländern wird sie bei der Tierfutterherstellung verwendet. Man kann sie durchaus auch auf den Tisch bringen; bei Feinschmeckern ist die Milz jedoch nicht besonders beliebt. Sie wird zu Würsten (z. B. Milzwurst) verarbeitet oder mit Herz und Lunge in Eintöpfen gekocht. Rinds- und Kalbsmilz können gefüllt werden.

Bries

Unter Bries versteht man die Bauchspeicheldrüse und die Thymusdrüse junger Tiere. Die Franzosen kennen es als *Ris de veau.* Es sieht recht blaß aus, ist aber delikat im Geschmack. Die Bauchspeicheldrüse ist rundlich, die Thymusdrücke länglich (siehe Abbildung). Vor der Zubereitung muß Bries gut gewaschen und gewässert werden. Es kann geschmort, gebraten oder sautiert werden. Oft wird eine Buttersauce *(Beurre noir)* dazu serviert. Rezepte für Kalbs- und Lammbries sind meist austauschbar.

Kalbsbries

Schweinemilz

Kaldaunen oder Kutteln

Kaldaunen stammen aus den zwei Mägen (Pansen und Netzmagen) vom Rind. Netzmagenkaldaunen sind im allgemeinen zarter. Kaldaunen werden gesäubert, gewaschen und blanchiert, manchmal auch schon gekocht verkauft. Sind sie ungekocht, müssen Sie mit einer langen Garzeit bei geringer Hitzezufuhr rechnen. Klassische Kaldaunenrezepte sind: *Tripes à la mode de Caen,* Kaldaunen auf Troyer Art, Königsberger Fleck und Kaldauneneintopf mit Zwiebeln.

Kaldaunen

Augäpfel

Im Nahen Osten gelten Augäpfel, besonders Schafsaugen (siehe Abbildung), als Delikatesse. Sie werden gewöhnlich erst nach dem Braten oder Kochen des Kopfes ausgelöst und sofort mit oder ohne zusätzliche Sauce und Gewürze verzehrt.

Schafsaugen

Herz

Herz ist sehr nahrhaft, und es fällt kaum Abfall an. Lamm- und Kalbsherzen haben den besten Geschmack und eignen sich zum Füllen. Schweineherzen sind größer und etwas gröber in der Konsistenz. Rinderherzen sind nicht besonders zart. Alle müssen lang bei geringer Hitzezufuhr gekocht werden.

Schweineherz

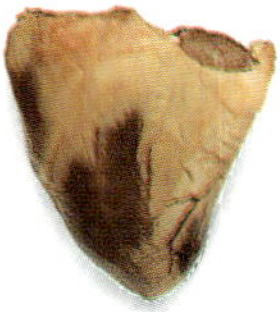

Lammherz

Hühnerherz

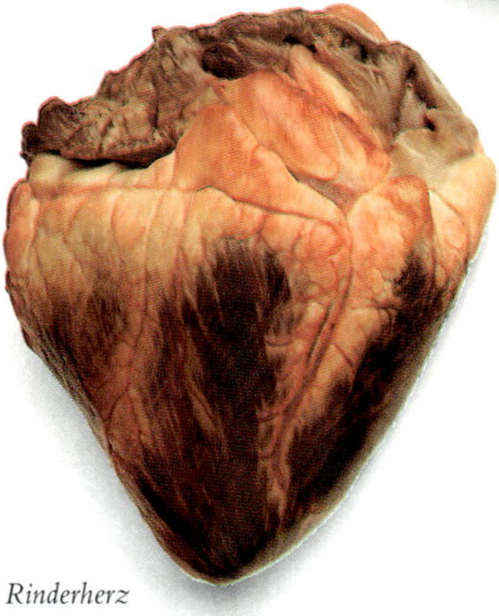

Rinderherz

Markknochen

Die Röhrenknochen der Rinder und Kälber enthalten eine weiche, fette Substanz, das Mark. Es wird erst nach dem Kochen der Knochen ausgelöst. Mark wird für Saucen, Suppen, Eintöpfe und Risottos verwendet. Es kann auch warm auf Brot als Vorspeise verwendet werden.

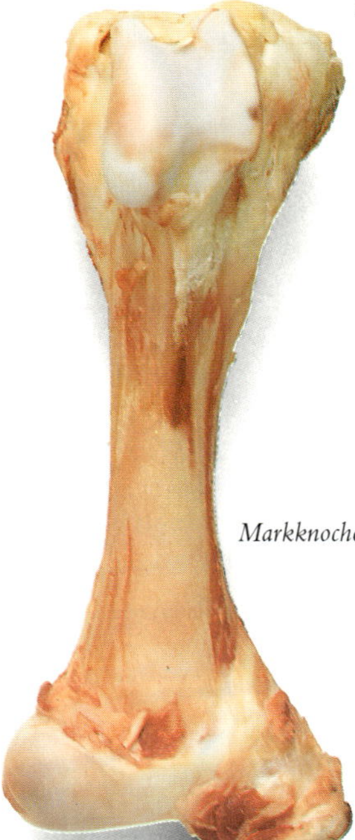

Markknochen vom Rind

Schwänze

Sie sind schmackhaft, nahrhaft und relativ preiswert. Sie werden gehäutet und meist in Stücke zerteilt zur Verwendung in Suppen und Eintöpfen verkauft. Ochsenschwanz sollte cremig weißes Fett, dunkelrotes Fleisch und nicht mehr Fett als Fleisch aufweisen. Sie enthalten viel Gelatine und sollten am besten als Schmorgericht oder Suppe zubereitet werden.

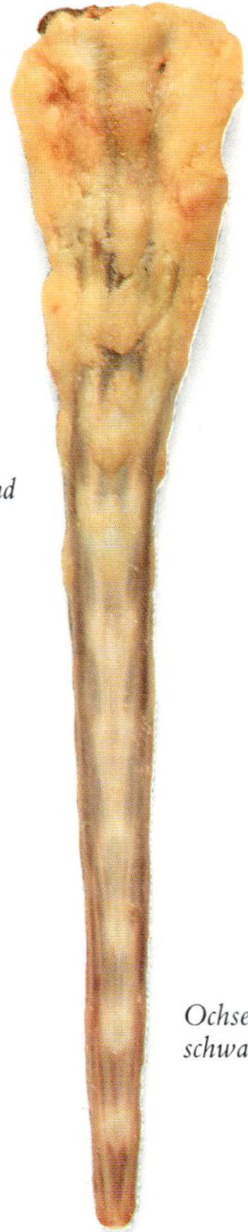

Ochsenschwanz

Schweineschwanz

Zunge

Zunge ist tischfertig, frisch, geräuchert oder gepökelt im Handel. Meist bereitet man sie selbst zu und ißt sie warm oder kalt, mit oder ohne Sauce. Gepökelte Zunge wird gekocht, gepreßt und kalt als Aufschnitt verwendet. Frische Zunge kann mit Wein geschmort oder gekocht mit verschiedenen Beilagen serviert werden. Rinder- und Kalbszungen sind die gängigsten. Lammzunge ist die zarteste.

Rinderzunge

Kalbszunge

Lammzunge

Rinderzunge (gepökelt)

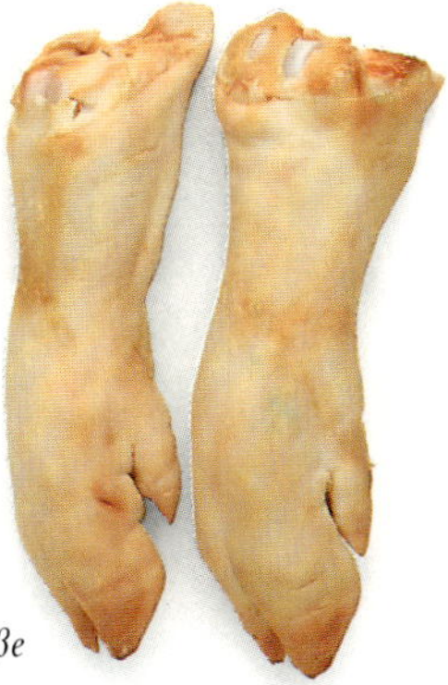

Schweinsfüße

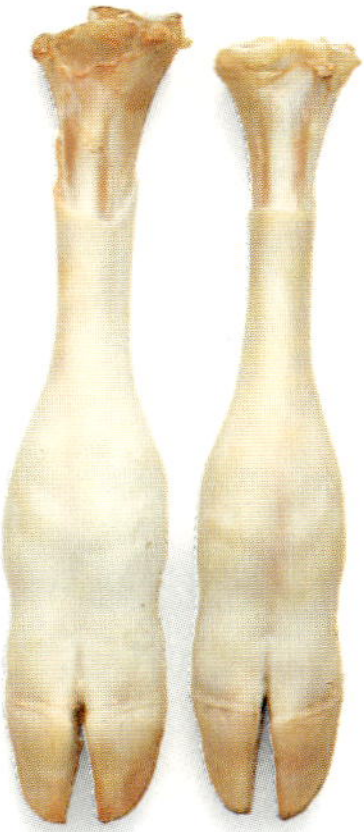

Kalbsfüße

Füße

Schweins- und Kalbsfüße werden im ganzen oder halbiert gekauft. Sie enthalten viel Gelatine und werden für Brühe, Consommé und Aspik verwendet. Sie können gegrillt und warm mit einer Sauce verzehrt werden. Sie werden in Schweinskopfsülze und Eintöpfe gegeben. In Aspik eingelegt werden sie kalt gegessen, oder man entbeint, füllt und brät sie.

ANDERE INNEREIEN

Gekröse
Unter Gekröse versteht man vor allem die Därme des Kalbes und das sie umhüllende Bindegewebe. Gekröse wird bei der Wurstherstellung verwendet, kann aber auch gebraten oder wie Kaldaunen zubereitet werden.

Hoden
Hoden von Lamm und Kalb können im Teigmantel fritiert, sautiert oder in einer Courtbouillon gekocht und mit einer Vinaigrette serviert werden.

Kopf
Schweinskopf wird zur Herstellung von Wurst und Schweinskopfsülze verwendet. Er wird oft – ohne Zunge und Hirn – gekocht oder mariniert. Kalbs- und Schafsköpfe werden vom Metzger ausgebeint oder im ganzen verkauft. Sie können im ganzen oder in Stücke zerteilt zubereitet werden. Man serviert sie meist mit einer Sauce. Geräucherte Schweinebacken werden gekocht und wie Schinken kalt gegessen.

Schweinedärme
Därme vom Schwein werden oft bei der Wurstherstellung verwendet. Sie sind besonders in Frankreich und in Amerika beliebt. Sie können auch gegrillt oder gebraten werden.

Leber

Die an Eisen reiche Leber ist in westlichen Ländern von allen Innereien wahrscheinlich die beliebteste. Hier abgebildet sehen Sie die Lebern verschiedener Schlachttiere. Die feinste in Qualität und Geschmack und auch die teuerste ist die Kalbsleber. Außer der Rinderleber, die meist gedünstet oder geschmort wird, können alle gebraten oder gegrillt werden. Die beste Zubereitungsart für Leber ist jedoch das Sautieren, da sie dabei nicht austrocknet. Lammleber ist kräftiger im Geschmack und nicht so zart wie Kalbsleber. Im Nahen Osten wird sie am Spieß gebraten. Rinderleber ist preisgünstig, kräftig im Geschmack, aber meist etwas zäh. Schweineleber ist ebenso kräftig im Geschmack und wird – wie Hühner- und Gänseleber auch – bei der Herstellung von Pâtés verwendet.

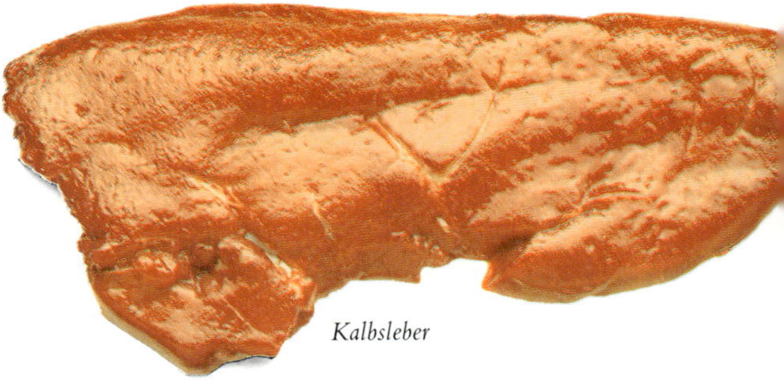

Kalbsleber

Rinderleber

Gänseleber

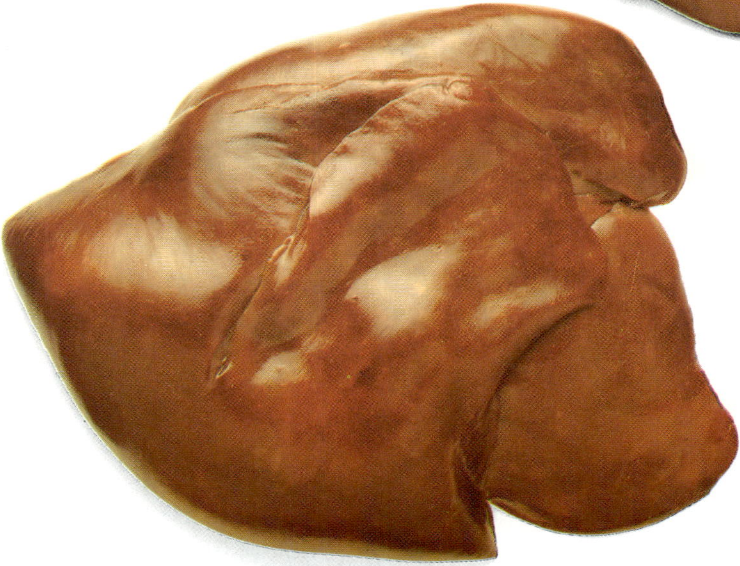

Schweineleber

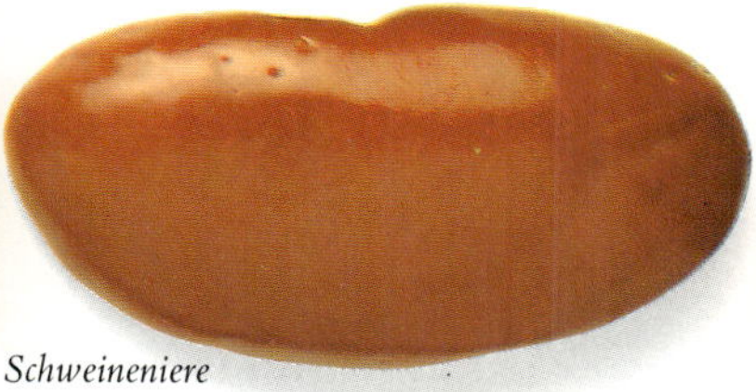
Schweineniere

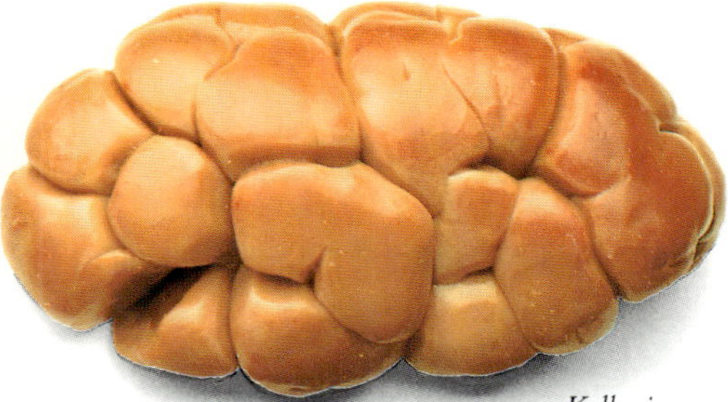
Kalbsniere

Hühnerleber

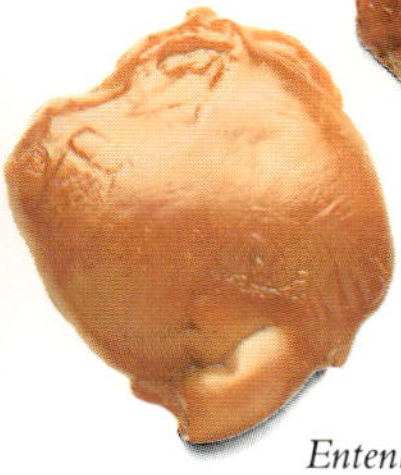
Entenleber

Rinderniere

Truthahnleber

Lammniere

Lammleber

Niere

Nieren haben einen kräftigen, charakteristischen Geschmack. Für Kenner gehören sie zu den Delikatessen. Kalbsnieren sind die zartesten. In Frankreich werden sie mit Madeira zubereitet. Die Belgier kochen sie mit Gin und Wacholderbeeren. In Großbritannien gibt es sie in Steak und Kidney Pie oder Steak und Kidney Pudding. Lammnieren schmecken kräftiger als Kalbsnieren. Die Haut sollte vor dem Garen entfernt werden. Kalbs- und Lammnieren können in Scheiben geschnitten gegrillt, gebraten oder auch sautiert werden. Rindernieren haben eine gröbere Konsistenz und werden für Pies und Gerichte mit langen Garzeiten verwendet. Schweinenieren haben dieselbe Form wie Lammnieren, sind aber größer und schmecken kräftiger. Sie werden gegrillt oder gedünstet verzehrt oder für die Herstellung von Terrinen verwendet.

Fleisch

Schon seit Urzeiten ist Fleisch Bestandteil der menschlichen Ernährung. Heute jedoch wird über die Bedeutung von Fleisch neu nachgedacht. Man muß sich fragen, ob Fleisch als Eiweißquelle wirklich so wichtig ist, oder ob ethische Bedenken und Nachteile wie hoher Cholesteringehalt und hohe Preise nicht überwiegen. Fleisch macht immer noch den größten Posten im Haushaltsbudget aus. Deshalb sollte man ein paar Gedanken auf Auswahl und Zubereitung verschwenden.

Der Großteil des Fleisches, das wir in unseren Rezepten verwenden, stammt vom Rind, Schaf und Schwein. Sie liefern uns Rind- und Kalbfleisch, Hammel-, Lamm- und Schweinefleisch. Diese Fleischsorten kommen in allen Küchen der Welt auf den Tisch. Es gibt jedoch regionale Präferenzen, und sowohl Religion als auch Klima können sich auf die Fleischwahl auswirken. In manchen Ländern wird die Palette durch Pferde-, Ziegen- und Rentierfleisch ergänzt.

Schlachttiere sind heutzutage weitgehend das Produkt selektiver Zucht und Mast. Sie werden mit Sorgfalt gezüchtet, damit sie hochwertiges Fleisch liefern und spezifische Bedürfnisse befriedigen: Heute besteht eine große Nachfrage nach magerem und zartem Fleisch. Moderne Rinder, Schafe und Schweine haben viel Fleisch, sind jedoch im Vergleich zu ihren Vorfahren von gedrungener Gestalt. Das zarteste und magerste Fleisch stammt aus dem Rükken und den Hintervierteln der Tiere.

Fleischstücke

Die Wünsche der Verbraucher, religiöse Bräuche und die Anatomie der Tiere bestimmen, wie der Metzger das Tier zerlegt. Klima, Beruf und die Verwendung lokaler Ingredienzen wie Kräuter, Früchte und Gemüse wirken sich auf die Zubereitungsmethoden aus und somit auf die Nachfrage nach bestimmten Fleischstücken. Schlachttechniken sind von Land zu Land und manchmal sogar von Stadt zu Stadt verschieden. Dasselbe gilt für die Bezeichnung der Fleischstücke. Eine Ausnahme bildet hier Amerika, das in den siebziger Jahren eine Standardisierung einführte. Bei uns kann ein und dasselbe Stück über zwanzig verschiedene Namen haben. Beispielsweise ist Oberschale vom Rind auch als Binnerspalt, Binner, Binderspalt, Eckle, hohles Frikandeau, Klappe, Kluft, Hochbalg, Euterschale, Oberstoß, Pastetenstück, Rouladenstück, Scherzel usw. bekannt. Fleisch von bestimmten Teilen des Tieres kann nach örtlichem und religiösem Brauch zerlegt und zubereitet werden.

Auswahl von Fleisch

Fleisch ist ein natürliches Produkt, dessen Qualität von Tier zu Tier verschieden ist. Geschmack, Struktur und Aussehen des Fleisches werden von der Rasse und dem Futter, das das Tier erhalten hat, bestimmt. Es ist nicht richtig, daß nur Fleisch mit etwas Fett schmackhaft ist. Das Fett verleiht dem Fleisch jedoch einen charakteristischen Geschmack und läßt es beim Braten nicht austrocknen.

An der Farbe läßt sich die Qualität des Fleisches nicht ablesen. Die Verbraucher nehmen meist helles Fleisch, z. B. hellrotes Rindfleisch, weil sie annehmen, daß dieses Stück frischer ist als ein dunkelrotes. Frisch geschlachtetes Rind ist hellrot, weil der rote Muskelfarbstoff Myoglobin von Luftsauerstoff chemisch verändert wird. Myoglobin wird nach ein paar Stunden in Metamyoglobin umgewandelt, und das Fleisch wird dunkelrot bis bräunlich. Die Farbe des Fettes ist bei Lamm weiß und bei Rind gelb. Das liegt am Futter, an der Rasse und bis zu einem bestimmten Grad auch an der Jahreszeit. Wenn Sie wissen, aus welcher Körpergegend ein bestimmtes Fleischstück stammt, dann wissen Sie auch etwas über Qualität und Beschaffenheit des Fleisches. Verschiedene Fleischteile sind auf den folgenden Seiten beschrieben. Im allgemeinen kann man sagen, daß die magersten und besten Stücke aus dem Hinterviertel stammen. Die weniger zarten finden sich im Vorderviertel. Viele Menschen sind der Meinung, daß diese Stücke (z. B. Nacken und Beine) mehr Geschmack haben. Sie erfordern jedoch längere Garzeiten und eignen sich zum Schmoren und Dünsten.

Im allgemeinen ist das Fleisch von jungen Tieren zarter. Da die Zartheit eine so große Rolle spielt, wird den Tieren vor dem Schlachten mitunter Papain injiziert, das Fasern und Muskeln weich macht. Dies beschleunigt jedoch nur den besseren natürlichen Prozeß. Denn Fleisch enthält eigene eiweißabbauende Enzyme, die während der Reife allmählich die Zellwände aus Protein zersetzen. Deshalb wird Fleisch 10 bis 20 Tage bei bestimmter Temperatur und Feuchtigkeit abgehangen, bevor es verkauft wird. Länger gereiftes Fleisch ist teurer, denn die Kosten für die Kühlung sind hoch, und aufgrund von Verdunstung und Entfernen der harten Ränder schrumpft das Fleisch zusammen.

Verwendung von Fleisch

Fleisch ist ein vielseitig verwendbares Produkt, das auf unterschiedlichste Weise zubereitet werden kann. Es kann mit fast allen Kräutern, Gemüse- und Obstsorten kombiniert werden. Wie das Fleisch schmeckt, hängt von dem Teilstück, der Zubereitungsmethode, -temperatur und -zeit ab. Rohes Fleisch läßt sich schwer kauen, da die Muskelfasern ein elastisches Protein (Kollagen) enthalten, das erst beim Durchdrehen (wie bei Tatar) oder beim Kochen weich wird. Während des Kochvorgangs gerinnt das Eiweiß im Fleisch mit steigender Temperatur allmählich. Bei 77° C ist der Gerinnungsprozeß beendet; das Protein wird härter, und weiteres Garen macht das Fleisch nur zäher.
Da Zartheit und Wohlgeschmack erreicht werden sollen, muß das Verhältnis von Kochzeit zu Temperatur stimmen. Im Prinzip bleibt der Saft beim langsamen Garen erhalten, und das Fleisch wird zarter, als wenn es nur kurz bei einer hohen Temperatur zubereitet wird. Beim Grillen von Steaks ist jedoch eine hohe Temperatur wichtig. Damit sie außen knusprig braun und innen saftig und rosa sind, müssen sie kurze Zeit bei starker Hitze gegrillt werden, sonst fällt das Ergebnis nicht wie gewünscht aus. Bei zähen Fleischstücken wie Brust oder bei Teilen mit viel Bindegewebe wie Lammnacken wird das Gewebe durch langes Kochen gelatineartig und trägt dazu bei, daß das Fleisch zarter wird.
Fleischstücke, die Knochen enthalten, brauchen längere Garzeiten, da Knochen schlechte Wärmeleiter sind. Zähere Teilstücke schmort oder dünstet man am besten. Durch Einlegen in Wein- oder Weinessigmarinade wird das Fleisch zarter, und es erhält zusätzlich Geschmack. Brät man Fleisch vor dem Schmoren in heißem Fett an, bekommt es eine knusprige Kruste, die durch die Gerinnung des Eiweißes entsteht. Dabei werden aber – im Gegensatz zur allgemeinen Annahme – die Säfte nicht eingeschlossen. Wird Fleisch zu lange bei hohen Temperaturen gebraten, gehen Saft und Fett durch Verdunsten und Zusammenziehen des Fleisches verloren. Wurde das Fleisch vor dem Garen gesalzen, wird der Feuchtigkeitsverlust beschleunigt, da Salz Wasser absorbiert. Fleischknochen, besonders Rinderknochen mit viel Mark, verleihen Suppen und Eintöpfen Geschmack. Kalbsknochen enthalten Gelatine, erhöhen den Nährwert und binden Saucen und Suppen. Fett kann ausgelassen und zum Braten oder in bestimmten Rezepten verwendet werden.

Zubereitung von Fleisch

Die Zubereitung von Fleisch läßt sich grob gesprochen in die folgenden Kategorien einteilen: schnelles Garen bei mittlerer bis hoher Hitze – wie beim Grillen; Braten auf dem Rost und Braten in der Pfanne (geeignet für Steaks, Koteletts, Kalbsschnitzel und Kebabs); Garen bei mittlerer Hitze – wie beim Braten oder Braten auf dem Spieß (geeignet für Hüfte, Lammkeule, Fleischteile von Schwein und Kalb); langsames Garen mit Flüssigkeit – wie Schmoren und Dünsten (geeignet für Flanke, Keule, Beinfleisch und Nacken). Geschmortes und gedünstetes Fleisch kann problemlos aufgewärmt werden, während kalter Bratenaufschnitt sich nicht dafür eignet. Manche Gerichte sind durchgezogen und beim zweiten Mal noch viel besser. Fleischgerichte sollten allerdings nur einmal und wenn, dann durch und durch warm gemacht werden.
Fleisch, das man zum Kochen vorbereitet, sollte nicht gewaschen werden. Wischen Sie die Oberfläche mit einem feuchten Tuch ab. Verwenden Sie bei Braten ein Fleischthermometer. Viele haben außer der Temperaturskala auch eine Skala für die Fleischsorte und das Teilstück. Das Thermometer zeigt die Temperatur im Innern des Fleischstückes an. Fleisch, das tranchiert werden muß, sollte fünfzehn Minuten ruhen, damit es seine Elastizität verliert, sich besser schneiden läßt und der Saft nicht so schnell austritt. Tranchieren Sie Ihr Fleisch auf einem Brett oder Geschirr mit rutschfester Oberfläche, das gleichzeitig den Saft auffängt. Verwenden Sie eine Tranchiergabel und ein scharfes Messer, damit das Fleisch nicht entlang der Faser reißt.

Rind- und Kalbfleisch

Das Hausrind, von dem wir unser Rindfleisch beziehen, ist das Zuchtergebnis von Tausenden von Jahren. Die Vorfahren unserer Rinder waren die wilden Auerochsen *(Bos primigenius)*, die erstmals um 6000 v. Chr. in Anatolien und Griechenland domestiziert wurden. Die Rasse war so dauerhaft, daß der letzte Auerochse noch 1627 in Polen lebte. Die Griechen und Römer würzten ihre Rindfleischgerichte mit viel Pfeffer und anderen Gewürzen – nicht, weil das Fleisch nicht frisch oder schmackhaft war, sondern weil Gewürze ebenso wie Rindfleisch zu den Luxusartikeln gehörten. Diese edlen Zutaten wurden in der Küche zu besonderen Anlässen verwendet und waren ein Zeichen für den Wohlstand der Gastgeber.

Rindfleisch in Europa

Rindfleisch war schon immer teuer. Im Mittelalter standen ab und zu gepökeltes Schweinefleisch und Hammel auf dem Speisezettel des einfachen Mannes. Rindfleisch war das Privileg der reichen Leute. In England hielten Bauern Rinder- und Schafherden, von denen nur einige Tiere vor Wintereinbruch geschlachtet wurden. Ein Teil des Rindfleischs wurde frisch gegessen, der Rest für die kommenden Monate gepökelt. Schon im 18. Jahrhundert hatten die Engländer den Ruf, Rindfleischesser zu sein. Gewaltige Braten wurden auf Spießen über einem Feuer gebraten. Das könnte darauf hindeuten, daß kleinere Fleischteilstücke nicht bekannt waren oder ignoriert wurden. In London wurde dann jedoch das Beefsteak eingeführt – in mancher Hinsicht eine kulinarische Revolution.
In Frankreich schenkte der Feinschmecker Brillat-Savarin dem *Bifteck* seine besondere Aufmerksamkeit. In Frankreich wie in London wurden die Zerlegtechniken allmählich verbessert, doch nur die Metzger in den Städten konnten ein Steak für den Grill schneiden. Ein Steakliebhaber schrieb: »Es scheint, daß die Metzger auf dem Land noch nicht hinter die Geheimnisse des richtigen Zerlegens gekommen sind.«

Rindfleisch in Amerika

Rindfleisch war in Amerika seit jeher das meistgefragte Fleisch. Schon Mitte des 19. Jahrhunderts war das Steak das beliebteste Fleischstück. Oft wurde es den Reisenden in den Kneipen der Poststationen, den sogenannten »porterhouses« aufgetischt. Das Verlangen der Amerikaner nach Rindfleisch wurde durch die erfolgreiche Einführung spanischer Rinder in Texas gestillt. Die Rasse (Texas Longhorns), die Andalusiens Hitze und Wasserknappheit auszuhalten vermochte, überstand auch die Strapazen des Viehtriebes zu den Eisenbahnzentren, wo die Tiere verladen wurden. Die Rinder versorgten die Amerikaner mit ihrem Lieblingsfleisch, und die Cowboys verhalfen einer beliebten Zubereitungsmethode zum Durchbruch, dem Grillen auf dem Barbecue. Die Texas Longhorns, einst das Rückgrat der amerikanischen Fleischwirtschaft, sind längst von fleischigeren Rassen aus England ersetzt worden. Heute ist Amerika und nicht mehr England die Nation der Rindfleischesser. Amerika importiert mehr Rindfleisch als alle anderen Länder der Erde, und jeder Amerikaner verzehrt pro Jahr etwa 29 kg Rindfleisch in Form von Hamburgern, Sirloin-, T-Bone- und Porterhouse-Steaks.

Auswahl und Verwendung von Rindfleisch

Die Fleischteilstücke sind von unterschiedlicher Beschaffenheit und reichen vom zarten Filetsteak bis zur zähen Brust. Beim Rind gibt es eine größere Anzahl unterschiedlicher Teilstücke als bei anderen Schlachttieren. Obwohl die Bezeichnungen für die Stücke regional verschieden sein können, wird jede Rinderhälfte in bestimmte Fleischteilstücke zerlegt, wovon jedes aus Muskeln, Fett, Knochen und Bindegewebe besteht. Die Muskeln aus dem Inneren des Tieres, die am wenigsten entwickelt sind, werden gebraten oder gegrillt. Mageres Fleisch stammt aus stärker entwickelten äußeren Muskeln. Ausnahmen sind Rippen- und Lendenstücke, die zwar aus äußeren, aber im Grunde wenig bewegten Muskeln geschnitten werden. Wissen Sie, aus welchem Teil des Körpers das Fleischstück stammt, dann können Sie auch die richtige Zubereitungsmethode wählen. Ein Vorderviertel wiegt normalerweise 70–86 kg. Bei uns wird es in folgende Stücke zerlegt: Hals (oder Nacken), Fehlrippe, Hochrippe, Querrippe, Brustkern, Brustspitze, Bug (oder Schulter) und Hesse (Beinfleisch). Nacken besteht aus durchwachsenem Muskelfleisch und ergibt herrliches Gulasch oder auch einen Braten. Er muß länger gegart werden. Die Fehlrippe ist ein bewährtes Gulaschfleisch mit ausgewogenem Fettanteil. Sie eignet sich zum Braten und Kochen, muß aber länger gegart werden. Die Hochrippe von Jungtieren liefert Steakfleisch zum Grillen. Ansonsten schätzt man sie als Kochfleisch und Schmorbratenstück. Die Querrippe enthält in ausgewogenen Teilen Fleisch, Fett und Knochen. Sie gehört in Suppen, Eintöpfe und Schmortöpfe. Längere Garzeiten sind erforderlich. Brustspitze und Brustkern ist festes und mit Fett durchzogenes Fleisch. Sie wird angeboten wie gewachsen (mit Knochen) oder ohne Knochen als Rollbraten. Aus der Schulter werden Braten, Schmorbraten und Geschnetzeltes geschnitten. Das Beinfleisch mit dem begehrten Markknochen ist ideal zum Kochen und zum längeren Schmoren.

Das Hinterviertel wiegt normalerweise zwischen 68 kg und 82 kg. Daraus stammen Roastbeef, Hüfte, Filet, Kugel, Unterschale, Oberschale, Dünnung oder Bauchlappen (zum Kochen, der dicke Teil auch für Gulasch und Geschnetzeltes), Hesse, Schwanz (zum Schmoren und für Suppen) und Schwanzrolle (für Spieß- oder Sauerbraten). Porterhouse-, T-Bone-, Filet-, Rump-, Entrecôte- und Chateaubriand-Steak stammen alle aus dem Hinterviertel. Aus Ober- und Unterschale stammt Schmor- und Bratenfleisch, aus der Oberschale auch Fleisch für Kurzgebratenes. Schmor- und Bratenfleisch gibt es auch aus der Kugel. Fleisch aus der Hüfte eignet sich zum Braten und Kurzbraten.

KALBFLEISCH

Unter Kalbfleisch versteht man das Fleisch von Mastkälbern, die gewöhnlich im Alter von 4–10 Wochen, maximal 12 Wochen geschlachtet werden. Das Fleisch ist teuer, denn die Jungtiere werden nach speziellen Methoden aufgezogen, und viele werden ausschließlich mit Milch gefüttert.

Die Verbindung von Milch und Kalbfleisch geht auf die Normannen zurück, die Kalbfleisch mit Milch und Mandeln kochten. Sie brachten den englischen Köchen bei, aus Kalbfleisch, Eiern, Milch und Gewürzen *Veel bukkenade* zuzubereiten, eine Art mittelalterliches *Blanquette de Veau.*

Die heute überall bekannten *Scaloppine Milanese* stammen wahrscheinlich ursprünglich aus Spanien. Das Gericht wurde im 16. Jahrhundert in Mailand eingeführt, als die Stadt Teil des spanischen Reiches war. Später wurde Mailand von österreichischen Truppen unter Feldmarschall Radetzky besetzt. Er brachte das Rezept nach Österreich mit, wo es als Wiener Schnitzel berühmt wurde.

Bekannte französische Kalbfleischgerichte sind *Blanquette de Veau, Selle de Veau Orloff.* In Italien gibt es die *Scaloppine, Vitello tonnato, Stufatino* und *Ossobuco.* Die Rumänen machen aus gehacktem Kalbfleisch einen Auflauf, und die Bulgaren dämpfen es mit Meerrettich.

Auswahl und Verwendung von Kalbfleisch

Bei Kalbfleisch gilt die Farbe als Qualitätsmerkmal. Je weißer es ist, desto größer war der Anteil der Milch bei der Aufzucht des Tieres, und desto zarter und wohlschmeckender ist das Fleisch. Älteres Kalbfleisch ist rosafarben, sein Fett cremigweiß. Fleisch ist alt, wenn es trokken, braun oder fleckig aussieht. Kalbfleisch neigt aufgrund seines geringen Fettanteils zum Austrocknen. Deshalb wird es oft vor dem Braten oder Schmoren mit Speck gespickt.

Eine Kalbshälfte wird bei der Grobzerlegung in fünf Stücke geteilt: Hals und Gratkoteletts, Rücken, Wand mit Brust, Schulter und Keule. Hals und Gratkoteletts werden oft im ganzen angeboten (zum Kochen, Braten und Dünsten, zu Gulasch, Ragout und Frikassee). Der Rükken wird weiterzerlegt in Kotelett (zum Braten und Grillen), Lende (Fleisch für Steaks, Fondue, Spieße und zum Grillen) und Filet (für Medaillons, Braten, Gulasch, Fondue und Spießchen). Die Wand liefert zwei Stücke: die Brust (mit oder ohne Knochen, als Rollbraten, zum Füllen, Kochen, Schmoren) und die Querrippe (meist entbeint als Rollbraten). Aus der Schulter werden Vorderhaxe (mit Markknochen, als Ossobuco) und Schulter (für Braten, Gulasch, Ragout, Haschee und Frikassee) geschnitten. Die Keule ist das größte Teil, aus dem die Unterschale (Schnitzelstück, auch als Braten), die Oberschale (für Schnitzel, Rouladen, Braten, Gulasch, Ragout), die Hüfte (für Schnitzel, Gulasch, Geschnetzeltes, ideal für Kalbsrahmbraten), die Kugel (für Schnitzel und Braten, Gulasch, Spieße, Geschnetzeltes) und die Hinterhaxe (Verwendung wie Vorderhaxe) stammen.

Oberschale

Oberschale

Das magere und zarte Stück aus dem Hinterviertel ist ideal zum Schmoren und Braten.

Unterschale

Sie wird aus der Keule aus dem Hinterviertel geschnitten. Das Stück kann gebraten oder gekocht werden.

Unterschale

Hüfte

Die aus dem Hinterviertel stammende Hüfte ist auch ohne Knochen als Rollbraten erhältlich. Zum Braten oder Schmoren.

Hüfte

Blume

Blume

Ein sehr gutes Stück Fleisch. Es ist aber nicht so zart wie Filet. Zum Grillen oder Braten.

Brust

Hochrippe

Hochrippe ist vorwiegend entbeint und als Rollbraten im Handel. Als Kochfleisch und als Schmorbratenstück.

Hochrippe

T-Bone-Steak

Entrecôte

Entrecôte ist ein aus dem flachen Roastbeef geschnittenes Zwischenrippenstück. Es ist nicht so zart wie Rumpsteak. Zum Grillen oder Braten.

Entrecôte-Steak

Roastbeefstück

Das magere und zarte Stück stammt aus dem Rücken. Es ist mit und ohne Knochen im Handel und eignet sich zum Braten.

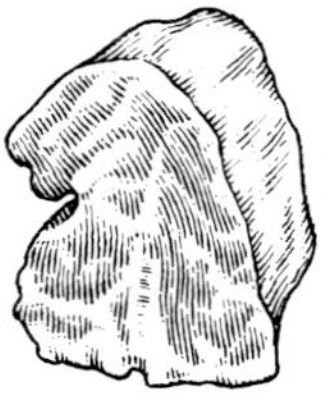

Roastbeefstück

Brust

Das Stück stammt aus dem vorderen Teil des Tieres. Es ist ziemlich fett, wird mit und ohne Knochen und auch gepökelt verkauft. Zum Kochen, Schmoren und langen Braten.

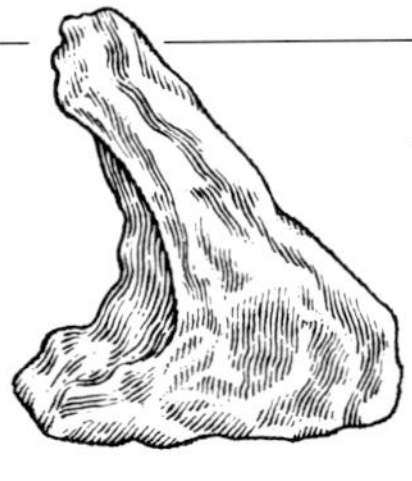

Fehlrippe

Fehlrippe

Mit oder ohne Knochen und gerollt zum Braten.

T-Bone-Steak

Es wird auf der Filetseite aus dem Roastbeef geschnitten und eignet sich zum Braten und Grillen.

Minutensteak

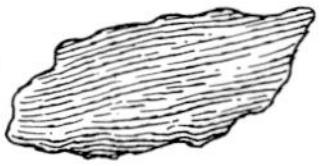

Minutensteak

Minutensteaks stammen aus der Dünnung oder aus dem flachen Roastbeef. Zum Grillen oder Braten.

Filetsteak

Ein mageres Steak aus dem Filet. Das zarte Fleisch eignet sich zum Grillen oder Braten.

Filet

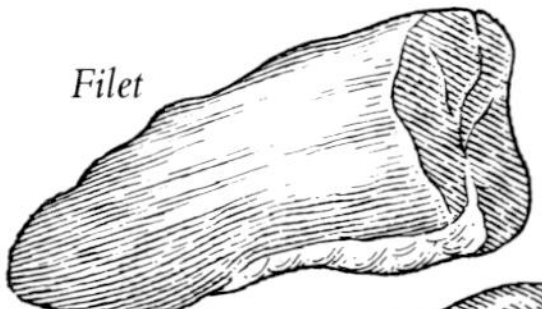

Filetsteak

Dünnung

Das knochenlose Stück aus dem Bauch des Tieres ist ideal zum Kochen, Schmoren und Dünsten.

Dünnung

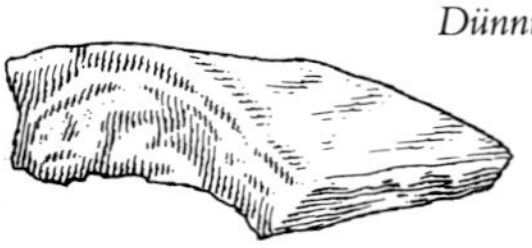

ANDERE STÜCKE VOM RIND

Beinfleisch
Beinfleisch, auch unter dem Namen Vorder- und Hinterhesse bekannt, wird vorwiegend mit Knochen in Scheiben geschnitten verkauft. Es eignet sich zum Kochen und Schmoren.

Chateaubriand
Das dicke Steak wird aus der Mitte des Filets geschnitten und eignet sich zum Grillen oder Braten.

Filet
Das Filet ist das zarteste Stück vom Rind und stammt aus der Mitte des Roastbeefstücks. Es kann im Stück oder in Steaks geschnitten gebraten werden.

Querrippe
Sie stammt aus der Unterseite des vorderen Viertels. Es wird mit Knochen oder entbeint und gerollt verkauft. Zum Schmoren.

Kotelett oder Rücken

Das Kotelettstück eignet sich zum Braten, Schmoren und Dünsten.

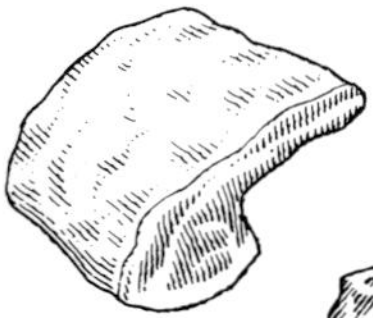

Kotelettbraten

Kotelett aus dem mittleren Kotelettstück

Kalbskoteletts

Koteletts werden aus dem mittleren und dem hinteren Teil des Kotelettstückes geschnitten. Sie werden fast ausschließlich gegrillt oder in der Pfanne (eventuell paniert) gebraten.

Kotelett aus dem hinteren Kotelettstück

Kalbshaxe

Die Haxe wird mit dem eingewachsenen Markknochen verkauft. Sie kann gekocht und geschmort werden. In Scheiben geschnitten für Ossobuco.

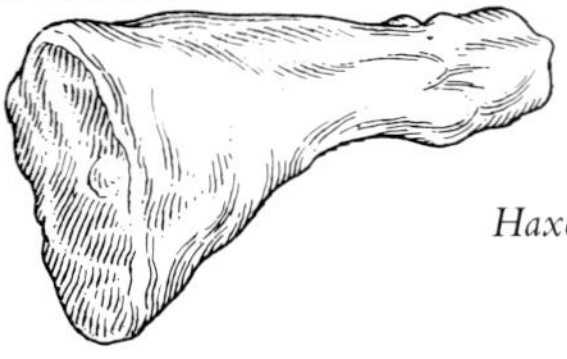

Haxe

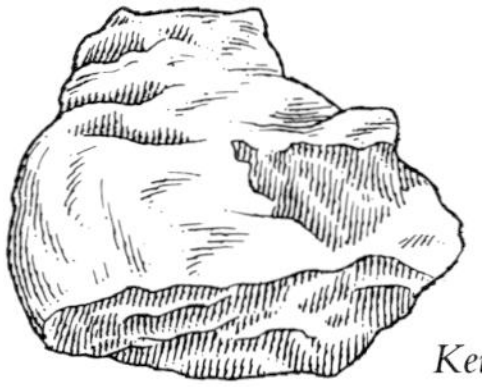

Keule

Kalbskeule

Ein sehr gutes Fleischstück, das meist mit Knochen gebraten wird.

Rollbraten aus der Schulter

Kalbsschulter

Sie kann entbeint und als Rollbraten zubereitet oder zerkleinert für Ragout, Frikassee, Gulasch und Pie verwendet werden.

Lende

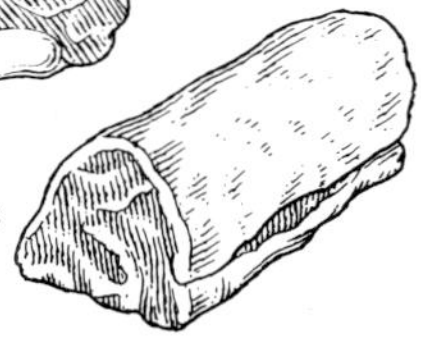

Rollbraten aus der Lende

Kalbslende

Das Stück aus dem Rücken des Tieres eignet sich mit oder ohne Knochen und gerollt zum Braten.

Kalbsfilet

Das knochenlose erstklassige Stück aus dem Hinterviertel wird manchmal im ganzen, meist aber in Steaks und Schnitzel zerteilt gebraten.

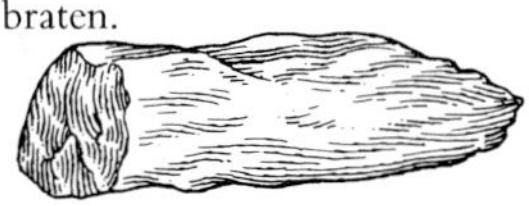

Filet

Schnitzel

Kalbsragout

Gewürfeltes Fleisch aus Schulter, Brust, Nacken oder Haxe wird für Schmorgerichte und Pies verwendet.

Kalbsragout

Kalbsbrust

Brust wird vorwiegend entbeint und gefüllt gebraten, sie kann aber auch in Rippchen zerteilt werden.

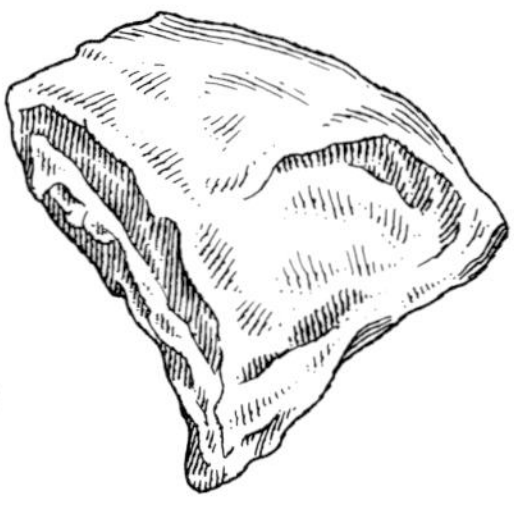

Brust

Lamm- und Hammelfleisch

Schafe und Ziegen haben einen Stammbaum, der weiter zurückgeht als der von Rindern und Schweinen, nämlich bis etwa 9000 v. Chr. Schafe werden wie Rinder aus zwei Gründen gezüchtet. Sie liefern Wolle und Fleisch, wobei heute das Fleisch die wichtigere Rolle spielt. Lammfleisch kommt von Mastschafen, die jünger als ein Jahr sind. Ist das Tier älter, wird das Fleisch »Hammel« genannt. Vom Lamm stammen die kleineren und zarteren Teilstücke. Hammel muß, bevor er in den Kochtopf kommt, lange reifen und abhängen. Da das Fleisch recht fett ist, muß viel abgeschnitten werden.
Das beste Lammfleisch stammt von fünf bis sieben Monate alten Mastlämmern. Auch bei Lammfleisch wird die Qualität des Fleisches zugunsten der Quantität geopfert. Eine tiefgefrorene Lammkeule ist mit einer frischen nicht zu vergleichen. Frische Keulen sind jedoch selten und sehr teuer. Heutzutage kommt wenig Hammelfleisch auf den Markt. Nur Neuseeland und Australien exportieren größere Mengen Lammfleisch nach England, Rußland, Japan und in den Nahen Osten.

Lammfleisch in den Küchen der Welt
Lamm ist in vielen Teilen der Welt beliebt, und jedes Land hat seine eigenen Lammgerichte. Im Nahen Osten und Nordafrika wird Lamm gerne im ganzen am Spieß oder in Form von *Shish Kebabs* (Spießchen mit Lammfleisch) gebraten. Gehacktes Lamm, roh oder gekocht, wird viel zu Bulgur gegessen. Die Iraner schmoren das Hammelfleisch, die Tunesier kochen es mit Gewürzen und Rosinen. In Frankreich ist besonders die gebratene Keule beliebt. Lamm (ursprünglich war es wohl Hammel) ist Bestandteil des *Irish Stew* und des englischen *Lancashire hotpot.*
Zu Lammfleisch passen bestimmte Früchte und Zutaten besonders gut. Die Engländer mögen Mint Sauce zu Lamm und Kapernsauce zu Hammel. In Algerien kocht man Lamm mit Pflaumen und Mandeln, in Marokko bereitet man es mit Zitronen und Oliven zu, in Belgien mit Endivie, in Schweden mit Dill. Mit Rosmarin und Wacholderbeeren verleiht man Lammfleisch ebenfalls Geschmack und Aroma.
Lamm sollte nach der Zubereitung noch rosa sein und sehr dünn geschnitten serviert werden.

Auswahl und Verwendung von Lammfleisch
Hochwertiges Lammfleisch sollte feines, weißes Fett und an den Schnittstellen rosa Fleisch aufweisen. Hammel ist von dunklerer Farbe. Die Schlachttierhälften sind von einer dünnen, pergamentartigen Haut überzogen, die man meist mitbrät, da der Braten so seine Form behält. Bei Koteletts sollte diese Haut jedoch entfernt werden. Das Fleisch junger Lämmer ist gewöhnlich zarter. Das Gewicht eines Fleischteiles, besonders das der Keule, läßt auf das Alter schließen. Eine hochwertige Keule wiegt etwa 2,5 kg, aber nie mehr als 4 kg. Kleinere Koteletts sind zarter und deshalb auch teurer. Lamm- und Hammelhälften werden in Vorder- und Hinterviertel zerlegt und liefern dieselben Teilstücke. Vom Vorderviertel stammen Hals, Schulter, Rücken und Brust. Hals und das anschließende Nackenstück werden meist als Braten oder – in Koteletts zerteilt – zum Schmoren und Braten verkauft. Die Schulter kann im ganzen oder in Schulterblatt und Schlegel zerteilt verkauft werden. Aus der Schulter wird auch das Fleisch für Kebabs, Ragouts und Pies geschnitten. Hals und Schulter sind beim Lamm zarter als bei anderen Tieren, da die Muskulatur bei Lämmern noch nicht so stark entwickelt ist. Das Kotelettstück wird im ganzen mit oder ohne Knochen oder als Koteletts verkauft. Die Brust wird entbeint und gehackt oder im ganzen als Schmorbraten- oder Bratenstück angeboten.
Das Hinterviertel enthält die Lende, die Hüfte und die Keule. Die Lende wird als Braten, Rollbraten oder in Koteletts zerteilt verkauft. Aus der Hüfte werden Koteletts geschnitten. Enthält sie auch einen Teil der Lende, dann wird dies als Braten verkauft. Die Keule wird vorwiegend ganz als großer Braten oder in zwei Teilen verkauft.
Fleischstücke aus Hals, Kamm und Brust eignen sich zum Schmoren. Alle anderen Stücke können bei 180° C (Gasstufe 4) gebraten werden, bis sie halb oder ganz durch sind. Mit Öl bepinselte dickere Koteletts können 12–15 Minuten, dünnere 8–10 Minuten gegrillt oder gebraten werden.

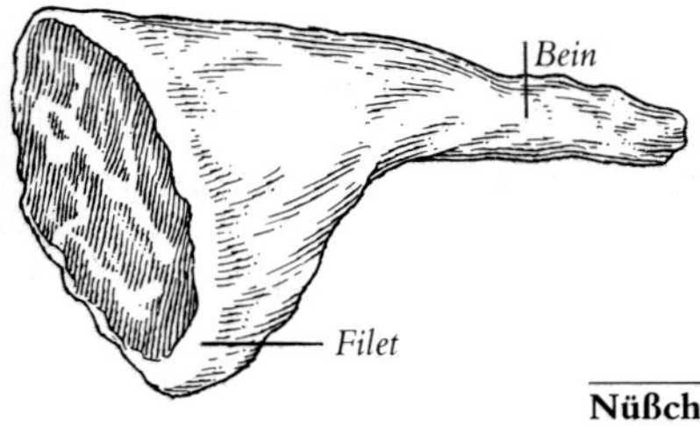

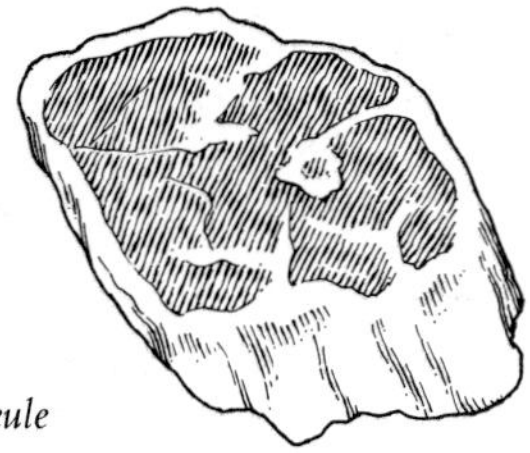
Keule

Lammkeule

Die zarte Lammkeule wird oft in Filet und Bein unterteilt. Die Keule wird mit dem eingewachsenen Röhrenknochen zum Braten verkauft. Ohne Knochen und gerollt zum Schmoren.

Rückenkotelett

Die Koteletts stammen aus dem Kotelettstück und werden gegrillt oder sautiert.

Rückenkoteletts

Nacken

Das fette Stück mit Knochen wird für Eintöpfe und Suppen verwendet.

Nacken
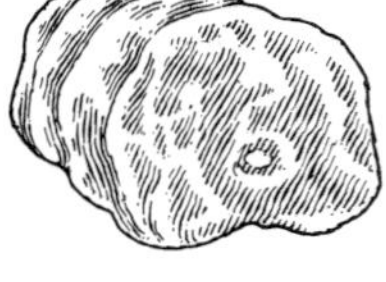

Nüßchen

Nüßchen

Etwa 2 cm dicke Scheiben aus dem Karree oder dem Filet. Sie werden gewöhnlich in Butter gebraten.

Kotelett

Sie werden zwischen Keule und Lende herausgeschnitten. Zum Grillen oder Braten.

Kotelett

Karree

Das Stück wird mit Knochen verkauft. Es ist ideal zum Braten.

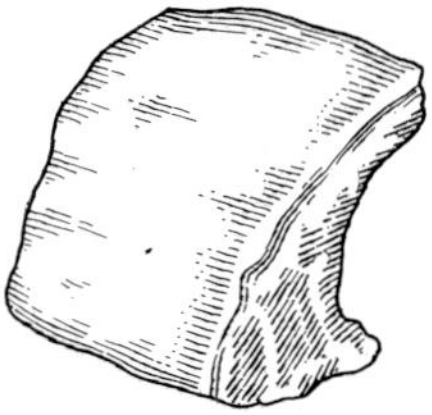
Karree

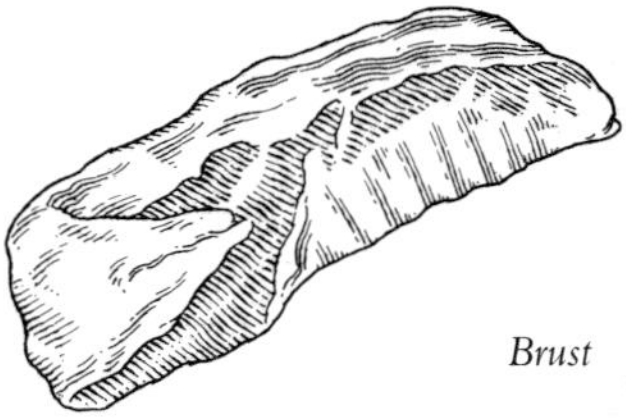
Brust

Brust

Das Stück enthält viel Fett. Meist wird es ohne Knochen verkauft und gefüllt lange gebraten.

Schulter
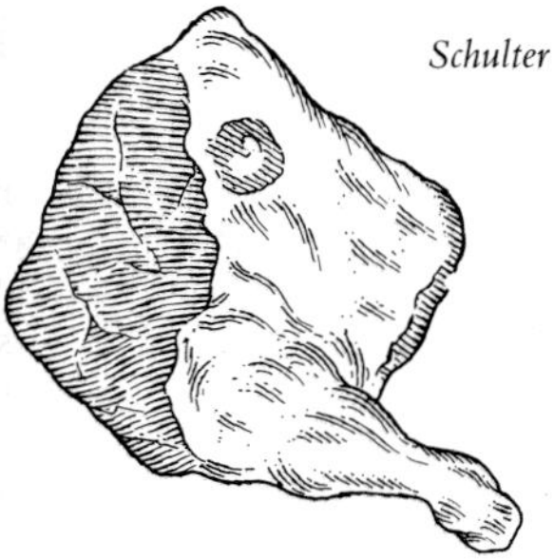

Schulter

Sie kann im ganzen mit Knochen oder entbeint, gefüllt und gerollt gebraten werden. Kleingeschnitten für Kebabs oder Schmorgerichte.

Rippchen

Rippchen

Brustfleisch mit Knochen, das zwischen den Rippen zerteilt wurde. Wird meist geschmort.

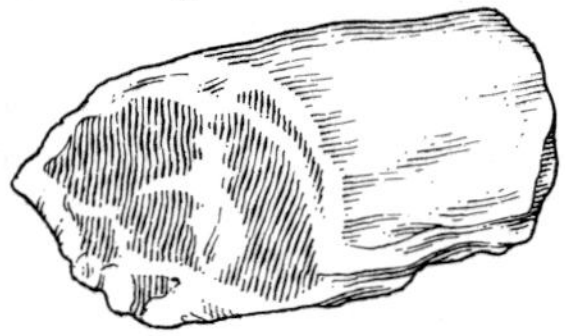
Lende

Lende

Ein zartes Stück aus dem Rücken. Es eignet sich zum Grillen, Braten oder Schmoren.

Lendenkotelett

Das aus der Lende stammende Kotelett eignet sich zum Grillen, Braten oder Schmoren.

Lendenkotelett

Schweinefleisch

Die ersten Menschen, die gebratenes Schweinefleisch gegessen haben, waren wahrscheinlich die Chinesen. Anhand von neolithischen Funden in China wurde festgestellt, daß Schweine, die als Schlachttiere gehalten wurden, ihre einzigen Haustiere waren. Im 18. Jahrhundert wurde das asiatische Bindenschwein *(Sus scrofa vittatus)* eingeführt. Die meisten modernen Rassen gehen auf diese asiatische Unterart zurück.

In manchen Religionen ist der Verzehr von Schweinefleisch verboten. Verschiedentlich wurde die Ansicht vertreten, daß Schweinefleisch im Grunde unhygienisch ist und in heißen Ländern ein Gesundheitsrisiko darstellt. Ein anderer Gesichtspunkt ist, daß das Schwein einmal ein Stammesemblem war und deshalb sakrosankt ist.

Wie dem auch sei, Schweinefleisch wird von vielen Nationen als erstklassiges zartes Fleisch geschätzt. Jahrhundertelang war gepökeltes Schweinefleisch Bestandteil der Ernährung der europäischen Bauern, die die Tiere selbst hielten. In der Marine wurden die Matrosen damit verpflegt, und sie haßten es bald ebenso wie die Aristokraten, für die Schweinefleisch ein Nahrungsmittel für arme Leute war. Schweine waren bei allen Siedlern der Neuen Welt vertreten, egal wie bescheiden der Hof auch war. Die Schweine vermehrten sich so rasch, daß Schweinefleisch, lange bevor das Rindfleisch die Oberhand bekam, in der amerikanischen Küche eine Hauptzutat war. Gerichte mit Schweinefleisch gehörten in Amerika zu den ersten Rezepten. Die Schweine suchten sich damals ihr Nahrung in den Wäldern. Wurden sie geschlachtet, dann wurde jedes Gramm von ihnen einschließlich Kopf, Eingeweide und Füßen verwertet.

Schweine sind gierig und fressen fast alles. Schweinezüchter müssen ihre Ernährung jedoch überwachen, damit die richtige Kombination von Fett, Gewicht und Fleischqualität erzielt wird. Schweine leben nicht allein von Gras; sie bekommen Getreide, Eiweiß, Mineralien und Vitamine ins Futter. Die Ernährung beeinflußt den Geschmack des Fleisches. Wahrscheinlich waren die freilaufenden Vorfahren unserer Schweine zäher und fetter, schmeckten dafür aber besser.

Schweinefleisch in den verschiedenen Küchen
Durch ihre Robustheit und ihre Allesfressernatur konnten die Schweine in vielen Klima- und Lebensbedingungen überleben. Schweinefleisch wird oft zusammen mit Früchten gekocht oder serviert. In England und anderen europäischen Ländern wird zu Schwein Apfelsauce aufgetragen. In Dänemark und bei uns füllen Köche Schweinefleisch mit Pflaumen, oder es wird mit Bier gekocht. Schweinefleisch wird zu Würstchen und Kartoffeln oder zu Sauerkraut gereicht. Außer den Deutschen braten auch die Russen, Italiener, Griechen und Polen ganze Spanferkel am Spieß. In Polen kommt Spanferkel zu Ostern auf den Tisch. Die Chinesen haben sich mit einer großen Anzahl von Schweinefleischgerichten hervorgetan. Sie schneiden es in dünne Streifen und braten es kurz mit Gewürzen und Gemüse.

Auswahl und Verwendung von Schweinefleisch.
Schweinefleisch sollte blaßrosa aussehen und festes, weißes Fett haben. Fast alle Teilstücke können gegrillt oder gebraten werden. Mastschweine werden meist jung geschlachtet, weshalb das Fleisch zart ist. Die meisten Kochbücher empfehlen, Schweinefleisch ganz durchzubraten, bis es fast trocken ist, damit die Gefahr von Trichinen geringgehalten wird. Wissenschaftler raten jetzt zu einer neuen und sicheren Innentemperatur. Das Fleisch sollte 77° C haben, damit es saftig und zart bleibt.

Eine Schweinehälfte wird bei uns in folgende Teilstücke zerlegt: Keule, Bauch, Rücken, Nakken, Schulter (Bug), Brust und Haxen. Zum Schmoren und Braten werden verwendet: Nakken- und Rückenkotelett für Rollbraten und Kasseler, Brust für Gulasch, Bauch zum Füllen. Keule (unterteilt in Ober- und Unterschale, Hüfte und Kugel) und Haxen. Ideal zum Kochen und Garziehen sind: Kopf (für Eintöpfe und Sülzen), Brust (für Eintöpfe), Nacken (für Kasseler), Bauch, Haxe und Pfote. Zum Kurzbraten und Grillen eignen sich: Nacken- und Rückenkotelett, Filet, Keule für Schnitzel (aus allen Teilstücken), Bauch und Haxe.

Alle Schweinefleischstücke sollten gebraten werden, bis die Temperatur im Innern des Fleisches 77° C erreicht hat.

Filet

Das zarte Stück liegt an der Unterseite des Kotelettstranges. Es enthält keine Knochen. Zum Braten, Schmoren oder Grillen.

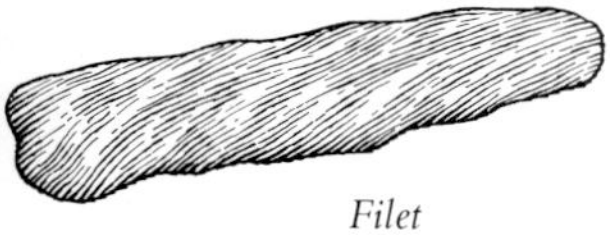

Filet

Kotelettstück

Das magere Stück enthält manchmal auch die Niere. Es ist ideal zum Braten.

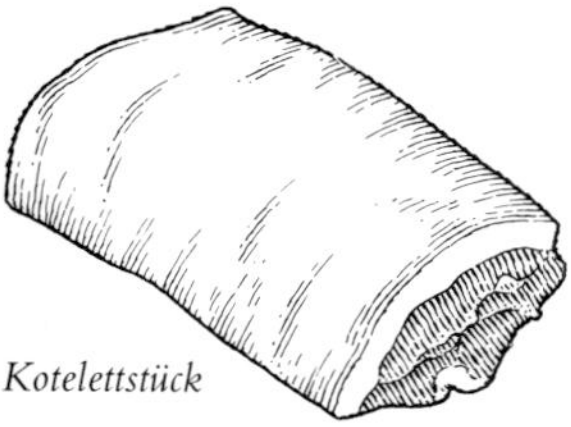

Kotelettstück

Filetkotelett

Aus dem vorderen oder mittleren Teil des Kotelettstranges. Zum Braten und Grillen.

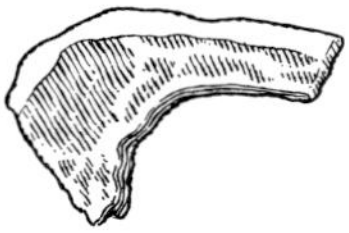

Filetkotelett

Bauch

Daraus macht man meist den durchwachsenen Speck. Zur Wurstherstellung wird er frisch verkauft. Er kann gebacken oder gegrillt werden.

Bauch

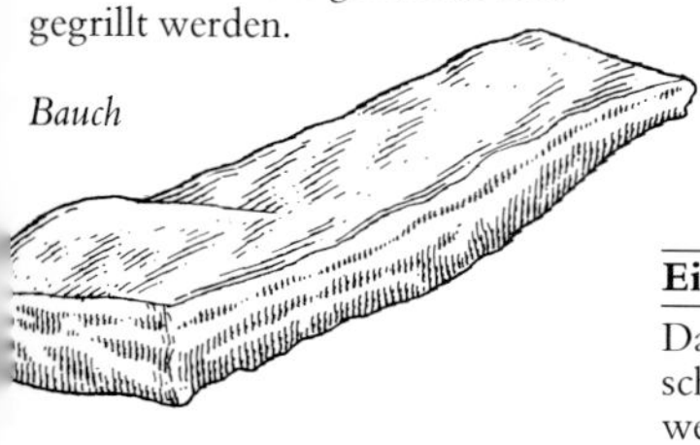

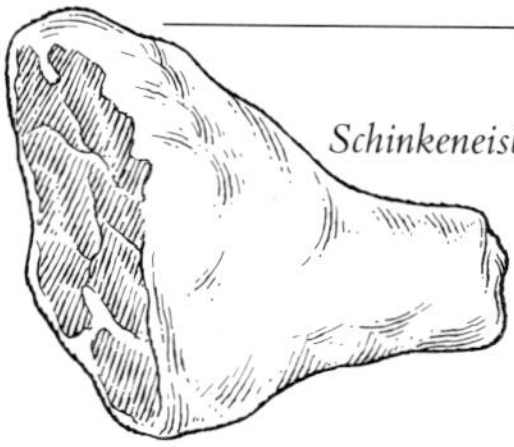

Schinkeneisbein

Schinkeneisbein

Das Schinkeneisbein ist mager, zart, enthält Knochen oder ist entbeint und gerollt. Zum Braten.

Hüfte

Mit oder ohne Knochen aus dem Hinterviertel des Tieres. Sie eignet sich zum Braten im Stück oder in dicke Koteletts zerteilt.

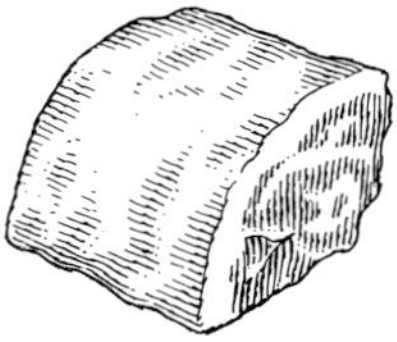

Hüftstück

Spareribs

Die amerikanischen Spareribs werden aus dem Bauch des Tieres geschnitten. Ideal zum Grillen.

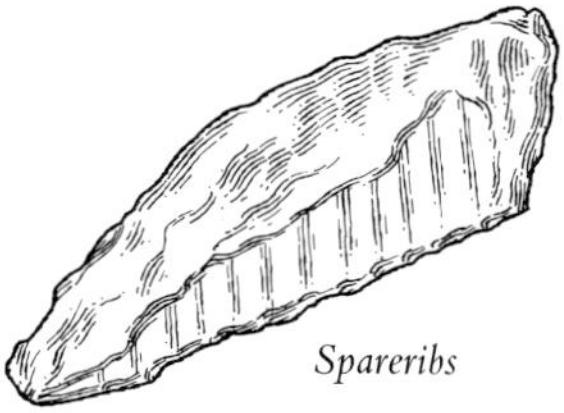

Spareribs

Eisbein

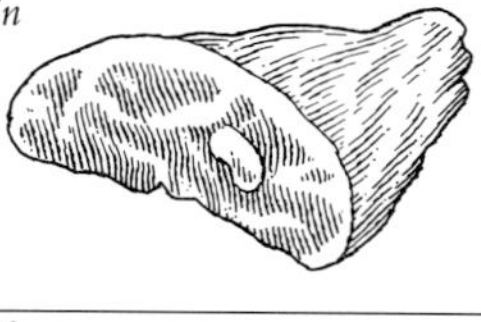

Eisbein

Das Eisbein vom Schwein wird geschmort oder in Suppen verwendet.

Brustspitz

Das beliebte Bratenstück wird im ganzen oder in Koteletts zerteilt verkauft. Brustspitz eignet sich zum Braten und Grillen.

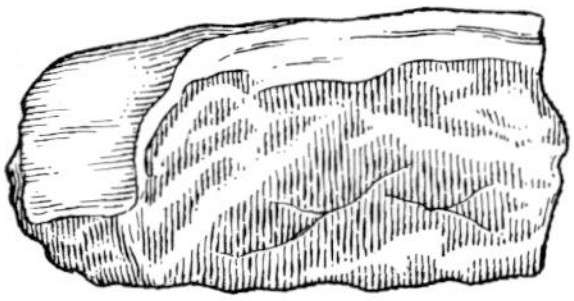

Brustspitz

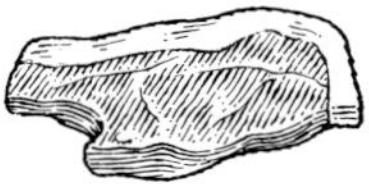

Kotelett

Blatt

Ein zartes Stück aus dem Vorderteil, das mit oder ohne Knochen verkauft wird. Es wird für Schmorgerichte und Kebabs verwendet.

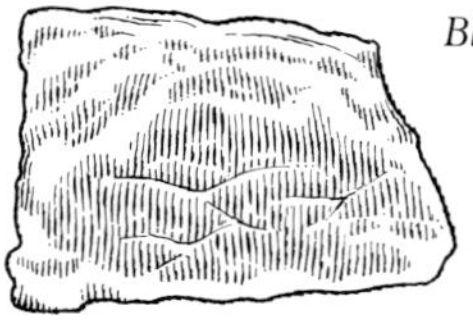

Blatt

Schulter mit Eisbein

Kann im Stück mit Knochen oder in Schulter und Eisbein zerteilt verkauft werden. Zum Braten und Schmoren.

Schulter und Eisbein

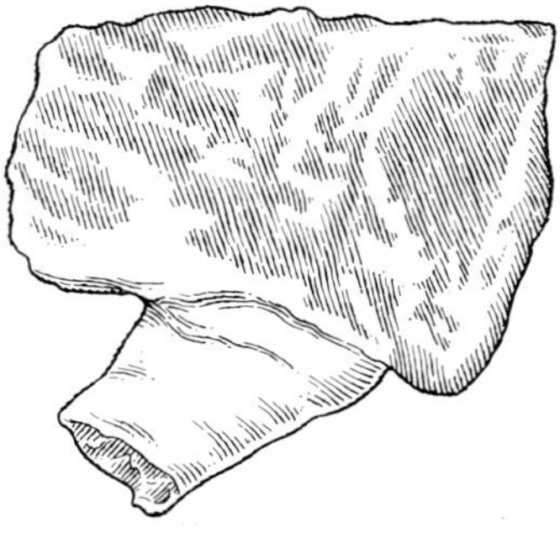

Register